Gaßebner   EDEL-BIKES SELBSTGEBAUT

Jürgen Gaßebner

EDEL-BIKES
SELBSTGEBAUT

Motorbuch Verlag Stuttgart

Schutzumschlaggestaltung: Johann Walentek unter Verwendung dreier Dias von Frank Herzog.

Fotos: Archiv (3), Cagiva (1), Fact (9), Gaßebner (171), Herzog (62), Krüger (1), Paulovits (2), Piwek (1), Schneider (1).

Die Ratschläge in diesem Buch sind von Autor und Verlag sorgfältig erwogen und geprüft, dennoch kann eine Garantie nicht übernommen werden. Eine Haftung des Autors bzw. des Verlages und seiner Beauftragten für Personen-, Sach- und Vermögensschäden ist ausgeschlossen.

ISBN 3-613-01624-9

1. Auflage 1994.
Copyright © by Motorbuch Verlag, Postfach 103743, 70032 Stuttgart.
Ein Unternehmen der Paul Pietsch Verlage GmbH & Co.
Sämtliche Rechte der Speicherung, Vervielfältigung und Verbreitung sind vorbehalten.
Druck und Bindung: Mohndruck, 33311 Gütersloh.
Printed in Germany.

Inhalt

Vorwort

Mit Flugzeugen fing alles an

Ich war etwa zehn Jahre alt und vertrieb mir die Freizeit mit Modellbau und Modellfliegerei. Anfangs entstanden unter Vaters Anleitung – er war ein alter Fliegerhase – zunächst Flugzeuge aus dem Baukasten, kurze Zeit später aber vorwiegend Eigenbauten. An die erste Eigenkonstruktion erinnere ich mich noch sehr gut. Sie flog etwa fünf Meter weit und zwei Meter tief. Irgendwas hatte ich falsch gemacht – soviel war klar. Was aber, wußte ich zunächst nicht. Vater erzählte etwas von Anstellwinkeln

und Trimmung und modifizierte das stark lädierte Fliegerlein in diesen Punkten. Mit durchschlagendem Erfolg: Es flog nun richtig gut – gut dreißig Meter geradewegs in Nachbars Küchenfenster. Wieder war der Flieger Schrott und der Ärger mit dem Nachbarn groß, aber wenigstens hatte ich etwas gelernt. Mir war klar, daß ich einen guten Ratgeber brauchte, sollten auch die kommenden Flugstunden erfolgreich verlaufen. Also begann ich Bücher zu studieren, um mir Sachkenntnis zu verschaffen und Vater in wichtigen Dingen nochmals um Rat zu fragen. Ein etwas steiniger, im

Nur Fliegen ist schöner: Auch eine Piper PA-18 übt auf den Autor einen hohen Reiz aus. Die Liebe zu allem, was schnell fährt oder fliegt, ist angeboren.

Blickfang: Die PS-Edelbikes von 1993 (Triumph lightweight 900) und 1994 (Honda RS 750 R Replica) bei der Edelbike-Ausstellung auf der »Motorrad-Power '94«

nachhinein betrachtet aber der einzig richtige Weg. Sicher hätte ich die meisten Erfahrungen auch selbst machen können – Vaters Geldbörse hätte dabei aber keineswegs mitgespielt. Aus dem anfänglich etwas komplizierten Hobby war im Laufe der Jahre eine wahre Leidenschaft geworden. Man wußte, was man tat und warum man es tat. Aus dem großen Laien wurde ein kleiner Fachmann.

Ähnlich wie mit Modellflugzeugen verhält es sich mit Motorrädern. Anfangs findet man die Serienmaschine ganz toll und sammelt mit ihr seine Erfahrungen. Im Laufe der Jahre wächst aber der Wunsch nach einem individuellen Motorrad. Oft ist es nur die

optische Umgestaltung der Maschine, in zunehmendem Maße aber auch die technische Veränderung, die uns am Herzen liegt. Aber hier wird die Sache nicht nur problematisch, sondern sogar lebensgefährlich. Einen empirischen Versuch, wie ich ihn mit meinem ersten Eigenbauflieger durchführte, wird niemand sich und seinem Motorrad zumuten wollen. Jedes Detail muß bei den heutzutage bis zu 160 PS starken Straßenmotorrädern stimmen und die Betriebssicherheit so gewährleistet sein.

Spätestens jetzt prallen aber bei Liebhabern von Spezialmotorrädern Wunsch und Wirklichkeit aufeinander. Was man kaufen kann, gefällt oft nicht, und was gefallen könnte, läßt sich nicht realisieren – sei es, weil es am Geld oder aber an der Kompetenz fehlt. Für all jene, die ihr Motorrad mit Sachverstand zum Edelbike aufrüsten wollen, habe ich dieses Buch geschrieben. Es ersetzt zwar keinesfalls handwerkliches Geschick und in manchen Fällen auch nicht den Weg zum Fachbetrieb, weist dem kreativen und begabten Bastler aber an drei Beispielen den Weg vom Serienbike zum Edelrenner.

Bedanken möchte ich mich bei allen, die mich bei der Arbeit an diesem Buch unterstützt haben, besonders aber bei Roland Eckert (Motorentuning), Fritz W. Egli (Motoren- und Fahrwerkstuning), Clemens Driesch (Kunststoffverarbeitung), Peter Stücker (Design und Lackierung) und – last but not least – bei meinem Kollegen Frank Herzog, der es immer wieder meisterhaft versteht, edle Motorräder mit seiner Kamera einzufangen.

Jürgen Gaßebner
im Herbst 1994

Eckert-Honda RE-1 – Erfolgs-Geheimnis

Beginnen wir unsere Geschichte mit Tachometerantrieben an Motorrädern. Wie bringen wir den kleinen Zeiger dazu, uns die gefahrene Geschwindigkeit anzuzeigen? Über ein Zahnrad und eine Schnecke am Vorderrad sowie eine Welle, die zum Instrument führt? Wohl kaum, wenn der Durchmesser der Radachse, die in der selbstgefertigten 38er-Gabel mit Magnesium-Tauchrohren klemmt, aus Stabilitätsgründen stolze 35 Millimeter mißt. Das ist zuviel für jedes käufliche Umlenkgetriebe. Gehen wir also den simplen Weg, setzen das serienmäßige Umlenkgetriebe einer Honda CB 750 über das Antriebsritzel, montieren daran eine Zahnscheibe und bringen die Tachowelle über einen Riemen vom Ritzel aus in Gang. Der beiläufige Vor-

teil dieser Lösung: Verbauen wir ein Hinterrad mit anderem Umfang, passen wir den Tachoantrieb über eine entsprechende Übersetzung an. Alles ganz einfach. Nur drauf kommen muß man eben.

Ein Meister im Beantworten technisch anspruchsvoller Fragen ist Honda-Tuner Roland Eckert im hohenloheschen Belzhag. Und einer, der von des Meisters Künsten wohl niemals lassen wird, ist Helmut Kolb aus Schifferstadt, ein langjähriger Eckert-Kunde. Die Perfektion der Langstrecken-Replika RE-1 auf Basis der Honda CB 900 F Bol d'Or zog ihn – angefangen vom beschriebenen Tachometerantrieb bis hin zum Gitterrohrrahmen – im August 1983 in ihren Bann. Seitdem widmete sich der gelernte KFZ-Mechaniker der

Helmut Kolb beschränkte sich bei seiner Eckert RE-1 auf kleine, aber feine Änderungen. Denn weniger ist manchmal mehr – und oftmals der Schlüssel zum Erfolg

stetigen Aufwertung des damals 35 000 Mark teuren Edelrenners und ließ ihm Jahr für Jahr kleine, aber feine Änderungen angedeihen.

Nahezu alle Verschraubungen fertigte Kolb sukzessive aus teurem, weil leichtem Titan. Sämtlich verfügen die Schrauben mit gefrästem Sechskantkopf über einen angedrehten Bund, der Unterlagscheiben einfach vergessen läßt und so nochmals Gewicht zu sparen hilft.

Der technischen Entwicklung auf dem Reifensektor begegnete Kolb mit dem Einbau breiterer PVM-Felgen aus Magnesium, die endlich die Montage standesgemäßer Breitbereifung erlaubten. Dem luftgekühl-

ten Vierzylinder-Triebwerk, das im einstigen Eckert-Trimm aus 1062 Kubikzentimeter Hubraum immerhin stramme 130 PS schöpfte, spendierte Kolb mittels Mahle-Kolben zwei Millimeter mehr Bohrung. Im Verein mit vier offenen 38er Keihin-Flachschiebervergasern hauchte er dem ohnedies potenten Aggregat so zusätzlichen Mumm ein. Außerdem reduzierte Honda-Guru Eckert die Schwungmasse der Kurbelwelle um stattliche 3,6 Kilogramm. Dazu Kolb: »Vier Kilo hätten wir abspecken können, aber mir lag doch viel an Laufkultur bei niedrigen Drehzahlen«. Fragen nach Leistung und Drehmoment beantworten sowohl Kolb als auch Eckert mit einem

knappen »Genug«. Wieviel dies endeffekt-
lich ist, bleibt dahingestellt, reicht aber mit
Sicherheit aus, um auch heutzutage noch
so manch offenen Big-Bikes in puncto Fahrleistungen eine lange Nase zu drehen. Alles
mit einem luftgekühlten und in seinen
Grundfesten 15 Jahre alten Triebwerk
wohlgemerkt.

Wer daran zweifelt, dem helfen banale
Zahlen weiter. In Heft 23 unserer Schwe-
sterzeitschrift MOTORRAD des Jahres
1982 donnerte der damalige Test-Redak-
teur Horst Vieselmann mit der vollgetankt
nur 210 Kilogramm schweren RE-1 in der
130 PS-Version mit 253 km/h durch die
Lichtschranke auf der Hockenheimer
Waldgeraden. Der gebotenen Dynamik
hinkt das Fahrwerk freilich nicht hinterher.
Angeregt vom problematischen Fahrverhalten der Serien-Bol d'Or machte Eckert bei
der RE-1 seinerzeit Nägel mit Köpfen und
griff auf seine bewährte Rahmenkonstrukti-
on aus der Langstrecken-WM zurück. Ori-
ginalton Eckert: »Was sind Pendelerscheinungen, und wie entstehen die?« Ebenfalls
aus dem Endurance-Sport stammt die hinter die Zylinder versetzte und ebenfalls via
Zahnriemen angetriebene Zündung. So
sparte man nicht nur Baubreite sondern

schützte das lebenswichtige Bauteil zudem
vor größeren Sturzschäden.

Nur wer sehr lange sucht, wird an der RE-
1 wirklich etwas zu verbessern finden.
Kolbs Streben nach absoluter Perfektion
fielen schließlich die Innenseiten der Verkleidungteile aus Glasfaserlaminat zum
Opfer. Einige Winterabende verbrachte der
akribische Tüftler mit dem Verspachteln
und Glattschleifen des Interieurs. Und
selbst der Sitzbankhöcker vermag eine besondere Geschichte zu erzählen, denn um
dessen Volumen als Stauraum zu nutzen,
ließ Kolb eine kleine, absolut glattflächige
GFK-Wanne einlaminieren, deren Deckel
über einer eingearbeiteten Dichtleiste aus
Aluminium ohne jeglichen Versatz
schließt. Die Mechanik eines Auto -Tank-
deckels klebte er einfach ein, und eine Feder verhindert, daß sich die einmal geöffne-
te Klappe von selbst wieder schließt.

Bei so manchem Umbau fragen wir uns, ob
es nicht doch besser gewesen wäre, alles
im Serientrimm zu belassen. Nicht so bei
Helmut Kolbs RE-1. Die weise Beschrän-
kung bei der Veredelung seiner Eckert-
Honda war sicherlich der Schlüssel zum Erfolg.

Die »Edelbike«-Serie in »PS – das Sport-Motorrad Magazin«

Unersetzliche Lektüre für den Edelschrauber und Freizeit-Tuner ist im deutschsprachigen Raum zweifellos die Fachzeitschrift *PS – Das Sport-Motorrad Magazin*. Das sage ich jetzt nicht als verantwortlicher Technik-Redakteur in Diensten von PS, sondern als begeisterter Motorradfahrer und passionierter Schrauber. Zwar bieten auch andere Magazine Eigenbau-Stories an, aber dies ist eher die Ausnahme. PS stellt indes als einzige Motorradzeitschrift regelmäßig einen besonders gelungenen Eigenbau in seiner »Edelbike«-Serie auf fünf Farbseiten vor. Seit 1989 wurden in dieser Reihe mehr als 60 wunderschöne Unikate präsentiert.

Im Laufe der letzten 15 Jahre, in denen ich etwa 25 Motorräder umgebaut habe, ging es mir hin und wieder so, daß ich zwar

Fünf Männer und ihr Baby: PS-Chefredakteur Volker Koerdt, Mechaniker Michael Funke, der Autor, Sportredakteur Robert Kauder und der Geschäftsführende Redakteur Michael Pfeiffer bei letzten Feinarbeiten.

So fing alles an: 1991 trafen sich die PS-Edelbiker zum ersten Mal für ein Wochenende im Rennsport-Museum am Nürburgring. Die Zahl der Maschinen hat sich mittlerweile drastisch erhöht.

wußte, was technisch am jeweiligen Motorrad zu verändern ist, mir aber trotzdem der kleine entscheidende Anstoß fehlte, um ein harmonisches Ganzes zu kreieren. Immer wieder dankbar war ich deshalb für Anregungen in Form eines gut aufgemachten Eigenbau-Berichtes in einer Zeitschrift. Inspiration ist eben alles.

Sozusagen ein Nebenprodukt der »Edelbike«-Serie ist das Edelbike-Treffen, das PS in jedem Jahr veranstaltet. Man trifft sich ein Wochenende lang mit Gleichgesinnten meist am Nürburgring, bringt selbstverständlich sein Motorrad mit und redet bei einem abendlichen Bier kräftig Benzin und tauscht Ideen aus. In dieser Tradition entstand 1991 die Idee, jedes Jahr ein exklusives Motorrad zu bauen und es den Lesern als *PS-Edelbike* zu servieren. Die Entstehung dieser drei Motorräder – allesamt

Sportmotorräder – ist in diesem Buch beschrieben. Zwischen den Kapiteln finden sich, sozusagen als Appetithappen, verschiedene Edelbikes als Anregungen. Möglicherweise ermutigen Sie die durchaus sehenswerten Ergebnisse ja zu einer eigenen Kreation, zu ihrem eigenen Edelbike. Falls Sie den Schritt wagen, scheuen Sie sich nicht, Ihr Ergebnis einmal zu präsentieren. Senden Sie einige Farbfotos und eine technische Kurzbeschreibung Ihres Edelbikes einfach an

Redaktion PS –
Das Sport-Motorrad Magazin
Kennwort »Edelbikes – selbstgebaut«
z. Hd. Jürgen Gaßebner
Leuschnerstraße 1
70174 Stuttgart

Brune-BMW K1 – Bayern-Kurier

Einen Sportler reinsten Wassers gedachte BMW 1989 mit der K1 auf den Markt zu bringen – einen Markt, den die vier japanischen Hersteller zum Schauplatz enormer Motorleistungen und supersportlicher Designs gemacht hatten. Die Neue aus München zog hingegen mit »nur« 100 PS, einem zudem stattlichen Gewicht von über 260 Kilogramm und in gewöhnungsbedürftiger optischer Aufmachung in das Rennen um Marktanteile.

In Vergleichstests gegen die japanische Konkurrenz hatte die K1 denn auch hin und wieder das Nachsehen. In erster Linie ihr hohes Gewicht und die für ein Motorrad dieser Prägung zu geringe Bodenfreiheit kreideten ihr die Fahrer an. So war es nicht weiter verwunderlich, daß die Tuningbranche erst hellhörig und dann aktiv wurde, um das Münchner Kindl vom Tourensportler in ein Sportmotorrad zu verwandeln.

Einer dieser Verwandlungskünstler ist Manfred Brune im westfälischen Telgte. Der Münsterländer importiert seit 1984 die Gitterrohrfahrwerke der französischen Fahrwerksschmiede Martin und läßt dort nach eigenen Angaben und Berechnungen einen Rahmen für die K1 fertigen. Das verchromte Fahrgestell ist ausgesprochen sauber verarbeitet; nirgends trüben unsaubere Rohrverbindungen oder gar schlampig gearbeitete Aufnahmen und Halterungen den technisch interessierten Blick.

Nicht weniger aufwendig sind die sportliche Vollverkleidung mit integriertem Doppelscheinwerfer sowie der kunstvoll ge-

Im verchromten Martin-Gitterrohrchassis stößt der Vierzylinder der BMW K1 plötzlich in völlig neue Bereiche der Fahrdynamik vor.

formte Aluminiumtank hergestellt. Eine variable Sitzbank, hochwertige Federelemente und eine Brembo-Bremsanlage mit Vierkolben-Festsätteln werten Brunes Schöpfung zusätzlich auf.

Ein Blick auf die Waage zeigt, daß der Aufwand, den die Techniker um Manfred Brune mit der K1 betrieben, zumindest einen durchschlagenden Erfolg aufweist: Mit 242 Kilogramm zeigt sich die Supersport-K1 nämlich um satte 40 Pfund erleichtert.

Die Brune-K1 fährt sich sehr handlich, ohne jedoch nervös zu wirken. Selbst im Hochgeschwindigkeitsbereich ab etwa 200 km/h zeigt sich die K1 weitgehend frei von Störungen. Lediglich wenn die Federele-

mente in schnellen, langgezogenen Biegungen zusätzlich Bodenwellen zu verdauen haben, rührt die BMW leicht um den Lenkkopf. Wahrscheinlich aber geht das auf das Konto der niedrigen Außentemperaturen bei unseren Testfahrten und nicht auf das der teuren Forcella-Gabel.

Das hintere Federbein an der Serienschwinge stammt von White Power und gefällt mit einer guten Abstimmung. Das 16 Zoll-Vorderrad – wahlweise sind auch 17 Zoll verfügbar – zeigt überraschenderweise keine negativen Einflüsse. Das Aufstellmoment beim Bremsen mit den hervorragend zu dosierenden Brembos ist gering; zudem zeigt sich die BMW in engen Kehren überhaupt nicht kippelig. Kritik heimst hingegen die Sitzposition ein. Die niedrige Sitzbank erzwingt im Verein mit den relativ hoch plazierten Fußrasten stark angewinkelte Knie. Zudem sitzt der Lenker weit oben, weshalb der Fahrer den Sportler in nicht gerade sportlicher Haltung mit arg gestreckten Armen pilotieren muß.

Von bekannter Qualität ist der Antrieb der sportlichen Bajuwarin. Ohne Änderungen verpflanzte Brune Motor, Getriebe, Kardan und Schwinge in das französische Chassis. Lediglich ein Remus-Endschalldämpfer unterscheidet die Antriebseinheit von der Serie. Dementsprechend liegen

Leistung und Drehmoment, aber auch die leidigen Vibrationen des Vierzylinders auf Serienniveau.

Insgesamt betrachtet ist die Brune-K1 genau das K-Modell, das viele von den Bayern schon lange erwarten. Besonders reizvoll wird der Umbau, wenn man aufs Geld schaut. Zwar kostet das hier abgebildete Testexemplar mit all den hochwertigen Fahrwerkszutaten gut 40 000 Mark, aber unter Beibehaltung der serienmäßigen K1-Komponenten ist eine Brune-BMW schon ab 30 000 Mark zu haben. Übrigens auch mit dem drehmomentstärkeren Vierzylinder der K 1100 RS.

Planung und Konzeption eines Edelbikes

Profis zur Sache

Jedes Motorrad kann auch heutzutage noch verbessert werden, darüber gibt es keine Diskussion. Es stellt sich lediglich die Frage nach dem Zweck. Serienmaschinen für den reinen Straßenbetrieb sind heute kaum mehr zu optimieren, wohl aber für den Einsatz auf der Rennstrecke. Hier lege ich den Schwerpunkt bei meinen Arbeiten. Im Vordergrund steht die Gewichtsreduzierung und die Leistungssteigerung. Dabei gilt der Grundsatz: »Kein technisches Blendwerk«. Führen wir uns die geltenden Zulassungsbestimmungen vor Augen,

stoßen wir mit Tuningmaßnahmen an Straßenmotorrädern rasch an die Grenzen des Machbaren. Sie legen dem Techniker die Zwangsjacke an und verhindern ein optimales Ergebnis.

Dem engagierten Privatier bietet sich dennoch der Weg zu einem individuellen Stück Motorradtechnik, das er nach seinen ganz persönlichen Vorstellungen im vorgegebenen Rahmen gestalten kann. Zweifellos bereitet auch dies großen Spaß und kann – wie in diesem Buch gezeigt – zu durchaus gelungenen Ergebnissen führen.

Roland Eckert

Roland Eckert, Honda-Tuner aus Belzhag/D: Leistungssteigerung und Gewichtsreduzierung stehen bei meiner Arbeit im Vordergrund.

Fritz W. Egli, Fahrwerks-Spezialist aus Bettwil/CH: Meine Liebe gilt funktioneller Technik, Drehmoment und Leistung. (Hier mit Töchterchen Heidi)

Meine Philosophie in Sachen Motorradtuning basiert auf Toleranz. Keinesfalls soll dogmatisch irgendein Trend oder Stil gelobt oder verdammt werden. Sinn macht immer, was den stolzen Besitzer glücklich macht – solange die Betriebssicherheit nicht leidet.

Ich selbst habe jedoch wenig Freude an Motorrädern, die wie bunte Ostereier aussehen. Blendwerk interessierte mich noch nie. Meine Liebe gilt in erster Linie funktioneller Technik, Drehmoment und Leistung.

Wir werden jedoch behindert von einer Flut von völlig sinnlosen und praxisfremden Vorschriften. Mindestens zwei Drittel aller Vorschriften und Verordnungen sind überflüssig.

Diese Misere verdanken wir größtenteils unseren überaus agilen Umweltschutzhysterikern. Motorfahrzeuge sollten von wirklichen Fachleuten geprüft werden – das würde genügen.

Fritz W. Egli

Die Motorräder in diesem Buch

French Connection – Martin-Honda VF 1000 F2

Aus meiner persönlichen Vorliebe will ich keinen Hehl machen. Seit Beginn der 80er Jahre gilt sie den wassergekühlten Vierzylinder-V-Triebwerken von Honda. Anfangs noch mit thermischen Problemen und Materialmängeln im Bereich des Ventiltriebes behaftet, mauserten sich die kompakten Motoren mit 90 Grad Zylinderwinkel im Zuge der Modellpflege aber rasch zu gleichermaßen zuverlässigen wie leistungsstarken Antriebsquellen.

Einen besonders guten Ruf in dieser Hinsicht genoß der Tourensportler VF 1000 F 2 – die letzte Entwicklungsstufe des 998 cm³ großen Motors. Wie alle V4-Triebwerke von Honda vereint auch dieses Aggregat gute Spitzenleistung (113 PS) mit einer sehr flach verlaufenden Drehmomentkurve und entsprechend guten Durchzugsqualitäten. Für mich persönlich war lediglich das hohe Gewicht (272 kg) ein großer Pferdefuß. Was lag also näher, als gerade hier den Hebel beim ersten PS-Edelbike für 1992 anzusetzen.

Durch Zufall gelangte ich an ein Spezialfahrwerk der französischen Rahmenschmiede Martin. Georges Martin entwarf es 1983 ursprünglich für die VF 750 F und vertrieb das verchromte Gitterrohr-Chassis mit Anbauteilen wie Gabel, Federbein, Leichtmetalltank, Verkleidung, Sitzbank, Rädern und Bremsen in den Jahren 1984 bis 1986 für umgerechnet etwa 17 000 Mark. Angeblich verließen nur zehn Fahrwerkskits das Werk in Frankreich, von denen vier wiederum nach Deutschland gelangt sein sollen. Der Grund für die geringe Stückzahl lag einmal im hohen Preis – schließlich addierten sich die Kosten für das Basis-Motorrad noch hinzu – und

French Connection: Im verchromten Gitterrohrfahrwerk der französischen Rahmenschmiede Martin macht der Honda V-Vierzylinder eine gute Figur. Dem Modetrend der Naked Bikes folgend, kommt ...

...das PS-Edelbike '92 ohne den voluminösen Verkleidungszierrat des Serienmodells VF 1000 F 2 aus. Außerdem verringerte sich beim Eigenbau das Gewicht um mehr als 30 kg.

außerdem waren die Serienfahrwerke der V4-Hondas bereits so gut, daß nur bei wenigen Besitzern der Wunsch nach weniger Gewicht und verbesserter Fahrstabilität aufkam.

Für mich kam das wunderschön verarbeitete Chassis aber wie gerufen, um auf dieser Basis ein exklusives Motorrad für die Kurvenhatz auf öffentlichen Straßen aufzubauen. Den Grundstein für die französische Beziehung legte ich im Herbst 1991 und präsentierte das Endprodukt schließlich in den PS-Ausgaben 4 und 5/1992. Nach einem arbeitsintensiven Winter, den ich zum großen Teil in meiner zur Werkstatt umfunktionierten Garage verbrachte, präsentierte sich die Martin-Honda mit 239 kg Gesamtgewicht nicht nur über 30 kg leichter als das Serienpendant, sondern auch optisch völlig verändert. Die ursprüngliche Vollverkleidung von Martin wich einer Eigenbau-Halbschale, kombiniert mit einem selbst entworfenen Motorspoiler. Beides unterlief zwar meine Grundsätze, stets ein

aerodynamisch günstig geformtes Motorrad zu bauen, gab andererseits aber den Blick auf die schöne Technik frei. Dies war mir in diesem Falle einfach wichtiger, denn schließlich wollte ich mit meinem Edelbike ja keine Rennen gewinnen, sondern einfach das Motorradfahren auf der Straße genießen. Der Verzicht auf ein paar km/h Höchstgeschwindigkeit schien mir deshalb bei dieser French Connection legitim.

Die Farbe des Gelbes – Triumph lightweight 900

Ähnlich wie mit der Honda VF 1000 F2 verlief die erste Begegnung mit den Triumph-Modellen Daytona 900 und Trophy 900. Deren wassergekühlten Dreizylindermotor mit 885 cm³ Hubvolumen empfand ich als sehr angenehm zu fahren. Viel Drehmoment im unteren und mittleren Drehzahlbereich, gepaart mit ausreichender Spitzenleistung (100 bzw. 98 PS), bot

Leicht-Gedicht: Alles, was einen Supersportler gut und teuer macht, wurde an der Triumph lightweight 900 verbaut. Das PS-Edelbike '93 fällt gegenüber der Serien-Version Trophy 900...

...über 40 kg leichter und obendrein 17 PS stärker aus. Im Verein mit mehr Bodenfreiheit bedeutet dies die langersehnte Renntauglichkeit für das ehemals brave Alltags-Bike.

hervorragende Voraussetzungen, um auf der Straße flott unterwegs zu sein. Schnelle Rundenzeiten auf der Rennstrecke verhinderten die mangelhafte Bodenfreiheit sowie das hohe Gewicht (264 kg) aber nachhaltig.

Aus purem Spaß an der Freude hin und wieder als Hobby-Rennfahrer in Hockenheim und auf dem Nürburgring unterwegs, entstand der Wunsch, eine renntaugliche Triumph auf die Räder zu stellen. Aufgrund des geplanten Einsatzzweckes im Rallye-Sport, wo das Reglement Straßenzulassung vorschreibt, mußte aber auch dieses Motorrad den strengen Vorgaben des Gesetzgebers genügen.

Im Winter 1992 realisierte ich zusammen mit zwölf Sponsoren, die Teile und Knowhow beisteuerten, die Idee von der leichten, starken und renntauglichen Triumph 900 mit TÜV-Segen auf der Basis einer Trophy 900. In Anlehnung an das in sattem Gelb lackierte Serienmodell Daytona 900 trägt auch das Edelbike ein gelbes Kleid – wenngleich in einer etwas anderen Tönung.

Doch nicht nur der Farbton hat sich an der lightweight 900 gewandelt. Um mehr als 40 Kilogramm ließ sich das Gewicht durch den Einsatz sehr leichter Werkstoffe drücken. Vollgetankt nur noch 223 Kilogramm schwer und in der Rennversion immerhin 117 PS stark, liegt das PS-Edelbike des Jahres 1993 nun auf dem Niveau der supersportlichen Konkurrenz aus Fernost und erlaubt ebenso sportliche Übungen.

Der Weg zu diesem Motorrad war aber nicht ganz einfach. Er führte über straffere Federelemente, leistungsfähigere Bremsen, superleichte Verkleidungsteile aus Kohlefaser und eine leichtere 3-in-1-Auspuffanlage bis hin zu Einarmschwinge, Magnesium-Felgen mit Breitreifen und sogar einem Motortuning-Kit aus der Versuchsabteilung des Triumph-Werkes im englischen Hinckley. Das Ergebnis konnte sich schließlich sehen lassen und wurde den PS-Lesern in Heft 7/93 ausführlich präsentiert.

Ansichten eines Traums – Honda RS 750 R Replica

Wie gesagt, ich bin eingefleischter Liebhaber der Honda V4-Technik. Schuld daran war ein Besuch bei Honda-Tuner Roland Eckert 1985. Aus der Fachpresse wußte ich, daß er – wie bereits im Vorjahr – eine der raren Werksrennmaschinen vom Typ RS 750 R unter »Mister Superbike« Peter Rubatto in der Endurance-WM und in der Deutschen Superbike-Trophy einsetzte.

Ich wollte mir dieses Motorrad einmal aus nächster Nähe ansehen und reiste ins hohenlohesche Belzhag. Was ich dort zu sehen bekam, war für damalige Verhältnisse geradezu sensationell. Sehr kurz, schmal und niedrig war der Renner geraten und verfügte als erste käufliche Viertakt-Rennmaschine von Honda über einen superleichten Brückenrahmen aus Leichtmetall. Das Triebwerk war abgeleitet vom Serienmodell VF 750 F, besaß aber – wie die VF 1000 R – zahnrad- und keine kettengetriebenen Nockenwellen. Stramme 125 PS leistete der Vierzylinder und realisierte bei nur 160 kg Trockengewicht damals konkurrenzlose Fahrleistungen.

Honda bot dem, der keine 80 000 Mark für diesen edlen Werksrenner aufbringen konnte, auch eine preiswertere Möglichkeit, um erfolgversprechend Rennsport zu betreiben. Für die VF 750 F – mein Privat-

Alles Lüge? Als Basis für mein Lieblingsspielzeug diente der Serienrenner VF 750 F, von dem es auch eine Kit-Version gab, ...

...jedoch interessierte mich im Grunde nur die Werksmaschine RS 750 R beim Bau der Replica. Wer nämlich jemals die aufgepeppte Serienmaschine mit dem Werksrenner RS 750 R und...

Motorrad zu dieser Zeit – gab es einen umfangreichen Fahrwerks- und Motoren-Kit, der das 90 PS starke und über 240 kg schwere Serien-Trum in ein knapp 200 kg leichtes und immerhin 112 PS starkes Superbike verwandelte. Als Student konnte ich mir zu dieser Zeit aber auch dieses Motorrad nicht leisten (komplett aufgebaut kostete es schließlich immerhin 60 000 Mark), und außerdem interessierte mich genau genommen ohnedies nur die Werks-RS 750 R. Ich setzte mir in den Kopf, diesen Traum irgendwie und irgendwann zu realisieren. Zunächst blieb es eben ein Traum.

Erst 1991 nahm er Gestalt an. Basis für die RS 750 R Replica bildete ein VF 750 F-Rahmen und ein VF 1000 R-Motor. Mit dem Verzicht auf eine originale RS 750 R mußte ich zwar leben, wollte aber doch wenigstens eine brauchbare Kopie von ihr anfertigen. Roland Eckert war zwar skeptisch, stellte mir aber freundlicherweise trotzdem die Formen zur Herstellung der originalen HRC-Verkleidung, der Sitzbank

und des Vorderradkotflügels zur Verfügung.

Alle anderen Teile wurden ohne Rücksicht auf Bauzeit und Kontostand selbst entworfen und größtenteils auch selbst ange-

...dessen edler Technik vergleichen konnte, wollte vom Serienableger nichts mehr wissen. Schon gar nicht Honda-Tuner Roland Eckert, für dessen Team Peter Rubatto 1984 mit der RS 750 R die Superbike-Trophy bestritt.

fertigt. Von den Instrumenten über die Auspuffanlage bis hin zum Ansaugsystem ist es
durch und durch ein Eigenbau. Kein
Schraubenkopf, der nicht überdreht wurde
und kein Teil, das vor dem Einbau nicht
wenigstens auf Funktion, minimales Gewicht und optische Attraktivität hin überprüft wurde.

Gekrönt wurde dieses Ergebnis von rund
3000 Arbeitsstunden durch den Einbau di-
verser Motorenteile aus der Werks-RS 750 R.
Roland Eckert besaß diese seit Jahren in seinem Fundus aus den Anfängen der Superbi-
ke-Zeit 1984, wo das Reglement noch
1000 cm³ Hubraum erlaubte. Damals entwickelte er für die RS 750 R ein gut 150 PS
starkes Triebwerk auf Basis der VF 1000 R.
Eine exakte Kopie dieses V4-Hammers mit
Fünfgang-Renngetriebe treibt nun die RS
750 R Replica voran und sorgt in Verbin-

dung mit nur 190 kg Trockengewicht für
durchaus respektable Fahrleistungen. Und
dies sogar auf der Straße, wenn es sein
muß, denn zur Replica gab sogar der TÜV
seinen Segen.

Geeignete Werkstatt

Wenn die Idee vom selbstgebauten Edelbike erstmal im Kopf zu reifen beginnt, steht
man in der Regel auch sehr schnell vor einem ganzen Berg von Problemen. Neben
einem Budget, das sich jeder für seinen
Umbau im Vorfeld errechnen sollte und
dessen Eingrenzung in diesem Buch durch
Kostenangaben unterstützt wird, muß zual-
lererst einmal ein geeigneter Raum, am besten natürlich eine komplett eingerichtete
Werkstatt vorhanden sein.

Verwerfen Sie bitte schnell den Gedan-

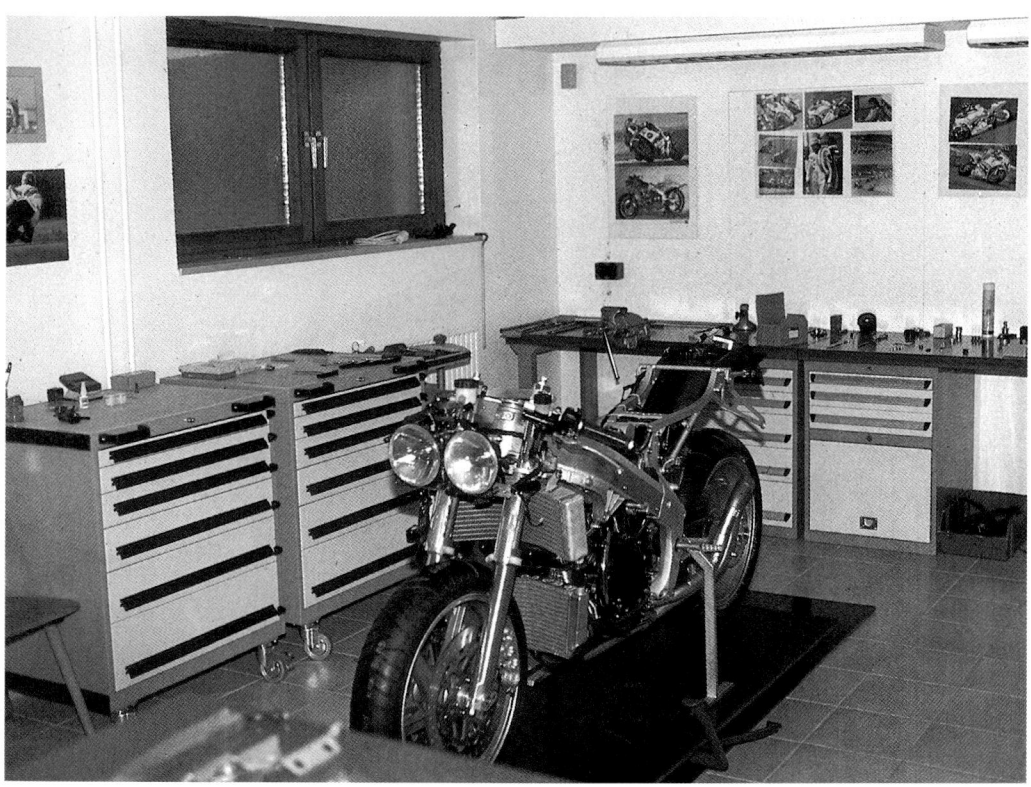

**Vorbildlich: An einem solch appetitlich eingerichteten Arbeitsplatz - wie hier in der Privat-Werkstatt von Tuner
Roland Eckert – macht Schrauben erst richtig Spaß.**

Auch gut: Die PS-Werkstatt ist geräumig und zweckmäßig eingerichtet. Für Einstellarbeiten am laufenden Motor besitzt sie die vorgeschriebene Abgasabsaugung.

ken, Ihr Edelbike beispielsweise auf der elterlichen Terrasse oder in Großmutters Gartenlaube aufzubauen. Halbwegs professionelle Voraussetzungen müssen geschaffen sein - sonst wird auch das Ergebnis niemals professionell sein können. Die Minimalforderung lautet also Garage oder Schuppen - mit Stromanschluß 220 Volt, versteht sich, und 380 Volt Drehstrom, falls möglich.

Wichtigster Einrichtungsgegenstand der kleinen Edelschmiede ist eine breite und stabile Werkbank. In Industriebedarfshäusern können Sie sie für teures Geld kaufen oder aber mit etwas Geschick selbst anfertigen. Wert sollten Sie in jedem Fall auf eine stabile und mindestens drei Zentimeter dicke Arbeitsplatte aus mehrfach verleimtem Sperrholz legen. Das Untergestell fertigt man zweckmäßig aus Vierkanthölzern an oder besser: Man schweißt ein Gestell aus Vierkantstahlrohr. Wie auch immer: Eine solide Konstruktion, die auch unter der Last eines 90 kg schweren Motors nicht wie ein Kartenhaus zusammenbricht, ist gefordert. Gleichfalls unerläßlich sind zwei Schränke - am besten mit Schubladen - um

empfindliche Werkzeuge wie Gewindeschneider, Meßuhren, Multi-Tester oder elektrische Geräte geschützt zu verstauen. Kauf oder Eigenbau? Es hängt nur von Ihrem Geldbeutel ab.

Unbedingt leisten sollten Sie sich eine Lochwand, an der Sie häufig benötigtes Werkzeug leicht erreichbar an der Stirnseite der Werkbank aufhängen. Alles hat dort seinen Platz und wird bei Bedarf schnell gefunden. Die abenteuerliche Grundregel

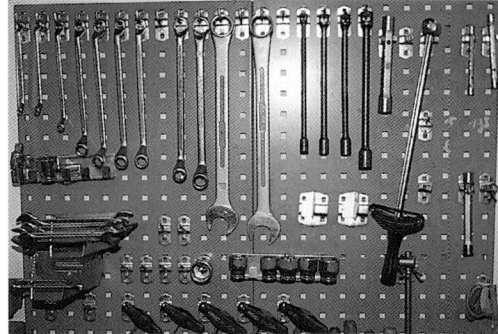

Aufgeräumt: Hier läßt sich Werkzeug gut verstauen. Vor allem die verschiedenen Schlüsselsätze sind an einer Lochwand prima aufgehoben und zudem schnell griffbereit.

»Wer Ordnung hält, ist nur zu faul zu suchen« mag gelten wo sie will, nicht aber im Motorradbau. Dort ist Ordnung das halbe Leben und erleichtert die Arbeit ganz beträchtlich.

Eine praktische Sache sind Motorrad-Hebebühnen. Wer genügend Raum und etwa 1000 Mark hat, sollte sich dieses Utensil anschaffen. Die Alernative dazu lautet, sich unter das Motorrad zu legen und sich auf dem kalten Boden Kreuzschmerzen oder Erkältungen einzufangen. Falls das Portemonnaie nicht so prall gefüllt sein sollte, läßt sich die Arbeit selbstverständlich auch mit einem selbstgebauten Podest erleichtern. Kommen Sie aber bloß nicht auf die Idee und stellen Ihr angehendes Edelbike auf eine Bierbank, wie man es da und dort in den Fahrerlagern sieht. Wie bei der Eigenbau-Werkbank ist auch hier eine solide Konstruktion gefordert. Eine dauerhaft mit Stahlwinkeln verschraubte Holzkonstruktion

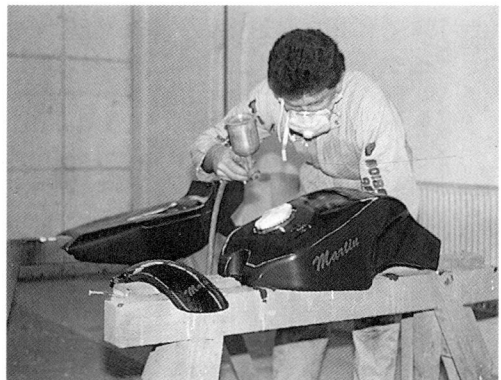

So und nicht anders: Lackierarbeiten sollten nicht nur der Umwelt zuliebe in einer Lackierhalle erfolgen. Absaugung, Heizung und Beleuchtung fördern auch das Ergebnis.

on mit aufgeschraubter, mehrfach verleimter Platte erfüllt den Zweck ganz ordentlich.

Sorgen Sie für eine angenehme Raumtemperatur. Eine Einzelgarage läßt sich bei-

Staub-Fang: Opimale Voraussetzungen für Schleifarbeiten bietet ein Raum mit Staubabsaugung, wie bei der Firma CFP Driesch. Wer den nicht hat, sollte lieber Naßschleifen.

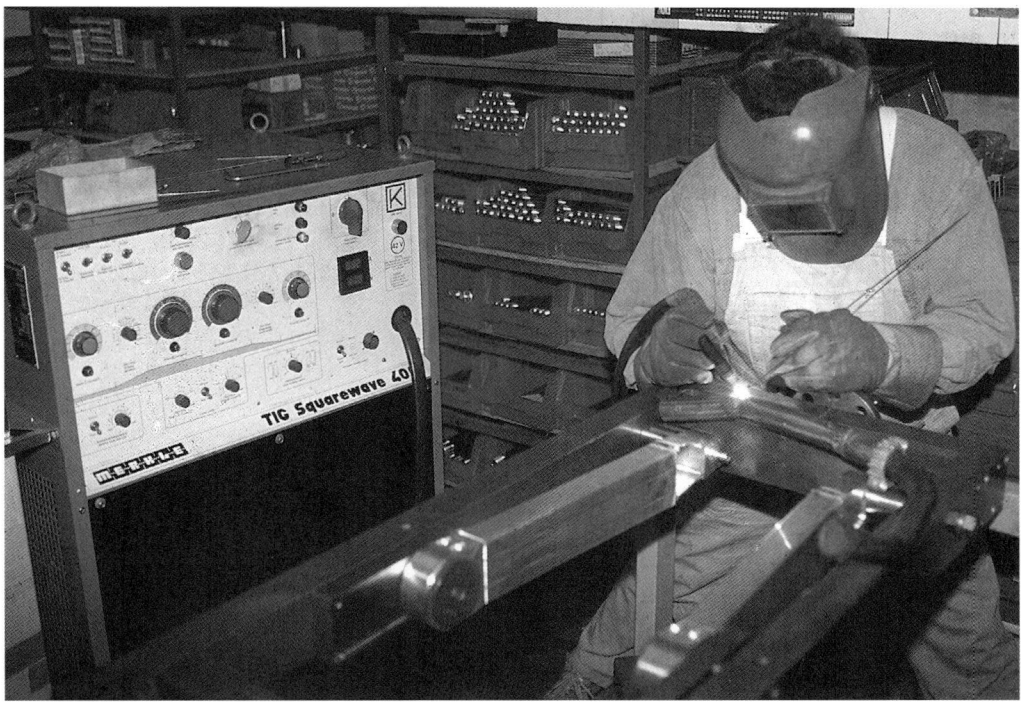

Funkenbold: Die beste Lösung für Schweißarbeiten ist ein Schweißtisch aus Stahl, der gleichzeitig als Masseelektrode fungiert (Hier bei der Firma Krüger & Junginger).

spielsweise mit einem 2000 Watt Heizlüfter angenehm temperieren. In diesem Zusammenhang aber auf die Absicherung der Hauptstromleitung achten. Betreiben Sie außer dem Heizofen noch weitere Elektrogeräte, reichen die im Haushalt üblichen 16 Ampère-Sicherungen schnell nicht mehr aus. Stellen Sie also eine Absicherung mit mindestens 25 Ampère sicher, und fragen Sie sicherheitshalber den Elektriker, ob der Leitungsquerschnitt diese Stromstärke auch verträgt. Kaum etwas wäre schlimmer als ein Kabelbrand.

Lackierarbeiten sollten besser nicht in der Werkstatt ausgeführt werden. Es gibt kaum eine bessere Möglichkeit, die teuere Einrichtung zu ruinieren, von der erheblichen Umweltbelastung wegen einer fehlenden Absaugung mal ganz abgesehen. Selbst wenn Sie alles noch so sorgfältig mit Folien abdecken - der Lackiernebel findet immer seinen Weg und schlägt sich nieder. Viel bequemer und sauberer ist es, für rund 50

Mark in der Stunde eine Lackierbox zu mieten. In jeder größeren Stadt gibt es heute Mietwerkstätten, die meistens auch über eine Lackierhalle verfügen. Das lohnt sich aber nur, wenn Sie sich Ihrer Sache sicher sind und das Lackierergebnis sich nachher auch sehen lassen kann. Im Zweifelsfalle gilt: Lieber den Weg zum Fachmann antreten.

Auch größere Schleifarbeiten sollten gut bedacht werden. Der Schleifstaub, der beispielsweise bei der Bearbeitung von Glas- und Kohlefaserteilen entsteht, ist so fein, daß er in die letzte Ritze kriecht. Besser ist es, soviel wie möglich im Naßschleifverfahren zu erledigen. Das dauert zwar meist etwas länger als maschinelles Trockenschleifen, dafür staubt es aber nicht. Wichtig bei all diesen Arbeiten: Staub oder Schleifbrühe nicht in den Ausguß kippen, sondern fachgerecht entsorgen. Es handelt sich um Sondermüll, der wie Lack zu behandeln ist.

Fall Sie Schweißarbeiten ausführen wollen, achten Sie darauf, daß nichts Brennbares in der Nähe steht und der Raum gut gelüftet ist. Das Optimum stellt ein kleiner Schweißtisch aus Stahl dar, der seinerseits bei allen elektrischen Schweißverfahren gleichzeitig als Masseelektrode fungiert.

Große Bedeutung kommt der Beleuchtung zu. Zweifellos wenig Sinn macht es, im Licht einer schwachen Glühbirne filigrane Arbeiten auszuführen. Einmal ganz davon abgesehen, daß man sich die Augen damit verdirbt, besteht auch die Gefahr, daß eine wichtige Kleinigkeit schlicht übersehen wird. Deshalb sollten sich an der Decke einige kräftige und trotzdem sparsame Neonröhren befinden.

Gute Dienste, um selbst im hintersten Winkel zum Durchblick zu verhelfen, leistet oftmals auch eine zusätzliche Neon-Handlampe, wie sie in jedem Baumarkt erhältlich ist. Sie sollte ebenfalls nicht fehlen.

Eine gute Investition ist zweifellos auch ein Werkzeugwagen. Man bekommt ihn schon für 50 bis 70 Mark, und er verschafft Ring- und Gabelschlüsseln, Schraubendrehern und Zangen - kurz allem, was wir rund ums Motorrad benötigen - etwas Mobilität. So braucht man nicht ständig wegen eines Werkzeuges wie der geölte Blitz durch die Werkstatt zu sausen.

Wahrscheinlich wissen Sie spätestens jetzt, wie Ihre Edelschmiede aussehen soll, oder Sie haben sogar bereits eine. Wer sich noch in Entscheidungsnöten befindet, sollte mal auf einen Sprung beim Motorradhändler vorbeischauen. Wie hat er seinen Mechanikern den Arbeitsplatz eingerichtet?

Werkzeuge und Maschinen

Die notwendige Werkstatt-Einrichtung hat Ihr Edelbike-Budget ganz schön strapaziert? Wer jetzt das notwendige Handwerkszeug für sein Bastelprojekt schon

griffbereit hat, kann auf-, die anderen müssen tief durchatmen: Der Bedarf an unerläßlichen Werkzeugen und Maschinen addiert sich nämlich schnell zu einem üppigen Sümmchen.

Drehbank: Für den Hobby-Motorradhersteller zu teuer.

Beginnen wir mit Dreh- und Fräsarbeiten. Die Anschaffung einer Drehbank und einer Fräsmaschine lohnt nicht, wenn nur ein einziges Motorrad gebaut werden soll. In der für unsere Zwecke ausreichenden Qualität wären immerhin 10 000 Mark für die beiden Maschinen samt Zubehör wie Drehstählen, Spannfuttern und Fräsern zu veranschlagen. Es ist also vernünftiger, sich nach einem mechanischen Werkstattbetrieb umzusehen, der uns das eine oder andere Teil wunschgemäß anfertigt. In den Gelben Seiten findet sich auch in Ihrer Nähe ein hilfsbereites Unternehmen. Unverzichtbar, aber sehr viel billiger, ist hingegen der Winkelschleifer, im Volksmund »Flex« genannt. Er ist ein sehr vielseitiger Helfer bei der Metall- und Kunststoffbearbeitung. Eine Trennscheibe erfüllt quasi den Zweck einer Säge, Schruppscheibe oder GFK-Scheibe mit Gummiteller sind

Winkelschleifer: Darf nicht fehlen, da universell einsetzbar.

gut für allerlei Schleifarbeiten, und eine Topfbürste eignet sich hervorragend zum Ablacken und Vorpolieren von Metallteilen. Für unsere Bedürfnisse eignet sich am besten der sogenannte Einhand-Winkelschleifer mit 115 mm Tellerdurchmesser. Man bekommt ihn ab etwa 80 Mark in jedem Heimwerkergeschäft.

Praktisch ist auch eine stationäre Schleifmaschine. Mit ihr läßt sich Metall sauber und schnell bearbeiten. Selbst einen ver-

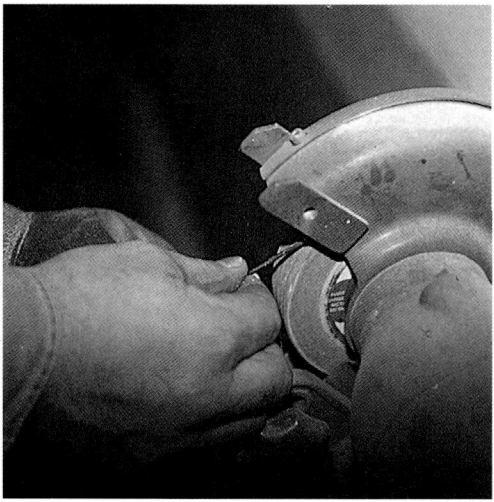

Schleifmaschine: Praktisch, aber nicht zwingend notwendig.

hunzten Schraubenzieher, eine Ahle oder eine vermackte Ziehklinge bringen wir damit wieder in Form. Wer also 50 bis 200 Mark übrig hat, soll sich das kleine Gerät ruhig anschaffen, dabei aber bedenken, daß die Schleifmaschine fest montiert werden muß, also einen eigenen Platz auf der Werkbank benötigt.

Spätestens beim Vorhaben, Ihrem Motorrad eine besondere Verkleidung oder eine Auspuffanlage maßzuschneidern, werden Sie mit verschiedenen Schweißverfahren konfrontiert. Alle denkbaren Möglichkeiten aufzuzählen, würde zu weit führen. Für den Bastler bieten sich drei relativ preiswerte Möglichkeiten an, Metalle miteinander zu verbinden. Beim Elektrodenschweißen wird ein Lichtbogen zwischen einer mit Flußmittel ummantelten Elektrode und dem Werkstück erzeugt. An der Stelle des Lichtbogens wird das Werkstück geschmolzen, und gleichzeitig tritt flüssiges Metall der Elektrode in die Schweißstelle ein. Zieht man die Elektrode langsam in eine Richtung, entsteht so eine Schweißnaht und damit eine Verbindung. Dieses Schweißverfahren eignet sich besonders für Stähle größerer Dicke. Preis für ein solches Gerät: ab etwa 150 Mark.

Luxuriöser und universeller ist ein Schutzgasschweißgerät. Sein Funktionsprinzip ähnelt dem des Elektrodenschweißgerätes, nur ersetzt hier ein ständig automatisch nachgeschobener Draht die Elektrode. Außerdem wird kein Flußmittel benötigt. Um trotzdem eine saubere Schweißnaht zu bekommen, wird der Bereich des Lichtbogens mit Schutzgas – meist Argon – umspült. Der Schweißdraht befindet sich auf Rollen, die rasch austauschbar sind. Mit diesem Verfahren lassen sich Stähle, VA-Stähle (Edelstahl) und selbst Aluminium schweißen. Falls Sie Aluminium schweißen wollen, achten Sie darauf, ein von Wechsel- auf Gleichstrom umschaltbares Gerät zu kaufen. Preis für dieses sehr empfehlenswerte Gerät: ab zirka 500 Mark. Die letzte für den Edelbiker interessante Stufe der Schweißtechnik ist das Autogenverfahren. Acetylen und Sauerstoff werden in einem Brenner gemischt und erzeugen an der Austrittsöffnung der Schweißdüse eine Flamme. Sie ersetzt den Lichtbogen. Die Elektrode beziehungsweise den Draht ersetzt ein von Hand in die Flamme geführter Schweißdraht oder ein Hartlotstab. Auch dieses Verfahren ist sehr

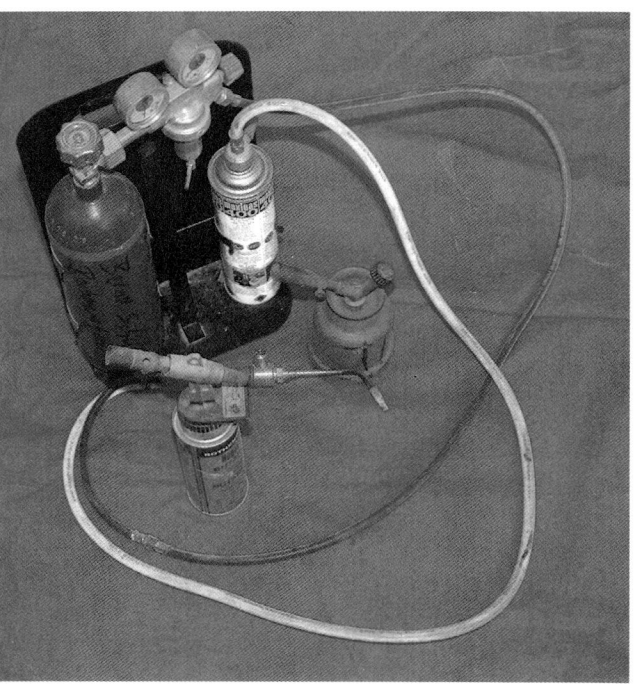

Autogen-Schweißgerät: Sollte in der Werkstatt nicht fehlen.

zu empfehlen, weil universell und stromunabhängig. Zudem lassen sich mit der heißen Flamme – wie mit einem Bunsenbrenner – auch Rohre und Bleche leicht in die gewünschte Form biegen. Kleine Autogengeräte sind ab etwa 300 Mark erhältlich.

Zur Grundausstattung einer guten Bastelwerkstatt zählt eine Handbohrmaschine mit Rechts-/Links-Lauf und stufenloser Drehzahlregelung. Wer sich zusätzlich etwas Gutes tun möchte, montiert auf der Werkbank außerdem eine Ständerbohrmaschine. Für 150 bis 500 Mark sind taugliche Exemplare zu bekommen.

Gleichfalls unerläßlich ist ein Rutscher oder Schwingschleifer. Hier herrschen allerdings große Preisunterschiede. Die Palette reicht von einfachen Exemplaren für weniger als 100 Mark bis hinauf zu 400 Mark teuren Industriegeräten. Empfehlenswert ist zweifellos eine Ausführung mit Ab-

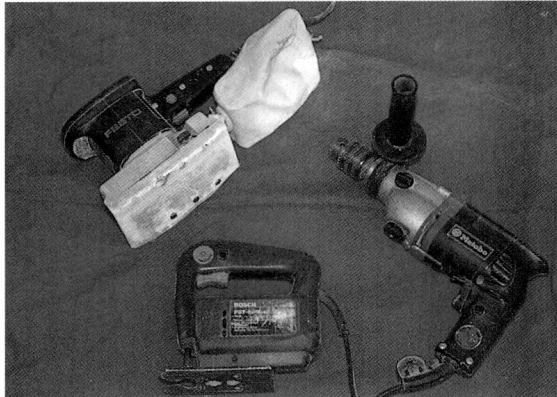

Grundstock: Schwingschleifer, Stichsäge und Bohrmaschine.

saugung und Staubfangsack. Sie verhindert die größten Schweinereien bei der Arbeit.

Nicht weniger wichtig ist eine Pendelstichsäge. Auch sie sollte über eine stufenlose Drehzahlregelung verfügen. Mit ihr lassen sich Metallbleche, Hölzer und Kunststoffe einfach bearbeiten.

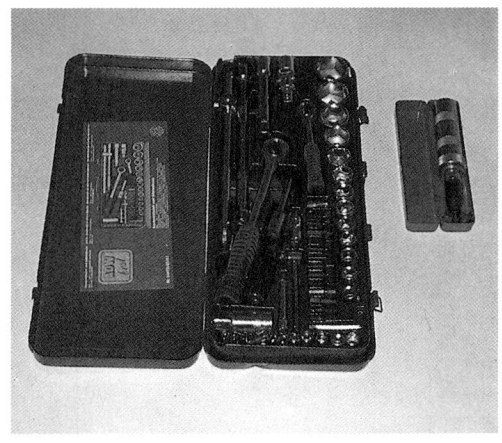

Unverzichtbar: Knarrenkasten und Schlagschrauber.

Maschinen sind aber nicht alles. Das A und O in der Motorradwerkstatt ist selbstverständlich ein Steckschlüsselsatz mit Knarre von guter Markenqualität. Sparen sollte man auch nicht an guten Gabel- und Ringschlüsseln sowie Schraubendrehern verschiedener Größen und Arten. Wer vorhat, den Motor zu zerlegen und später auch wieder zusammenzubauen, sollte sich einen guten Drehmomentschlüssel zulegen. Die kosten zwar gut 200 Mark, doch jeder Pfennig davon ist gut angelegt, denn die billigen, etwa 30 Mark teuren Modelle mit Zeiger sind ungenau und damit sauberer und zuverlässiger Arbeit nur im Wege. Sie taugen allenfalls, um ein Schwingenlager halbwegs korrekt einzustellen oder eine Achsmutter festzuziehen. Zum Lösen festsitzender Schrauben gehört außerdem noch ein Schlagschrauber für etwa 20 Mark aus dem Versandhandel in die Werkstatt.

Für Tuningmaßnahmen – speziell für die Kanalbearbeitung – ist eine biegsame Welle sowie ein umfangreiches Sortiment an Fräsern notwendig. Gute Dienste leistet zudem eine Miniaturbohrmaschine, ebenfalls mit biegsamer Welle und dazugehöriger Fräserausstattung. Die Preisskala beginnt bei rund 150 Mark – nach oben sind keine Grenzen gesetzt.

Tuning-Kit: Fräser, Minibohrmaschine und biegsame Welle.

TTO-Suzuki GSX-R 1100 – Saat der Gewalt

Das Leistungsdiagramm des Bosch-Prüf-standes bescheinigte dem mittels Flach-schieber-Vergasern, erhöhter Verdichtung und längerer Ventilüberschneidung getun-ten Suzuki-Vierzylinder der GSX-R 1100 beachtliche 152 PS bei 9500/min. Und das bei einem Lebendgewicht von nur 198 Ki-logramm. Das Geheimnis der superstarken TTO-Suzuki aus dem Ruhrpott-Ort Ober-hausen: Der 1100er Motor steckt im Fahr-werk der GSX-R 750.

Bei den Beschleunigungsmessungen lau-fen uns denn auch fast die Augen über, als der Drucker die Daten ausspuckt: dreikom-manull Sekunden auf hundert, achtkomma-sieben bis zum Erreichen der 200 km/h-Marke. Wenig Gewicht, eine perfekt zu do-sierende Kupplung, eine gelungene Verga-serabstimmung und schließlich das Sechsganggetriebe aus der GSX-R 750 ma-chen im Verein mit einer kürzeren Sekun-därübersetzung die Bestwerte möglich.

Die kürzere Endübersetzung bringt zu-dem gewaltigen Durchzug, kostet aber auch etwas Topspeed. Doch auch 271 km/h sind nicht von Pappe, zumal der Windschutz hinter der superschmalen und extrem niedrigen Verkleidung nach dem

Wenn 152 PS Leistung und 124 Nm Drehmoment auf ein nur 198 kg schweres Motorrad losgelassen werden, ist verbrannter Gummi angesagt.

Vorbild der Bimota YB 4 E.I. sehr dürftig ausfällt und solche Geschwindigkeiten ohnedies nur kurz erlaubt.

Das Fahrgefühl auf kurvigen Strecken steht den bombastischen Fahrleistungen indes nicht nach. Mit der roten TTO ist man ständig sehr schnell und sehr, sehr schräg unterwegs; aus engen Kehren heraus hat der 180er BT 50 von Bridgestone auf der sechs Zoll breiten Felge seine liebe Not, die vielen Pferdestärken in vehementen Vorwärtsdrang umzusetzen.

Power stellt die TTO-Suzuki dem Piloten im Überfluß zur Verfügung, und es ist schon beinahe verwunderlich, wie gut man mit ihr zurechtkommt. Die Motorcharakteristik ist nämlich nicht etwa spitz, sondern ungemein füllig. Von 3000 bis 12 000/min kommt Leistung und Drehmoment satt – ohne Einbrüche, häufiges Rühren im Sechsganggetriebe ist also nicht nötig. Außerdem läßt sich der Leistungseinsatz feinfühlig dosieren, was bei Flachschiebern nicht unbedingt zur Tagesordnung zählt.

Die Suzuki ist die perfekte Fahrmaschine – mit einer sehr sportlichen, gleichwohl aber nicht unbequemen Sitzposition. Sie ist aber auch ein Edelbike vom feinsten. Die polierte Einarmschwinge stammt von der Honda RC 36, die Grundform der Sitzbank entsprang der RC 30, und die unter ihr versteckte Auspuffanlage aus poliertem Edelstahl sucht nun wirklich ihresgleichen. Nicht weniger edel und in Wirkung und

Dosierbarkeit kaum zu übertreffen ist die ISR-Doppelscheibenbremse im Vorderrad. Ihre beiden kunstvoll gefrästen Sechskolbenzangen mit je einem Bremsbelag pro Kolben sind nicht nur ein Augenschmaus, sondern beißen auch ungemein wirkungsvoll.

Das High-Tech-Sahnehäubchen verpaßten die Techniker von TTO ihrer schnellen Schöpfung aber im Cockpit: Ein Meßcomputer ersetzt die gewohnten Instrumente und liefert auf Abruf von der augenblickli-

chen Fahrgeschwindigkeit über die Drehzahl bis hin zur Beschleunigungszeit jedwede Information, die der Fahrer wünscht.

Wären da nicht ein in Rechtskurven schwergängiger Gasgriff und die antiquierten Ochsenaugenblinker – die TTO-Suzuki wäre perfekt. Das Konzept vom getunten 1100er Motor im leichten 750er Fahrwerk ist voll aufgegangen. Allerdings hat solch appetitlich verpackte Fahrdynamik auch einen stolzen Preis: Satte 55 000 Mark muß der Superbike-Fan berappen.

Fahrwerksaufbau

Profi-Tip: Fritz W. Egli

Erinnern wir uns an die frühen siebziger Jahre. Damals verbauten die japanischen Hersteller Honda und Kawasaki erstmals leistungsstarke Vierzylindermotoren in Serienmaschinen. Die CB 750 und die Z1 900 waren das Nonplusultra in der Motorradlandschaft und wurden zu Legenden. Doch mit der Leistung der Triebwerke zeigten sich die Fahrwerke heillos überfordert. Viele Tuner versuchten, durch Einzelmaßnahmen wie eine stabilere Schwinge oder eine steifere Gabel das Fahrverhalten im oberen Geschwindigkeitsbereich zu verbessern, doch dies durchweg mit bescheidenem Erfolg. Hauptursache starker Pende-

lerscheinungen war der labile Rahmen, weshalb sich die Tuningbranche mit verschiedenen Rahmenkonzepten um eine Verbesserung bemühte. Unser Betrieb entwickelte beispielsweise den Zentralrohrrahmen, der später von einigen Firmen kopiert wurde. Dieses Rahmenkonzept hat seine technische Gültigkeit übrigens bis heute behalten. Nach wie vor fertigen wir diese Fahrwerke – auch für die aktuelle Modellgeneration.

Preiswerte Lösungen mit einem stabileren Rahmen, aber serienmäßigen Federelementen, wurden seinerzeit vereinzelt zwar auch angeboten, doch den durchschlagenden Erfolg im Fahrbetrieb brachten nur Konzepte, bei denen kompromißlos, ohne

Fahrwerks-Papst Fritz W. Egli (Mitte) und seine Crew: Die Funktionalität muß immer die oberste Priorität behalten.

Rücksicht auf Kosten, Rahmen, Federelemente, Räder und Bremsen aufeinander abgestimmt waren.

Dieser kleine Exkurs zeigt, daß es oftmals
nicht mit einer Änderung getan ist. Alle
Komponenten eines Motorradfahrwerkes
müssen sorgfältig aufeinander abgestimmt
sein – das galt damals und gilt heute noch
genauso. Sicherlich sind die Motorräder
gerade auf dem Fahrwerkssektor heute sehr
viel besser als damals, manche sind sogar
perfekt. Trotzdem wünscht sich der Enthu-
siast hier und dort eine bessere technische
Lösung an seinem Motorrad. Den Rahmen
selbst betrifft dies heute kaum noch, da er
bei nahezu allen Maschinen ausreichend
stabil ausgelegt ist. Kritik heimst eher die
Abstimmung der Federelemente ein. Der
Zubehörmarkt floriert deshalb gerade im
Bereich vielfach justierbarer Gabeln und
Federbeine. Die Investition in solch teure
Komponenten kann sich durchaus lohnen,
eine sorgfältige Abstimmung auf das Fahrzeug vorausgesetzt. Ein Tip am Rande: Ver-
fallen Sie nicht dem Glauben, eine Upside-
down-Gabel sei einer herkömmlichen Telegabel automatisch überlegen und eine

Sechskolben-Bremsanlage funktioniere in
jedem Falle besser als das Vierkolben-Pen-
dant. Oftmals handelt es sich nur um technische Mode-Gags, die kommen – und
wieder verschwinden. In erster Linie entscheidet die Fertigungsqualität dieser Teile
und die harmonische Gesamtabstimmung
über die spätere Funktionstüchtigkeit im
Fahrbetrieb.

Verwenden Sie also mehr Zeit auf eine
subtile Analyse der Stärken und Schwächen an Ihrem Motorrad, anstatt »rein aus
Prinzip« möglicherweise sehr gut arbeiten-
de Serienteile schnurstracks durch teure
und edle Zubehörteile zu ersetzen.

Anders verhält es sich, wenn Sie sich einfach der Liebe zur Technik wegen kunstvoll
gefräste Bremszangen oder ähnlich aufwendig gefertigte Teile leisten wollen. Dem
steht nichts im Wege, aber die Funktionalität muß immer die oberste Priorität behalten: Denn was nützen unzählige Arbeitsstunden und ein wunderschön anzusehen-
des Motorrad, wenn es aber deutlich
schlechter fährt als das Original?

Fritz W. Egli

Rahmen

Im Zeitalter der Leichtmetallrahmen in Brückenbauweise mit mächtigen, um den Motor herumgezogenen Profilen, sind gravierende Fahrwerksunruhen bei Serienmotorrädern ein Fremdwort. Das beweisen gerade die supersportlichen Maschinen vom Schlage einer Honda RVF 750-RC45, einer Kawasaki ZXR 750 R oder einer Yamaha YZF 750 SP Wochenende für Wochenen-

dem sei gesagt, daß Ducati seit 1990 immerhin dreimal die Krone in der Superbike-Weltmeisterschaft ins italienische Bologna holte – mit einem Gitterrohrrahmen aus Chrommolybdänstahl wohlgemerkt. Ein altgedienter Verfechter von Stahlrohrfahrwerken ist der französische Fahrwerksbauer Georges Martin. Bereits in den siebziger Jahren fertigte er präzise und bildschöne Spezialfahrwerke für allerlei japanische Motoren. 1983 nahm er sich schließlich

Leicht und stabil: Das verchromte Stahlchassis der Martin-Honda besteht aus drei Baugruppen und ist gleichermaßen leicht wie handwerklich schön geraten.

de bei den Superbike-Rennen. Da wackelt und rührt nichts; der Pilot kann selbst bei Höchstgeschwindigkeit unbeirrt seine Bahn ziehen. »Kunststück, mit einer Rennmaschine«, werden Sie jetzt vielleicht sagen, aber die Reihe der Beispiele läßt sich mit Serien-Motorrädern beliebig fortsetzen. So verfügen sehr gute Allround-Motorräder wie die Honda CBR 600 F oder die Triumph Daytona 900 zwar »nur« über Stahlrohr-Fahrwerke, doch glänzen sie dennoch mit vorbildlichen Manieren im Fahrbetrieb. Und wer immer noch an die Überlegenheit des Aluminiums im Rahmenbau glaubt,

auch des damaligen Supersportlers Honda VF 750 F an und konstruierte für den Vierzylinder-V-Motor ein unten offenes Gitterrohrfahrwerk, bei dem das Triebwerk als tragendes Element fungiert. Doch der Absatz des rund 17000 Mark teuren Spezialfahrwerkes lief mehr als schleppend: Nur zehn Rahmenkits verließen die Werkshallen in Frankreich. Der Grund hierfür leuchtet ein: Das Fahrwerk der VF 750 F war bereits serienmäßig besser als vieles andere, was bisher zu kaufen war, und so verzichteten die meisten Honda-Fahrer auf das verchromte Martin-Rohrwerk.

Schlanke Taille: Georges Martin setzte die geringe Baubreite des Honda-V4 beim Fahrwerksbau nahtlos um. So entstand eine Tausender mit der Baubreite einer Fünfhunderter.

Heute freilich ist wieder ein starker Trend in Richtung Spezialfahrwerke zu beobachten. Gerade die verchromten oder hochglanzvernickelten Rohrwerke von Martin und Harris stehen in der Käufergunst wieder ganz oben. Weniger deswegen, weil sie das Fahrverhalten deutlich verbessern, sondern vielmehr, um sich mit dem Fahrzeug aus der großen Masse gleichartiger Maschinen abzuheben, greifen mehr und mehr Fahrer wieder zu hochwertigen Rahmenkits. Was also lag näher, als sich selbst einmal mit solch einem Kit zu beschäftigen?

Der Martin-Rahmenkit für die VF 750 F besticht nicht nur durch eine gediegene Verarbeitung mit wunderschönen Schweißnähten, sondern auch durch eine ausgeklügelte Konstruktion. Er besteht aus drei Teilen. Das Rahmenheck ist abschraubbar und mit dem Hauptrahmen durch zwei massive Aluminiumplatten verbunden. Diese beiden Platten dienen gleichzeitig als Aufnahme für die Umlenkwippe des Zentralfederbeines, gegen das sich die Vierkantrohrschwinge mit einem Bügel und Gelenkköpfen über eine Um-

Zentral-Rad: Basis der Triumph lightweight 900 ist der serienmäßige Zentralrohr-Stahlrahmen, der für den Bau eines Supersportlers aber keine optimalen Voraussetzungen bietet.

lenkwippe abstützt. Vorteilhaft an diesem Konzept ist zweifellos das geringe Gewicht. Das nackte Chassis fällt mit zwölf Kilogramm immerhin sechs Kilogramm leichter aus als jenes der VF 750 F. Außerdem können praktisch alle V4-Triebwerke von Honda mit 750 oder 1000 Kubikzentimeter Hubraum integriert werden. Die üppig dimensionierten Rohrverbände mit weitestgehend geraden Verläufen garantieren zusammen mit dem mittragenden Motorgehäuse zudem ausreichend hohe Verwindungssteifigkeit.

Voraussetzung für die Funktionalität solcher geschraubter Verbundfahrwerke sind aber paßgenaue und spannungsfreie Verbindungen der einzelnen Komponenten miteinander. Im vorliegenden Fall war es sogar so, daß der Motor mittels exakt gedrehter Distanzringe aus Aluminium eingepaßt werden mußte, um unliebsamen Spannungskräften und damit gefährlichen Rißbildungen vorzubeugen.

Rohr-Kost: Das Zentralrohrfahrwerk der Triumph bezieht seine Stabilität aus dem üppigen Hauptrohr. Die Führung über dem Motor vereitelt aber eine ideale Schwerpunktlage.

Die Fahrwerksgeometrie dieses Chassis liegt mit 1470 Millimetern Radstand und 63 Grad Lenkkopfwinkel auf dem technischen Stand von 1984. Heutzutage verfügen die Fahrwerke vergleichbarer Maschinen über zehn bis 50 Millimeter weniger Radstand und steiler angestellte Lenkköpfe mit Winkeln zwischen 64 und 66 Grad.

Etwaige Hoffnungen, mit einer zehn Jahre alten Konstruktion an die Handlingqualitäten aktueller Modelle heranzureichen, müssen also von vornherein erstickt werden. Doch für den Edelbiker, der in erster Linie den Spaß an exklusiver Technik sucht, ist dies ohne weiteres zu verschmerzen. Er wird der Funktionalität zwar stets die Priorität zuerkennen, der Exklusivität zuliebe aber den einen oder anderen Abstrich dennoch gerne in Kauf nehmen.

Ein EDELBIKE auf die Räder zu stellen erfordert aber nicht zwangsläufig ein Spezialfahrwerk. Auch auf einem serienmäßigen Chassis läßt sich gut aufbauen, wie die Triumph lightweight 900 zeigt. Der Rahmen des Basisfahrzeuges, der Trophy 900, ist eine simple Zentralrohrkonstruktion, bei der das Triebwerk ebenfalls tragende Funktion übernimmt. Im Gegensatz zur Gitterrohrkonstruktion der Martin-Honda resultiert die Verwindungssteifigkeit hier in erster Linie aus dem mächtigen Zentralrohr, das vom Lenkkopf über den Motor zur Schwingenaufnahme und zur hinteren Motoraufhängung führt. An seiner Vorderseite ist das Triebwerk über einen Rohrverband mit dem Rahmen verbunden. Dieses genial einfache Prinzip entwickelte Fritz W. Egli in den 60er Jahren für die englischen Vincent-V2-Motoren und schuf nach demselben Vorbild in der Folgezeit eine Fülle von Rahmenkits für verschiedene japanische Modelle von Honda, Kawasaki, Suzuki und Yamaha, für die deutsche BMW, die italienische Ducati und sogar für die amerikanische Harley-Davidson. Neben hervorragender Steifigkeit ist aber vor allem das sensationell niedrige Gewicht das größte Plus dieser Konstruktionen. Ein nackter Egli-Rahmen wiegt nur etwa zehn Kilogramm.

Selbst Aluminiumfahrwerke für Rennmaschinen sind kaum leichter.

Der Serienrahmen unserer Triumph ist zwar runde sechs Kilogramm schwerer, was auf die Verwendung weniger hochwertiger und daher stärker dimensionierter Stahlrohre sowie zahlreiche angeschweißte Halterungen zurückzuführen ist, aber wegen seiner guten Stabilität durchaus für den Aufbau eines Sport-Motorrades geeignet. Das zentrale Oberrohr bringt aber auch Nachteile mit sich. Im Gegensatz zu Gitterrohr- oder Brückenkonstruktionen aus Leichtmetall, mit seitlich um den Motor herumgezogenen Rohren beziehungsweise Profilen, baut ein Motorrad mit Zentralrohrrahmen zwangsläufig etwas höher. Dies bedingt automatisch einen höheren Schwerpunkt und führt in der Konsequenz zu leichten Nachteilen im Handling. Darüberhinaus eignet sich dieses Bauprinzip sehr schlecht für die modernen Reihen-Motoren mit Fallstromvergasern und nahezu senkrechten Einlaßkanälen. Die Unterbrin-

gung der Vergaserbatterie und der Airbox stößt auf große Probleme. Triumph konnte sich nur aufgrund der sehr traditionellen Motorenkonstruktion mit steil stehenden Zylindern und gekrümmten Einlaßkanälen für diese Rahmenbauweise entscheiden.

Für den EDELBIKER ist die Optik des Rahmens bekanntlich nicht unwichtig. Die sichtbare handwerkliche Perfektion eines Martin-Chassis will er natürlich nicht gern verstecken, sondern am liebsten durch Weglassen überflüssigen Verkleidungszierrates eher noch deutlich zur Schau stellen. Solche Gedanken vereinbaren sich auch gut mit Leichtmetall-Brückenrahmen aktueller Modelle, die – mit hochglanzpolierten Profilen – zum Blickfang erster Güte geraten. Die Zentralrohrkonstruktion unserer Triumph eignet sich hingegen nur schwer für ein »nacktes« Motorrad, da der Hauptteil des Rahmens vom Tank und von der Sitzbank verdeckt wird. Unschwer entscheiden sich die meisten Umbauer daher für den Bau einer voll- oder halbverkleide-

That's Racing: Der Rahmen der Honda VF 750 F diente als Basis für die RS 750 R Replica und kommt dem Original-Chassis aus Leichtmetall zumindest optisch recht nahe.

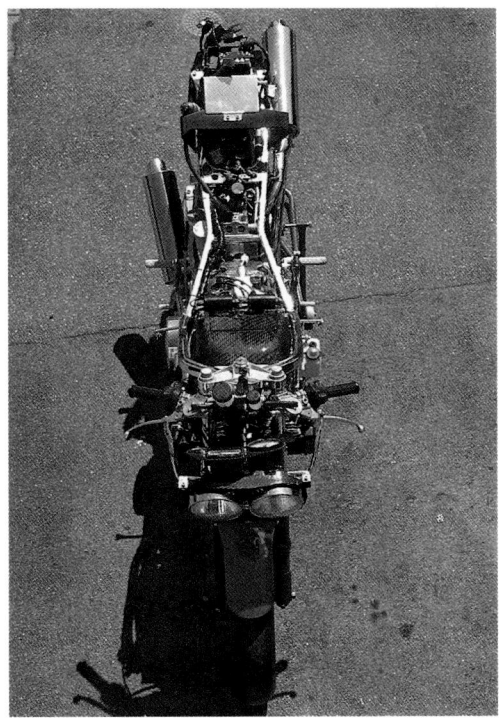

Schmalhans: Auch die Honda-Ingenieure verwirklichten um den V4-Motor herum ein sehr schmales Motorrad. Das Serien-Rohrwerk geriet mit 18 Kilogramm aber recht schwer.

ten Supersportmaschine, greifen sie zu einem Zentralrohrfahrwerk. So auch wir im Falle unserer Triumph ligtweight 900.

Die geometrischen Grunddaten fallen mit 1490 Millimeter Radstand und 63 Grad Lenkkopfwinkel erstaunlich moderat aus und orientieren am technischen Stand von vor zehn Jahren. Überragende Handlingqualitäten lassen sich mit diesen Eckdaten nicht realisieren, doch für unser Vorhaben – nämlich ein Rennmotorrad für den Rallye-Sport aufzubauen – sind die Voraussetzungen ausreichend. Schließlich lautet die Zielsetzung nicht, einen Abonnementsieger auf die Räder zu stellen, sondern zu zeigen, daß eine straßenzugelassene Triumph mit Dreizylindermotor nicht über 260 Kilogramm schwer sein muß und auf schnelle Rundenzeiten auf Rennstrecken automatisch zu verzichten hat.

Unser Projekt Nummer drei, die Endurance-Replica der Honda RS 750 R, kommt mit dem weitgehend serienmäßigen Doppelschleifenrahmen aus Vierkantstahlrohr der Honda VF 750 F aus. Während die Martin-Honda den Part als sportliches Straßenmotorrad und die Triumph den des

Werk-Stück: Zwischen 20 und 30 Exemplare wurden von der RS 750 R gebaut. Der Leichtmetallrahmen aus fünfeckigen Aluminiumprofilrohren setzte seinerzeit Maßstäbe in der WM.

straßenzugelassenen Supersportlers über-
nehmen, muß die RS 750 R Replica einem
nochmals gesteigerten Anspruch genügen.
Sie soll, zumindest teilweise, reinrassige
Renntechnik nach einem ganz bestimmten
Vorbild bieten, dazu aber eine Straßenzulassung erhalten.

Diese Zielsetzung fordert fast zwangsläufig den Doppelschleifenrahmen, wie ihn
die VF 750 F 1983 besaß. Er kommt – zumindest optisch – dem Originalchassis aus
Leichtmetallrohr mit fünfeckigem Querschnitt doch sehr nahe. Zwar fallen die
Fahrwerk-Eckdaten mit 1470 Millimetern
Radstand und 63 Grad Lenkkopfwinkel
wieder sehr traditionell aus, aber die Renntauglichkeit hat der Rahmen der VF 750 F
von 1983 bis 1985 weltweit bei den Super-
bike- und Endurance-Rennen bewiesen. Er
bildete die Basis für den VF 750 RK-Kit Racer, einen stark an die RS 750 R angelehn-
ten Production Racer. Die Bezeichnung
Replica darf auch angesichts der umfangreichen Änderungen an den übrigen Baugruppen somit durchaus bemüht werden,
wenngleich gerade das Fahrwerk im Hinblick auf Material, Geometrie und Verarbeitung doch nur ähnlich, aber nicht identisch ist.

Aus dem Blickwinkel der Fahrstabilität
betrachtet, braucht sich das mit etwa 18 Kilogramm recht schwer geratene Rohrwerk
aber nicht zu verstecken. Lenkkopf- und
Schwingenpartie sind sehr steif geraten und
mit eingeschweißten Blechprofilen zusätzlich verstärkt. Die Schwerpunktlage fällt
mit dem sehr knapp integrierten V4-Trieb-
werk nahezu optimal aus und das Trockengewicht von 190 Kilogramm garantiert gute
Handlingqualitäten.

Aus rein optischen Erwägungen wurde
das Rohrwerk sämtlicher überflüssiger Hal-
ter beraubt und erhielt eine Hochglanz-
Vernickelung auf Kupfer als verbindendem
Untergrund (siehe Kapitel 'Metallveredelung'). Diese »Glanzleistung« ist natürlich
nicht jedermannes Geschmack, gefällt mir
persönlich aber ausgesprochen gut. Die
Kombination aus satten Lackflächen, farbig

eloxierten Details und hochglänzenden
metallischen Oberflächen steht fast jedem
Bike und bildet oftmals das kleine Sahnehäubchen auf der funktionellen Technik.
Welchen Rahmen Sie für Ihr Projekt
wählen, hängt ganz klar vom anvisierten
Verwendungszweck ab. Wer vorwiegend
ein Motorrad zum Anschauen will, kann
natürlich jedes Rohrwerk verwenden und
darauf aufbauen. Besser ist es aber allemal,
gehobene Ansprüche an die Funktionalität
zu stellen. Die für gute Sportmotorräder
geltenden Fahrwerksdaten sind abhängig
vom Maschinengewicht, dem Hubraum
des Motors, seinem Arbeits- und Baukon-
zept (Zwei- oder Viertakt, V- oder Reihen-
motor), sowie vom Einsatzzweck (Straße
oder Rennstrecke). Grundsätzlich gilt für
Sportmotorräder folgende Faustformel:
Kurzer Radstand und steiler Lenkkopfwinkel = gutes Handling, aber eventuell Ner-
vosität im Hochgeschwindigkeitsbereich.
Langer Radstand und flacher Lenkkopfwinkel = schlechteres Handling aber verbesserter Geradeauslauf bei hohen Geschwindigkeiten.

Als Größenordnungen für Motorräder mit
750 bis 1200 Kubikzentimeter mit Vierzy-
linder-Viertakt-Motoren gelten:
- Radstand: 1390 bis 1500 Millimeter
- Lenkkopfwinkel: 63 bis 66 Grad
- Gewicht vollgetankt: 190 bis 240 Kilogramm

**Schweizer Fuhrwerk: Fritz W. Egli verhalf dem Zen-
tralrohrprinzip zum Durchbruch. Mit etwa zehn Kilogramm Gewicht zählen Egli-Rahmen zu den leichte-
sten auf dem Markt.**

Federelemente

Vorbei sind die Zeiten, in denen der engagierte Sportfahrer das Augenmerk in erster Linie auf einen stabilen und damit verwindungssteifen Rahmen legt beziehungsweise legen mußte. Längst haben auch die lange Zeit viel gescholtenen japanischen Konstrukteursteams leistungsfähige Chassis auf dem Markt. Auch die Peripherie wie Federung, Dämpfung, Bremsen und Bereifung genügt heute in den meisten Fällen selbst höchsten Ansprüchen. Oftmals offenbart

Schön stabil: Die Upside-Down-Gabel von White Power bietet an der Triumph nicht nur etwas mehr Stabilität, sondern vor allem mehr Einstellmöglichkeiten als das Original-Teil.

lediglich noch der knallharte Test auf der Rennstrecke gewisse Schwächen im Detail. Hin und wieder betreffen diese die Federelemente und ihre Abstimmung. Am Beispiel der drei EDELBIKES zeigen wir, wo Änderungen Sinn machen und – noch wichtiger – warum.

Feste Bestandteile des Martin-Rahmenkits für den Honda-V4 sind unter anderem eine Martin-Teleskopgabel mit 42 Millimeter Standrohrdurchmesser sowie ein Zentralfederbein von Fichtel & Sachs. Martin legte bei der Wahl dieser Komponenten zwar Wert auf gute Funktionalität, der technische Fortschritt aber hat das 17 000 Mark teure Chassis inzwischen überholt. Ganz der Philosophie der frühen 80er Jahre entsprechend, ist die Telegabel zwar sehr stabil und damit auf hohe Verwindungssteifigkeit ausgelegt, doch Einstellmöglichkeiten fehlen ganz. Auch am hinteren Federbein läßt sich gerademal die Federvorspannung und damit die Härte justieren.

In der heutigen Zeit wird man kaum mehr mit solchen Elementen arbeiten, da sie nur mit sehr viel Aufwand ordentlich auf das Motorrad und auf die individuellen Belange des Fahrers abzustimmen sind. Einstellmöglichkeiten der Federelemente in der Federvorspannung sowie der Dämpfungs-Zug- und -Druckstufe sind bei guten Sportmaschinen längst Standard. So dient die Martin-Honda also eher als Beispiel, wie man es nicht machen sollte, wenngleich gilt, daß auch mit diesen Fahrwerkskomponenten ein akzeptables Fahrverhalten zu erzielen ist.

Federvorspannung, Zug- und Druckstufe? Ein rechter Wirrwarr! Doch die Begriffe hören sich – wie oftmals auch in der Politik – komplizierter an, als sie in der Praxis sind. Die Federvorspannung ist, wie der Name sagt, das Maß für die Vorspannung und damit die Härte der Federung. Die Druckstufe der Dämpfung beeinflußt die Geschwindigkeit des Einfedervorganges, entsprechend regelt die Zugstufe, wie schnell wieder ausgefedert wird. Wie diese drei Parameter korrekt eingestellt werden, steht im

Schön aufwendig: Die an der Triumph verbaute Einarmschwinge von Krüger & Junginger ist wunderschön gefertigt, ermöglicht schnelle Radwechsel und spart sogar noch etwas Gewicht.

Kapitel »Fahrwerksabstimmung«. In diesem Abschnitt wollen wir uns lediglich mit der Auswahl der Elemente für verschiedene Motorräder befassen.

Dem letzten technischen Stand auf dem Gebiet der Federelemente entsprechen die Komponenten, wie wir sie für die Triumph ausgewählt haben. Bieten bereits die serienmäßig verbauten Teile der Trophy 900 eine akzeptable Abstimmung für den Betrieb auf der Straße, stoßen sie bei sportlicher Fahrt auf der Rennstrecke aber rasch an die Grenzen ihrer Möglichkeiten. Die betonte Auslegung auf Komfort ist ein Zugeständnis an den Straßenfahrer, der mit dem Serienmotorad ganz verschiedene Anforderungen gleichermaßen erfüllt sehen will. Sei es die tägliche Fahrt ins Büro, eine längere Urlaubsreise, oder der Ausritt am Sonntagmorgen – alles soll die Maschine gleichermaßen gut beherrschen. Die technische Lösung hierfür kann nur ein Kompromiß mit Schwächen in einer Spezialdisziplin sein.

Zunächst ersetzten wir die konventionelle Teleskopgabel durch eine sogenannte Upside-Down-Gabel des Herstellers White Power. Sie arbeitet zwar nach demselben Prinzip wie eine herkömmliche Teleskopgabel und dämpft auftretende Schwingungen hydraulisch, doch befindet sich der Dämpferkörper nicht unten als Bestandteil der ungefederten Massen, sondern oberhalb in die beiden Gabelbrücken geklemmt und somit zu den gefederten Massen gehörend. Die Oberseite kehrt bei dieser Bauweise nach unten – wie die englische Bezeichnung schon sagt. Der Vorteil dieser Bauweise liegt, zumindest theoretisch, in einer größeren Überlappungslänge von Standrohr (oberer Teil) und Tauchrohr (unterer Teil) sowie in einer größeren Klemmfläche der Gabelbrücken durch immerhin 52 Millimeter Standrohrdurchmesser. Beides zusammen soll für noch etwas mehr Stabilität sorgen als sie konventionelle Telegabeln ohnedies schon bieten. Für unser Projekt liegt der Vorteil indes eher in der

Über Umwege: Die Hinterradfederung der Martin-Honda erfolgt über ein Zentralfederbein, das von der Schwinge über einen Gelenkbügel und eine Umlenkwippe angelenkt wird.

Einstellbarkeit von Dämpfungs-Zug- und -Druckstufe. Mit der Stabilität der Triumph-Seriengabel ließe sich durchaus leben.

Bei der hinteren Radaufhängung der 900er wich das serienmäßige und nur in der Federvorspannung einstellbare Zentralfederbein einem zusätzlich in der Zugstufe justierbaren White-Power-Element. Es bietet nicht nur mehr Abstimmungsmöglichkeiten, sondern auch größere Reserven etwa bei zunehmender Temperatur des Dämpferöles. Die serienmäßig verbaute Zweiarmschwinge ersetzten wir durch eine aufwendig gefertigte Einarmschwinge von Krüger & Junginger, bei der das Hinterrad durch einfaches Lösen einer Zentralmutter gewechselt werden kann. Auf der Rennstrecke, wo schnelles Arbeiten gefordert ist, ist dies von praktischem Nutzen, und den EDELBIKER erfreut die liebevolle Verarbeitung der Aluminium-Frästeile und des kunstvoll geschweißten Schwingenarmes. Eine Gewichtsersparnis von etwa einem Ki-

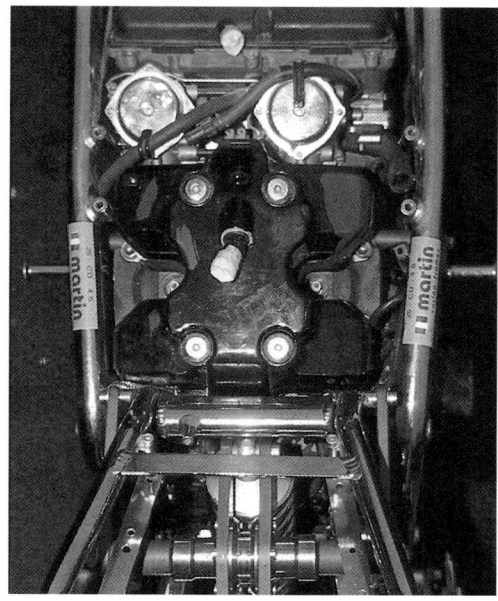

Auf und nieder: Die Umlenkwippe im Heck der Martin-Honda besteht aus zwei gefrästen Aluminiumplatten mit kunstvoll gefertigten Aufnahmen für die beiden großen Nadellager.

Lenksport-Aufgabe: Die konventionelle Forcella-Gabel der RS 750 R-Replica ist in der Dämpfung voll einstellbar. Gabelbrücken und Lenkschaftrohr bestehen aus hochfestem Aluminium.

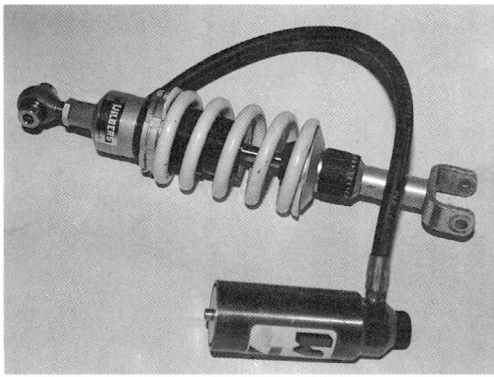

Full Service: Das Replica-Federbein von White Power ist in Federvorspannung, Dämpfung sowie in der Höhe vielfach einstellbar. Der Ausgleichsbehälter gehört zur Druckstufe.

logramm gibt's sozusagen als gern genommene Dreingabe.

Die RS 750 R Replica erhielt eine konventionelle Forcella Italia-Gabel mit 42 Millimeter Standrohrdurchmesser und justierbarer Zug- und Druckstufe. Um mög-

lichst viel Gewicht zu sparen, wurden die Gabelbrücken aus einer hochfesten Aluminiumlegierung gefräst. Aus demselben Werkstoff besteht auch das Lenkschaftrohr, das – wie oftmals auch die untere Gabelbrücke – bei Großserienmaschinen meist aus schwerem Stahl gefertigt ist. Alleine diese »Kleinigkeit« sparte gegenüber dem Showa-Originalteil der Honda VF 750 F gut drei Kilogramm ein.

Die Führung des Hinterrades übernimmt eine Schwinge von Krüger & Junginger, aber diesmal Replica-konform in zweiarmiger Ausführung. Dieses Bauteil aus dem hochfesten Flugzeugaluminium Anticorrodal 114 war gut ein Kilogramm leichter als die gegossene Leichtmetallschwinge der Serie. Beim Federbein kam auch hier ein Produkt von White Power zum Einsatz. Neben der Federvorspannung und der Zugstufe läßt sich an diesem Teil auch noch die Druckstufe separat justieren. Eine zusätzliche Höhenverstellung über einen Kugelkopf mit Feingewinde als oberem Federbeinauge vergrößert den Abstimmungsspielraum und ermöglicht eine Änderung der Fahrwerksgeometrie durch Anheben oder Absenken des Fahrzeughecks. Grundregel hier: Hohes Heck = steilerer Lenk-

Für Schnell-Lenker: Ein justierbarer Lenkungsdämpfer ist nur bei wenigen Maschinen wirklich notwendig. Er mildert Lenkerschlagen – das sogenannte »Kick-Back«.

kopfwinkel, gute Handlichkeit; niedriges Heck = flacherer Lenkkopfwinkel, gute Hochgeschwindigkeitsstabilität.

Kaum eine Rennmaschinen oder ein Supersportmotorrad verzichtet auf einen Lenkungsdämpfer. Er kann zur Fahrstabilität selbst nichts beitragen, mindert aber das gefürchtete »Kick-Back«, das Lenkerschlagen. Wichtig ist, daß es sich bei diesem Bauteil um ein vielfach einstellbares Exemplar handelt, um, ganz nach Streckenerfordernissen, die jeweils optimale Abstimmung wählen zu können. Vor der Montage empfiehlt sich aber eine Testfahrt, vielleicht ist diese Investition schlichtweg überflüssig: Viele Motorräder benötigen meist gar keinen Lenkungsdämpfer.

Räder und Bereifung

Besonders rasante Fortschritte machte in den letzten Jahren die Reifen-Entwicklung. Immer stärker und schneller wurden die

Sport-Talent: Die Pirelli-Bereifung »Dragon MTR 01/02« erlaubt in der Rennmischung »Corsa« besonders sportliche Übungen. Haftung, Handling und Fahrstabilität sind vom feinsten.

hubraumstarken Renner für die Straße, immer breitere Felgen und Pneus wurden notwendig, um die Motorleistung möglichst schlupffrei auf den Asphalt zu bringen. Bis zum Ende der siebziger Jahre waren 18 Zoll-Hinterräder und 19 Zoll-Vorderräder Standard, mit Beginn des nächsten Jahrzehntes setzte ein Umdenkprozeß ein. Die alte Regel, daß das Vorderrad zugunsten guten Geradeauslaufes stets etwas größer als das Hinterrad zu sein habe, galt nun nicht mehr.

Bereits 1983 trugen verschiedene Motorräder der 750er-Klasse kleine 16 Zoll-Vorderräder zum 18 Zoll messenden Hinterrad. Das brachte ein deutliches Plus an Handlichkeit, ohne jedoch im Bereich der Höchstgeschwindigkeit für Pendelerscheinungen zu sorgen. Die Konstrukteure der japanischen Motorradwerke führten damit eine eherne Regel ad absurdum. Gleichzeitig begannen die Felgenbreiten und damit die Aufstandsflächen der Reifen zu wachsen. Ihren vorläufigen Abschluß fand diese Entwicklung am Ende der 80er Jahre, wo sich 17 Zoll als Durchmesser für Vorder- und Hinterrad durchsetzten. Ebenso standardisiert wurde die Breite der Felgen. Üppige 3,5 Zoll messen seitdem die Vorderrad- und gigantische 5,0 bis 6,0 Zoll die Hinterradfelgen »neuzeitlicher« Sportmotorräder. Hier und da werden zwar noch 16zöllige Vorder- und 18zöllige Hinterräder verwendet (etwa bei Honda), doch das ist die Ausnahme.

Entsprechend wandelte sich die Reifentechnologie. Früher Mangelware, gibt es heute eine breite Palette vor allem an 17 Zoll-Pneus. Mit zunehmender Motorleistung und Höchstgeschwindigkeit der Maschinen änderte aber nicht nur die Breite und das Querschnittsverhältnis der Reifen. Mittlerweile rollen Maschinen mit 100 PS und mehr fast ausschließlich auf Radial-, also Gürtelreifen. Die bis dato fest etablierte Diagonalkonstruktion wurde im Segment der Hochgeschwindigkeitsreifen praktisch völlig verdrängt. Bei der Bauart der Räder setzte sich frühzeitig das Leichtmetall-Guß-

Aufsteiger: Das ultrabreite 6,0 x 17 Zoll-Hinterrad mit 190er-Pneu erforderte gegenüber dem serienmäßigen 18-Zöller ein um 35 Millimeter verlängertes Federbein.

rad durch. In Anlehnung an diverse Rennmaschinen rollt eine Vielzahl von Serienmotorrädern auf Dreispeichenrädern, aus Gewichtsgründen mit hohlgegossenen Naben und Speichen. Auf dem Zubehörmarkt findet der Edelbiker zudem allerlei rollen-

des Gut, um seinen persönlichen Räder-Geschmack zu befriedigen.

Im Falle der Triumph kamen aus Diät-Gründen hohlgegossene Dreispeichenräder der Firma PVM zum Einsatz. Ein Radsatz aus einer Magnesiumlegierung spart gegenüber den Aluminiumpendants zwar nochmals gut fünf Kilogramm ein, bleibt mangels TÜV-Gutachten aber dem Betrieb auf der Rennstrecke vorbehalten. Der Grund, weshalb Magnesiumräder die TÜV-Prüfung in der Regel nicht bestehen, liegt nicht in ihrer Festigkeit begründet, sondern lediglich am problematischen Korrosionsverhalten. Schon kleine Beschädigungen der Lackschicht leisten der schleichenden Zerstörung des Magnesiums Vorschub. Nach und nach verliert der Werkstoff so an Festigkeit. Aus Sicherheitsgründen empfehlen die meisten Hersteller daher einen Radtausch im Turnus von einem, maximal zwei Jahren.

Die serienmäßige Dimension 3,5 x 17 Zoll wurde beim Vorderrad beibehalten. Um mehr Aufstandsfläche und damit mehr

Straßen-Kämpfer: Das nur 3,5 Zoll breite Hinterrad der Martin-Honda begrenzt wegen seiner 18 Zoll Durchmesser die Reifenauswahl. Die Wahl fiel auf Michelin »Hi-Sport«.

Traktion zu erreichen, wich das 4,0 x 18 Zoll große Hinterrad einem mächtigen 6,0 x 17-Zöller, der sogar die Montage superbreiter 190er-Pneus erlaubt. Der kleinere Hinterraddurchmesser führte zu einer Absenkung des Fahrzeughecks und damit zu einer Veränderung der Fahrwerksgeometrie. Den Ausgleich dieser Höhendifferenz besorgte ein 35 Millimeter längeres Federbein.

Bei Testfahrten bewährte sich die Stahlgürtel-Bereifung von Pirelli am besten. Die »Dragon MTR 01/02« in den Abmessungen 120/70 ZR 17 vorne und 190/50 ZR 17 hinten überzeugten bereits in der Straßenausführung mit vorbildlichen Manieren in puncto Handling, Fahrstabilität und Haftung. Die Rennmischung »Corsa« macht lediglich auf der Rennstrecke Sinn, garantiert dort aber reichlich Haftung selbst in maximaler Schräglage.

Nur für den Betrieb auf öffentlichen Straßen gedacht ist hingegen die Martin-Honda. Stilecht rollt sie auf dreispeichigen Martin-Aluminium-Rädern mit überdrehten und hochglanzpolierten Felgenringen in den Dimensionen 3,5 x 16 Zoll vorne und 3,5 x 18 Zoll hinten. Da sich die gängigen Reifengrößen in erster Linie auf den 17 Zoll-Bereich konzentrieren, fiel die Auswahl der schwarzen Gummis nicht besonders schwer. Der »High-Sport« von Michelin ist bekannt für stramme Haftung und gutes Fahrverhalten, wenngleich er den neuesten Stahlgürtel-Konstruktionen in diesen Punkten wegen einer leichten Kippeligkeit in Kurven auch nicht ganz das Wasser reichen kann. Wir montierten ihn in den Größen 120/80 ZR 16 sowie 150/70 ZR 18.

Der gegenüber dem Triumph-Pneu etwa 40 Millimeter schmalere Hinterradreifen der Martin-Honda sieht zwar weit weniger wuchtig und spektakulär aus und vermag in extremen Bereichen auch nicht dessen Haftung zu vermitteln, erfordert für dieselbe Kurvengeschwindigkeit aufgrund der schmaleren Aufstandsellipse aber eine deutlich geringere Schräglage. Für den Straßenfahrer ist das aber nicht unbedingt ein Nachteil.

Beim konsequenten Umbau der Honda VF 1000 F2 in eine Martin-Variante wären wir um den Austausch der Räder kaum vorbeigekommen. Im Vergleich zu einer vorne wie hinten mit 17 Zoll-Rädern ausgestatteten Maschine neuester Prägung merkt man der Martin-Honda nicht nur die technisch überholten geometrischen Grunddaten, sondern auch das kleine 16 Zoll-Vorderrad an. Während die Richtungsstabilität bei Höchstgeschwindigkeit noch tadellos ausfällt, sind bei niedrigen Geschwindigkeiten das kippelige Kurvenverhalten sowie mäßige Manieren beim Einlenken in Kurven zu monieren. An diese Eigenheiten gewöhnt sich der Fahrer aber rasch und nimmt sie nach kurzer Zeit kaum mehr wahr. Das täuscht indes nicht darüber hinweg, daß die Umrüstung auf 17 Zoll noch bessere Resultate erzielen würde. Da es sich bei den Martin-Originalrädern um so rare Stücke handelt, wurden sie dennoch beibehalten.

Kompromißlos dagegen unser Umbau des RS 750 Replica-Chassis auf Basis des VF 750 F-Fahrgestelles. In der Serie mit einem breiten 3,5" x 18"-Rad hinten und 2,75" x 16"-Rad vorne ausgestattet, genügt die Honda von der Stange in keiner Weise den Ansprüchen an die Replica. Der origi-

Klein-Kunst: Nur 16 Zoll mißt das Vorderrad des franko-japanischen Sportlers. Üppige 3,5 Zoll Breite ermöglichen die Montage eines 120/80 ZR 16-Pneus.

nale Werksrenner RS 750 R rollte auf
großen 18 Zoll-Magnesiumrädern von Dy-
mag. Im Hinblick auf die bereits erwähnte
Reifenauswahl stand aber weder die eine
noch die andere Variante zur Disposition.
Die logische Konsequenz bestand im Einbau von 17 Zoll-PVM-Rädern aus Leichtmetall, die außerdem den Vorschriften des
TÜV entsprechen. Vorne 3,5 und hinten
5,5 Zoll breit, erlauben sie für den Straßenbetrieb nicht nur die Montage von aktuellen 120/70 ZR 17- sowie 180/55 ZR 17-
Gummis, sondern auch die Verwendung
von Slicks, also profillosen Rennreifen, für
schnelle Runden auf der Rennstrecke. Sowohl bei den Straßen- wie den Rennpneus
empfehlen sich wiederum die Pirelli Dragon MTR 01/02 in Corsa-Mischung beziehungsweise deren brandneue Slicks.

**Auf der Suche nach Grip: Die Pirelli-Slicks sind der
Rennstrecke vorbehalten, verwöhnen dort aber mit
schier grenzenloser Haftung. Für die Straße wurden
die Dragon MTR 01/02 in Corsa-Mischung verpflich-
tet.**

Größtes Problem bei solchen Umbauten ist
bei vielen Motorrädern die Lage der Kettenlinie. Werden die Positionen von Abtriebsritzel und Kettenblatt am Hinterrad nicht
verändert, setzt das der möglichen Felgen-
und Reifenbreite für das Hinterrad rasch
Grenzen. Um dennoch zu einem stattlich
breiten Hinterrad zu kommen, gibt es lediglich zwei Möglichkeiten: Entweder das

Hinterrad um einige Millimeter aus der
Spur setzen, oder aber die Kettenlinie nach
außen verlegen. Liegt zwischen der Kette
und umliegenden Rahmenteilen genügend
Raum, ist letzteres der bessere Weg.

Unverzichtbar ist in diesem Fall die Anfertigung eines Ritzels mit entsprechend
breitem Bund, außerdem gehört ein An-
triebs-Ruckdämpfer mit entsprechendem
Versatzmaß in das Hinterrad. Im Falle der
Honda-Replica fertigte die Firma Krüger &
Junginger im schwäbischen Lenningen
zwei Abtriebsritzel mit 17 und 18 Zähnen
und jeweils zehn Millimetern Versatz. PVM
in Mannheim fertigte nach unseren Angaben einen zehn Millimeter breiteren Ruckdämpfer. Nach dem Einbau dieser beiden
Komponenten ist das Problem allerdings
nur zum Teil gelöst. Die Ritzelabdeckung
schlägt nämlich nun am Motor an und erfordert einen Ausgleich mittels zehn Millimeter längerer Schrauben und passender
Distanzhülsen. Darüberhinaus muß eine
um dieses Maß verlängerte Kupplungsdruckstange installiert werden, da an der
Ritzelabdeckung der Nehmerzylinder der
hydraulisch betätigten Ölbadkupplung
sitzt. Die wie bei der Triumph durch den
Einbau des 17 Zoll-Hinterrades entstande-

**Ausläufer: Um den Einbau des breiten Hinterrades zu
ermöglichen wurde die Kettenlinie um zehn Millimeter nach außen versetzt. Ritzel, Druckstange und An-
triebsdämpfer machen es möglich.**

ne Höhendifferenz egalisierte der Einbau des um 25 Millimeter verlängerten White Power-Federbeines mit zusätzlicher Höhenverstellung.

Die Änderung der Raddimensionen zieht also einen ganzen Rattenschwanz von teuren Folgearbeiten nach sich, die es im Vorfeld zu bedenken gibt. Der Rädersatz schlägt mit etwa 2000 bis 2500 Mark zu Buche, für ein geändertes Ritzel sowie eine Kupplungsdruckstange nebst Distanzen sind rund weitere 300 Mark zu veranschlagen. Ein Ruckdämpfer für das Hinterrad kostet– je nach Aufwand– 200 bis 400 Mark, sofern er nachträglich anzufertigen oder abzuändern ist. Bestellt man ein Rad inklusive Dämpfer nach eigenen Vorgaben, ist lediglich ein Zuschlag für Sonderanfertigungen zu berappen, was diese Anschaffung dann etwas günstiger macht. Für die Bereifung von Vorder- und Hinterrad werden, abhängig von Fabrikat und Dimension, zwischen 600 und 800 Mark berechnet. Weitere 15 bis 20 Mark sind für die Montage und, ganz wichtig, die korrekte Auswuchtung des rollenden Gutes zu investieren.

Bremsen

Besonders stürmisch verlief die Entwicklung in den achtziger Jahren nicht nur in den Bereichen Rahmen, Federelemente, Räder und Bereifung, sondern auch bei den Bremsanlagen. Heutzutage verzögern nahezu alle Serienmotorräder sehr gut, wohl dosierbar und standfest. Die nicht ganz billigen Umbauten– Doppelscheibenanlagen kosten zwischen 2000 und 3500 Mark– machen daher nur für den Sportbetrieb wirklich Sinn und bieten zu leicht gesteigerter Leistung eine noch höhere Standfestigkeit. Da sich im Rennsport das Festsattelprinzip mit paarweise angeordneten Hydraulikkolben auf beiden Seiten der Bremsscheibe durchgesetzt hat, beschränkt sich dieses Kapitel auf diese Bauweise. Schwimmsattelanlagen mit einseitig angebrachten Kolben und schwimmend gelagertem Gegenstück sind ohnedies Serienmaschinen vorbehalten und im Zubehörhandel kaum erhältlich.

Vortreffliche Exemplare liefert seit Jahren die Firma Brembo im oberitalienischen Curno. Bei der Honda RS 750 R Replica kamen, wie es sich für einen Langstrecken-Renner gehört, die bewährten Vierkolbensättel vom Typ P432 mit Schnellverschlüssen für Zangen und Bremsbeläge zum Einsatz. Die gelochten Bremsscheibenringe mit 300 Millimetern Durchmesser bestehen aus Grauguß und sind über harteloxierte Aluminiumbolzen schwimmend auf dem Aluminium-Bremsscheibentopf gelagert. Die Qual der Wahl bietet Brembo bei den Bremsbelägen. Sowohl harte Mischungen für den Straßeneinsatz, mittelharte Varianten für den Endurance-Sport sowie weiche Grand Prix-Beläge sind verfügbar. Wir wählten dem privaten Einsatzzweck entsprechend die weiche GP-Mischung, die maximale Verzögerungen ermöglicht, aber natürlich nicht besonders lange hält.

Am Hinterrad dreht sich eine gelochte PVM-Guß-Bremsscheibe mit 230 Millimetern Durchmesser. Im Gegensatz zum vorderen Doppelpack ist der Bremsscheibenring hier mit dem Aluminiumtopf fest verschraubt. Verzögert wird über einen kleinen und leichten Zweikolbensattel vom Typ P05, der auf einem eigens angefertigten Bremsanker aus hochfestem, acht Millimeter dickem Aluminium montiert ist. Über eine eingepreßte Bronzebuchse ist der Sattel fliegend auf der Distanzhülse der Achse gelagert und leitet das Bremsmoment über eine Zugstrebe mit Kugelgelenken in den Rahmen ein. Durch die Kraft, mit welcher sich der Sattel gegen den Rahmen abstützt, wird das Hinterrad beim Bremsen zusätzlich aus der Feder gehoben. Das vergrößert die Haftreibung zwischen Reifen und Straße und damit die übertragbare Bremskraft. Außerdem behält das Hinterrad länger Bodenkontakt. Das stabilisiert das Fahrverhalten und mildert das Stempeln des Hinterrads.

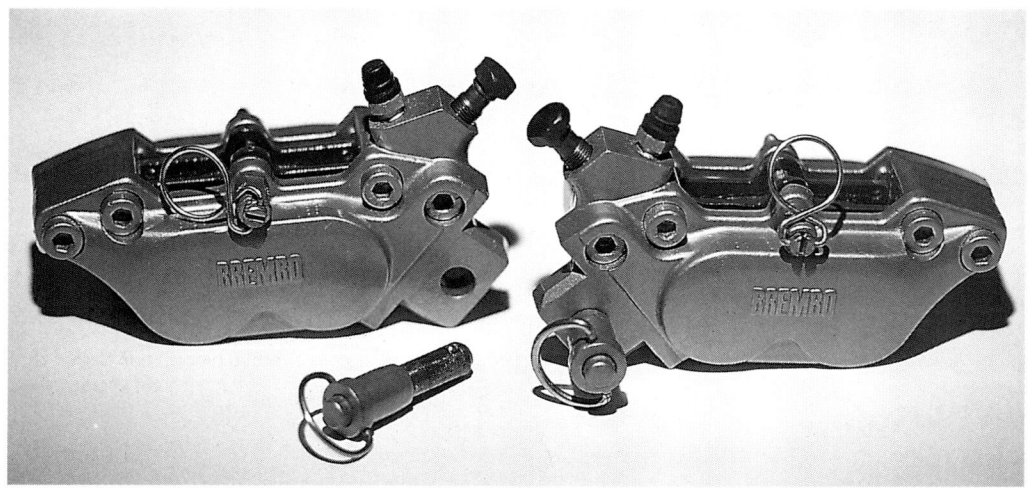

Endurance-Cocktail: Für die Langstrecken-Replica RS 750 R wählten wir Brembo-Vierkolbensättel mit Schnellverschlüssen...

Als Hauptbremszylinder verwendeten wir für die vordere Doppelscheibe sowie für die Kupplung eine 17 Millimeter-Pumpe PS 17 von Brembo mit externem Behälter. Hinten besorgt eine 12 Millimeter-Hydraulik von Nissin die Übertragung der Bremskraft.

Grundsätzlich gilt für die hydraulische Untersetzung des Hauptbremszylinders:

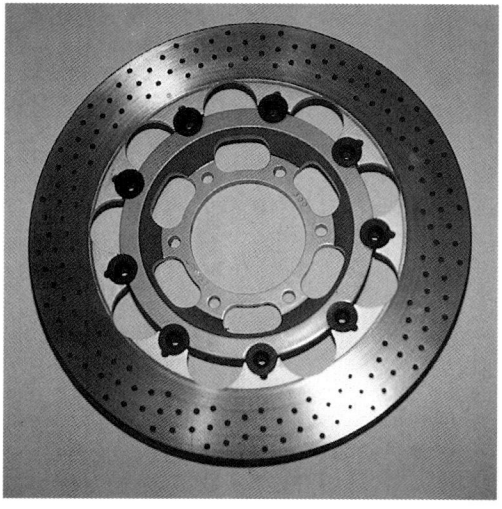

... sowie gelochte und schwimmend gelagerte Brembo-Bremsscheiben mit 300 Millimeter wirksamem Durchmesser.

Kleiner Kolbendurchmesser = Langer Hebelweg, geringe Handkraft, weicher Druckpunkt und mäßige Dosierbarkeit, Großer Kolbendurchmesser = Kurzer Hebelweg, hohe Handkraft, harter Druckpunkt und gute Dosierbarkeit. Für Doppelscheibenanlagen mit Vier-, Sechs oder gar Achtkolbensätteln haben sich Durchmesser zwischen 14 und 19 Millimetern etabliert. Einscheibenanlagen mit Zweikolbensätteln werden üblicherweise mit Zylindern von 10 bis 14 Millimetern betrieben.

Ebenfalls ein Brembo-System verzögert an der Martin-Honda. Georges Martin bestückte seine Fahrwerkskits bereits werksseitig mit den großen P08-Zweikolben-Festsätteln, wie sie Moto Guzzi und Ducati über viele Jahre an ihren Serienmaschinen verbauten. Im Gegensatz zur Vierkolbenausführung verlangt die Zweikolbenversion wegen der größeren Kolbendurchmesser nach breiteren Bremsbelägen und sowie breiteren und damit schwereren Bremsscheibenringen. Die beiden 300 Millimeter durchmessenden Gußscheiben im Vorderrad sind aus einem Stück gefertigt und dementsprechend gewichtig. Für das 260 Millimeter große, ebenfalls mit einem P08-Sattel ausgestattete Pendant im Heck gilt dasselbe. Verwendet wurden diese Bautei-

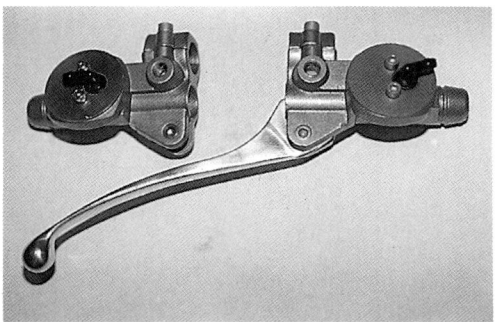

Fliegender Wechsel: Der Zweikolben-Festsattel hinten ist fliegend, also drehbar auf der Radachse gelagert. Die Hauptbremszylinder stammen von...

...Nissin (hinten) und Brembo (vorne) und besitzen 14 beziehungsweise 17 Millimeter durchmessende Hydraulikkolben.

le ausschließlich aus Gründen der Originalität – technisch sind sie mittlerweile überholt, wenngleich die Wirkung aufgrund der gelungenen Reibpaarung von Belägen und Gußscheiben durchaus befriedigt.

Die Wahl des Hauptbremszylinders fiel bei der vorderen Doppelscheibenanlage auf den Originalzylinder der Honda VF 1000 F2. Mit seinen 16 Millimetern Durchmesser ist er etwas zu groß für die beiden Zweikolbensättel, bietet zwar eine hervorragende Dosierbarkeit, verlangt aber hohe Handkräfte beim Bremsen. Ein Zylinder mit 14 Millimetern wäre die bessere Lösung. Den hinteren P08-Sattel betreibt eine 12 Millimeter-Pumpe von Brembo, die einen guten Kompromiß aus Fußkraft und Dosier-

barkeit bietet. Wie bei der RS 750 R Replica stützt sich der Bremsanker über eine Zugstrebe mit Kugelgelenken am Rahmen ab.

Die Triumph lightweight 900 folgt dem

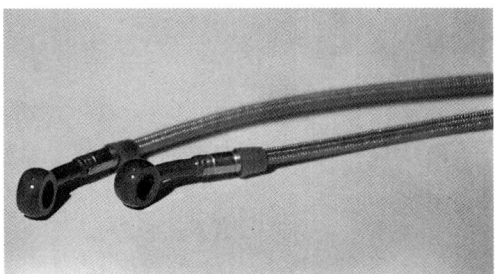

Druckfest: Stahlflex-Bremsleitungen mit eloxierten Aluminium-Fittings sind druckstabiler und leichter als Gummi-Leitungen (hier von Spiegler).

neuesten Trend im Bremsenbau und erhielt zwei Sechskolbensättel von Billet in Verbindung mit zwei 320 Millimeter großen, schwimmend gelagerten Brembo-Gußscheiben. Der Hauptbremszylinder mit 18 Millimeter großem Kolben entstammt der Yamaha YZF 750 R und harmoniert ausgezeichnet mit den großen Bremszangen. Vorteile bieten Sechskolbenzangen wegen ihrer kleineren Kolbendurchmesser, da sie schmalere und damit leichtere Bremsscheibenringe erlauben. Zudem fällt die Belagfläche noch etwas größer als bei Vierkolbenanlagen aus. Durch die schmalere, aber längere Reibfläche entsteht ein längerer wirksamer Hebelarm bei gleichem Schei-

Veraltet: Die großen Brembo-Zweikolben-Festsättel an der Martin-Honda sind wie die Gußscheiben in erster Linie zu schwer.

Six-Pack: Sechskolbenzangen, wie hier an der Triumph lightweight 900, sind der neueste Trend und bieten– zumindest theoretisch– Vorteile.

wirksamer Hebelarm bei gleichem Scheibendurchmesser, was rechnerisch zu einer erhöhten Bremskraft führt. In der Praxis sind die Vorteile gegenüber Vierkolbensystemen indes eher marginal, Brembo vertraut nach wie vor auf diese Bauart. Die hintere Bremsanlage besteht aus einer starr

Moment mal: Eine Zugstrebe mit Kugelgelenken leitet das Bremsmoment in den Rahmen ein und mildert das sogenannte Hinterradstempeln.

verschraubten, gelochten PVM-Bremsscheibe mit 220 Millimetern Durchmesser sowie einem Brembo P05-Zänglein, eine Kombination, wie sich auch an der RS 750 R Replica zum Einsatz kommt. Beide Systeme arbeiten im Fahrbetrieb auf höchstem Niveau und erlauben extreme Verzögerung.

Empfehlenswert beim Aufbau von Bremsanlagen ist die Verwendung von stahlummantelten Bremsleitungen. Die Firma Spiegler in Freiburg hat sich seit Jahren auf diese Zulieferteile spezialisiert und bietet für nahezu alle Serienmaschinen komplette Umrüstkits an, fertigt auf Wunsch aber auch Einzelstücke an– in beiden Fällen mit dem Segen des TÜV. Besonderes Augenmerk sollte auf die Bremsflüssigkeit gelegt werden. Sind besondere Klassifizierungen wie DOT 4 oder DOT 5 angegeben, sollte man sich daran halten. Falls keine besonderen Spezifikationen vorliegen oder ausschließlich auf der Rennstrecke gefahren wird, gehört die synthetische Bremsflüssigkeit »SRF« von Castrol ins System. Sie bietet Vorteile, da sie sich mit zunehmender Erwärmung leicht ausdehnt und so eine Aufweichung des Druckpunktes verhindert.

Nicht nur verbesserte Bremsleistung versprechen sich die Ingenieure und Rennfahrer von den Carbon-Bremsen, wie sie seit 1991 zumindest bei den Werksteams der 250er und 500er Straßen-WM gebräuchlich sind. Hier steht die Reduzierung von ungefederten Massen und Trägheitsmomenten im Vordergrund. Über 1,3 Kilogramm spart beispielsweise der Austausch einer Stahl- gegen eine Carbon-Doppelscheibe an einer Werks-500er.

Auf Carbon-Anlagen spezialisiert haben sich Brembo und AP Lockheed. Der große Vorteil der Carbon-Anlagen liegt darin, daß sie enorme Temperaturen verkraften, ohne in der Wirkung nachzulassen. Das ist gleichzeitig auch ihr größter Nachteil. Sie benötigen nämlich eine Temperatur von über 200 Grad, um überhaupt zu verzögern. Wie Versuche bei Brembo zeigten, verstreichen bei einer Bremsung aus 200

Schwarze Magie: Carbon-Bremsanlagen (rechts) sparen gegenüber herkömmlichen Systemen (links) in erster Linie Gewicht.

km/h auf null km/h etwa 0,7 Sekunden, bis sich Bremsscheibe und Belag soweit aufgeheizt haben, daß ein ausreichender Reibwert entsteht (siehe Diagramm).

Die hohe Hitzebelastbarkeit von Carbon-Bremsanlagen erklärt sich unter anderem aus der Herstellung. Einzelne Lagen Pre-preg-Laminat (Pre-Impregnated = Vorimprägniert mit Harz; siehe Kapitel »Herstellung von Kunststoffteilen«) werden unter Druck und bei einer Temperatur von 1000 bis 1500 Grad getempert. Das Harz selbst wird bei diesem Vorgang in Carbon überführt, weshalb der enddgültige Werkstoff

Entwicklung der Carbon/Carbon*-Bremsanlagen im Vergleich zu Grauguß in der 500er Straßen-Weltmeisterschaft**				
Saison	Guß Carbon/Carbon	Schelbendurchmesser (mm)	Masse von Scheibe und Topf (kg)	Bremskolbendurchmesser (mm)
1991	G	320	1,65	30/34
	C/C	273	0,85	32/36
1992	G	320	1,56	32/36
	C/C	290	0,89	32/36
	C/C	320	0,92	32/36

* Carbon-Scheiben und Carbon-Beläge; ** Angaben: Firma Brembo, I-24035 Curno

Grenzen des Wachstums: Blieb der Bremsscheibendurchmesser von Guß-Anlagen konstant bei 320 Millimeter, vergrößerte er sich bei Carbon-Bremsen von ursprünglich 273 auf nunmehr ebenfalls 320 Millimeter. Die Kolbendurchmesser sind heute ebenfalls identisch.

auch als Carbonfaser-verstärktes Carbon (CFC) bezeichnet wird.

Beim Bremsvorgang – also dem Reiben des Belages an der Scheibe – handelt es sich bei herkömmlichen Bremsanlagen um eine Gleitreibungsbremsung. Bei Carbon-Bremsen spricht man von einer

»Schweißbremsung«. Belag und Scheibe müssen so heiß sein, daß sie für Sekunden-bruchteile miteinander verschweißen, sich durch die Rotationsenergie jedoch sofort wieder voneinander trennen. Um diese Temperatur zu gewährleisten, verwenden die Teams auf schnellen Rennstrecken mit

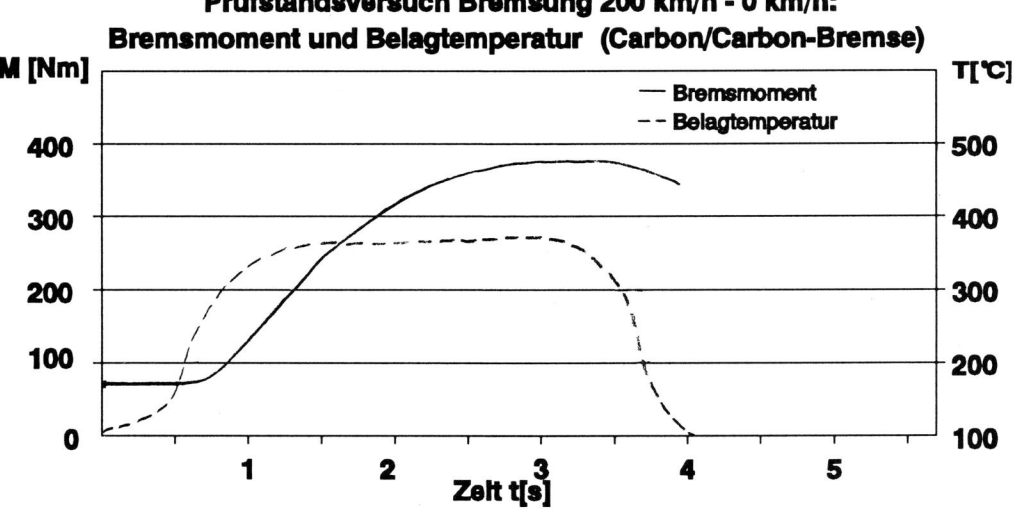

Kurze Pause: Etwa 0,7 Sekunden verstreichen, bis sich Scheibe und Belag soweit aufgeheizt haben, daß ein ausreichender Reibwert herrscht.

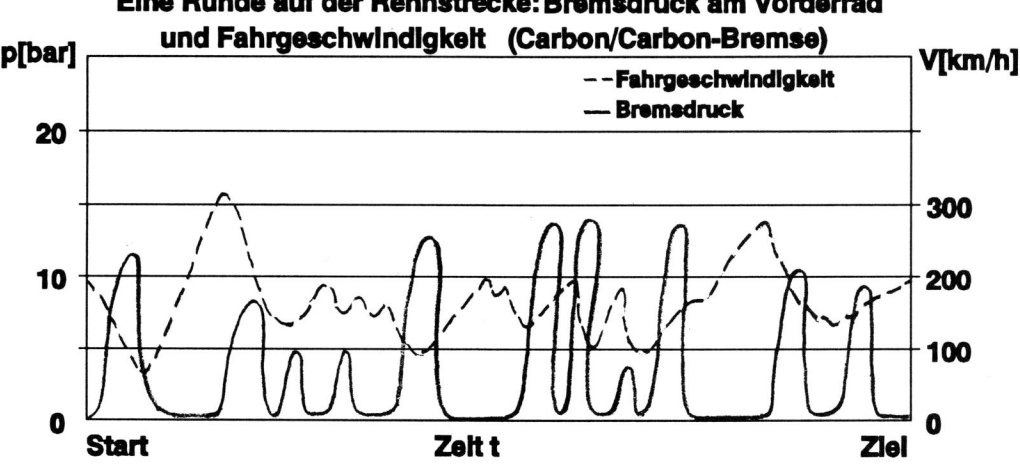

Deckungsbeitrag: Für gute Wirkung benötigen Carbon-Bremsen eine gewisse Scheiben- und Belagtemperatur. Für schnelle Strecken werden...

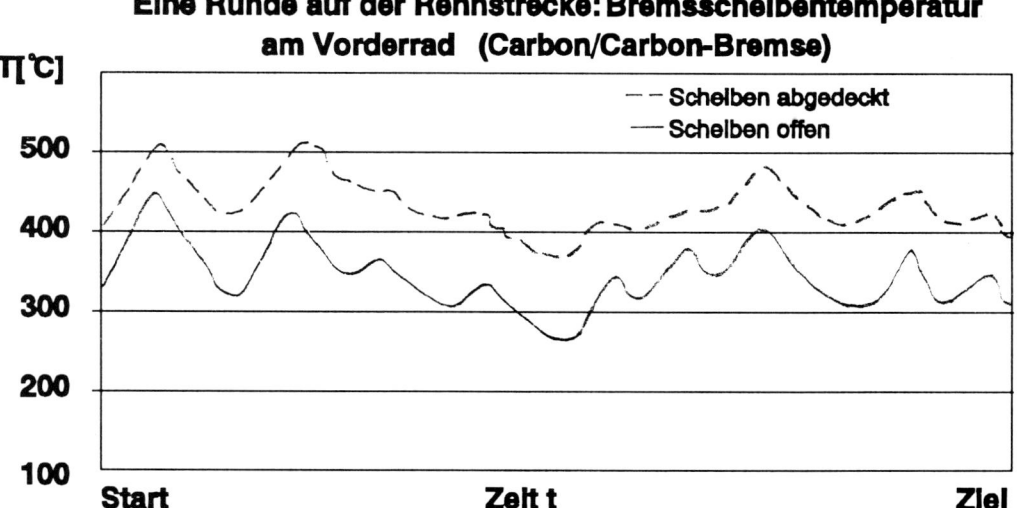

Eine Runde auf der Rennstrecke: Bremsscheibentemperatur am Vorderrad (Carbon/Carbon-Bremse)

... die Scheiben daher abgedeckt. Man arbeitet derzeit an einer Reibpaarung, die bereits bei niedriger Temperatur einen hohen Reibwert liefert.

langen Geraden Abdeckhauben für die Bremsscheiben, um ein Auskühlen zu verhindern (siehe Diagramm).

Teilweise werden auch sogenannte »Combi-Bremsen« gefahren: eine Grauguß- und eine Carbon-Scheibe im Vorderrad. Damit versuchen die Techniker, den niedrigen Reibwert der Carbon-Bremse am Anfang der Bremsung mit dem hohen Reibwert der Grauguß-Anlage zu kompensieren.

Nach Meinung des technischen Direktors von Brembo, Ingenieur Giorgetti, ist das aber nicht die angestrebte Lösung: »Wir arbeiten mit Nachdruck an einer Lösung, bei der bereits bei sehr niedrigen Temperaturen ein brauchbarer Reibwert zur Verfügung steht«.

Dieser Exkurs macht vor allem zweierlei deutlich. Zum einen, daß der Edelbiker mit Carbon-Bremsen in der Praxis kaum etwas anfangen kann, zum anderen, daß die Entwicklung auf diesem Sektor ungemein schnell fortschreitet. Beim Einsatz unter härtesten Rennbedingungen verschaffen diese Systeme gewisse Vorteile, bedürfen aber ständiger technischer Betreuung und Weiterentwicklung.

Befestigungsteile

Zu einem wirklich edlen Bike gehören aber nicht nur hochwertige Federelemente, teure Räder oder aufwendige Bremsen. Genauso wichtig sind die vielen kleinen Details, die, trotz hoher Funktionalität, besonders aufwendig gestaltet und schön gearbeitet werden können. Solche Kleinigkeiten sind es, die wirkliche Edelbikes auszeichnen. Hierzu zählen unter anderem alle Teile, die irgendetwas halten oder verbinden, wie zum Beispiel Verkleidungshalter, Schnellverschlüsse und Motorhalterungen, aber auch Distanzbüchsen, Achsen und Verschraubungen.

Zur Herstellung solcher Teile eignen sich grundsätzlich zwei Werkstofftypen: Kunststoffe und Metalle. An der RS 750 R Replica entstanden aus Gewichtsgründen die seitlichen Motorhalterungen aus hochfestem und acht Millimeter starkem, getempertem Kohlefaserlaminat. Die Bearbeitung dieses Materials ähnelt jener von Metallen. Also können Stichsäge, Bohrer, Fräser, Feilen und Raspeln verwendet werden. Allerdings sind die Standzeiten dieser Werkzeuge deutlich geringer, das Material Carbon

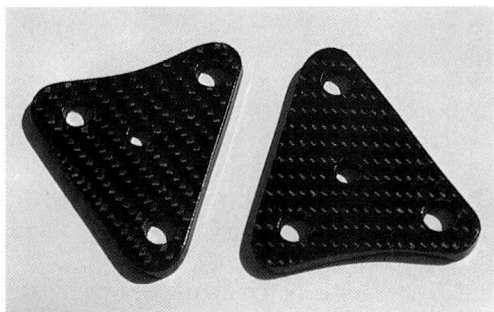

Leicht und edel: Motorhalterungen der Honda RS 750 R Replica aus acht Millimeter starkem Carbon-Temperlaminat.

Schnell und gut: Dünner Aluminiumwinkel aus dem Baumarkt mit eingesetztem Schnellverschluß als Replica-Tankhalter.

zehrt an der Lebensdauer und läßt die Werkzeuge rasch stumpf werden. Das belastet zwar den Etat, belohnt aber durch ein tolles Ergebnis.

Optisch gefallen vor allem kleine Carbon-Teile. Lediglich mit Klarlack überzogen, versprechen sie auch in entlegenen Winkeln einen appetitlichen technischen Genuß. Weniger optische und vielmehr funktionale Gründe sprechen für Schnellverschlüsse. Sie erlauben eine schnelle und einfache Montage von Verkleidungsteilen, Sitzbänken und sogar Luftfilterkästen. Selbst Benzintanks lassen sich – wie die RS 750 R Replica zeigt – problemlos damit fixieren. Der Markt bietet alle möglichen Arten von Schnellverschlüssen an. Vom einfachen Federverschluß mit Schlitzschraube (für Verkleidungsunterteile) bis hin zum teuren Aluminiumverschluß mit gegosse-

nem Gegenstück aus Leichtmetall für hochwertige Verbindungen an Verkleidungen und Sitzbänken. Die Preisskala reicht von etwa acht bis 25 Mark. Zur Herstellung dauerhafter Verkleidungshalterungen eignet sich am besten Stahl- oder Aluminiumrohr. Ob mit rundem oder viereckigem Querschnitt ist dabei dem persönlichen Geschmack überlassen. Die Praxis hat aber gezeigt, daß Rundrohre sich nicht nur einfacher bearbeiten lassen, sondern einfach auch besser aussehen. Aus Gründen der einfachen Verarbeitung fiel bei der Honda die Wahl auf dünnwandiges Stahlrohr mit Wandstärken von 1 bis 1,5 Millimetern. Mit Hilfe eines Autogenschweißgerätes und einigen Stangen Messinghartlot lassen sich so wunderschöne Halterungen ganz dem persönlichen Geschmack entsprechend fertigen. Zur Her-

Lot-Fall: Aus dünnwandigem Stahlrohr wurden die Ölkühler-Halterungen gefertigt. Statt geschweißt wurden sie hartgelötet.

Nummer sicher: Der Ölkühler ist an den beiden Haltern mit je zwei M6-Schrauben befestigt. Anstelle von Muttern wurden Gewinde aufgelötet.

stellung von Aluminiumhaltern ist hingegen ein teures WIG-Schweißgerät notwendig. Kaum ein Privatier wird sich diesen Luxus leisten, auch wenn das Endergebnis überzeugt.

Dreht gleich durch: Auf einer Drehbank lassen sich schnell und einfach leichte Aluminiumdistanzen, Scheiben, Gewindeeinsätze und vieles mehr zur Gewichtsreduzierung herstellen.

Die Ölkühlerhalterung an der RS 750 R Replica auf der linken Rahmenseite wurde aus Stahlrohr hergestellt. Wichtig ist die spannungsfreie Vormontage der einzelnen Teile, um spätere Rißbildungen zu vermeiden. Wie auf dem Bild gut zu sehen ist, lassen sich Stahlmuttern sehr einfach an die Halterung anlöten. Späteres Herumfingern mit Muttern und Scheiben entfällt auf diese Weise. Nach dem Verputzen der Teile, also dem Entfernen von Schlacke und Flußmittelresten sowie dem Glattfeilen der Hartlotnähte, empfiehlt sich ein schützender Oberflächenbezug. Hierfür eignen sich drei Verfahren sehr gut: Kunststoffbeschichten, Lackieren oder Galvanisieren.

Ein weiterer wichtiger Punkt beim Aufbau eines Edelbikes sind die Achsen, und zwar diejenigen für die Räder ebenso wie die für die Motoraufhängung. Sicherheit im Fahrbetrieb steht bei der Auslegung dieser Teile im Hinblick auf Stärke und Materialauswahl klar an erster Stelle. Gewichtsfetischismus hat hier wenig zu suchen. Die Suche nach noch einzusparenden Gramm bleibt Konstrukteuren von Rennmaschinen vorbehalten. Entsprechend empfehle ich die Verwendung von Teilen aus Serienmaschinen, da diese erprobt und damit haltbar sind. Nur wenn, wie bei den hier beschriebenen Motorrädern, keine Serienteile aufzutreiben sind, lohnt der Gang zu einem Spezialhersteller.

Die Vorderradachse aus Stahl für die Triumph fertigte beispielsweise Benny Wilbers, der deutsche Importeur für White Power-Federelemente, zusammen mit der speziell ausgelegten Upside-Down-Gabel an, wobei wir die Angaben für die Maße von Lagerdurchmesser und Nabenbreite lieferten. Entsprechend sah es bei der RS 750 R Replica aus, mit dem Unterschied, daß das Teil von der Firma Krüger & Junginger gebaut wurde. Sie ist eigentlich auf den Bau von Schwingen spezialisiert, übernimmt aber auch solche Präzisionsarbeiten. Nur Experten werden die richtigen, auf Dauer haltbaren Werkstoffe auswählen

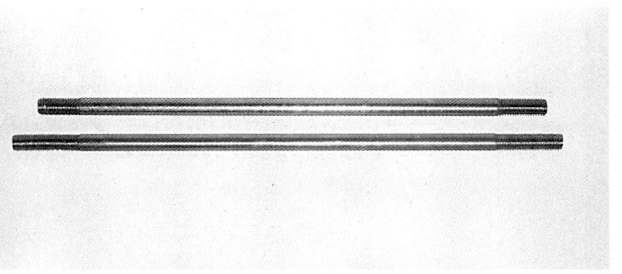

Achs-Bau: Steckachsen für die Motor- oder Radmontage sind aus speziellen Stählen zu fertigen. Aus Sicherheitsgründen lohnt hier der Weg zum Fachbetrieb.

Solide: Schraub-Schnellverschlüsse eignen sich besonders dort, wo es auf glattflächige Abschlüsse ankommt.

und sie auch korrekt zu bearbeiten wissen. Amateure an der Drehbank machen sich oft keine Gedanken über mögliche Kerbwirkung durch zu kleine Radien. Unterdimensionierte Bauteile können zwar sehr schön, aber auch ganz schön gefährlich sein. Hände weg also von tragenden Fahrwerkskomponenten wie Achsen – die gehören in die Hände von Spezialisten.

Dasselbe gilt im übrigen natürlich für die Steckachsen zur Motoraufnahme. Sie unterliegen im Fahrbetrieb enormen Beanspruchungen und dienen teilweise – wie etwa bei der Martin-Honda – zur Versteifung des Chassis. Entsprechend hoch sind also auch hier die Anforderungen an die ausgewählten Materialien und die Bearbeitung.

Weniger gefährlich ist die Anfertigung

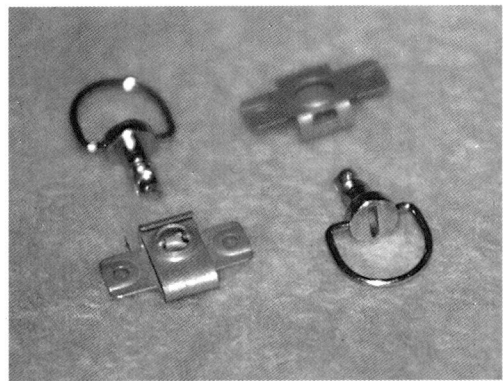

Einfach: Bajonett-Schnellverschlüsse sind in der Endurance-WM beliebt. Mit ihnen schraubt es sich am schnellsten.

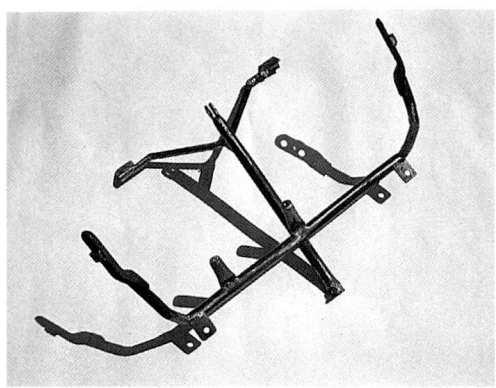

Kein Hirschgeweih: Der skurril anmutende Verkleidungshalter der RS 750 R Replica ist ein Beispiel für funktionellen Leichtbau mit Stahlrohr und Messing-Hartlot.

Noch roh: Die Halterungen für den Wasserkühler (links) und die Verkleidung (rechts) der Replica direkt nach dem Hartlöten.

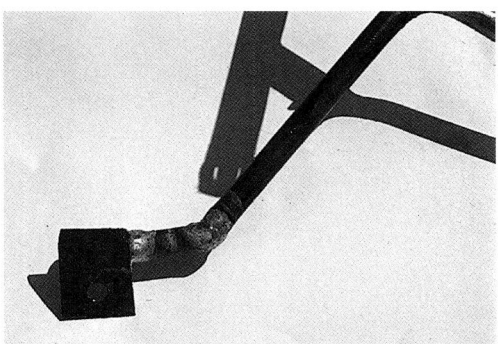

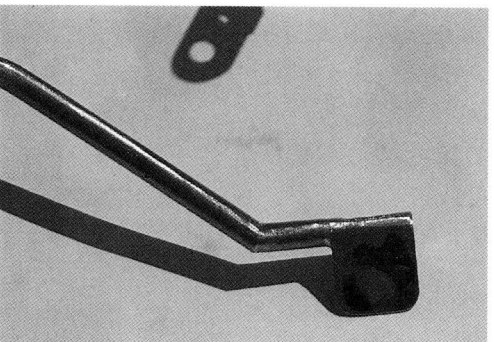

Grausig: Solche Hartlotstellen halten zwar, sehen aber nicht besonders schön aus. Vor dem Galvanisieren steht noch Arbeit an.

Schon besser: Mit Feile, Schmirgelpapier und Schleifklotz bearbeitet man die Lotstellen. Das spätere Ergebnis entschädigt für diese Mühen.

von Distanzbuchsen für Räder, Motorhalterungen und sonstige Bauteile. Im Serienzustand aus schwerem Stahl gefertigt, können diese Baugruppen größtenteils auch mit Aluminiumteilen bestückt werden. Ausreichend sauber auf der Drehbank gefertigt und nachträglich in der gewünschten Farbe eloxiert oder auch einfach hochglanzpoliert, werden sie zum Blickfang für neugierige Betrachter.

Da sich, wie erwähnt, auch Kunststoffe vorzüglich zur Anfertigung formschöner Halterungen eignen, sei hier ausdrücklich die Kohlefaser nochmals erwähnt. Macht man sich für die Aufnahme eines Hydraulikbehälters für Bremse oder Kupplung zunächst einen Urform aus Stahl oder Aluminium, kann anhand dieses Musters problemlos ein leichtes und edles Pendant aus Carbon gefertigt werden. Nicht nur, daß ein mit Klarlack überzogenes Carbonteil einfach schön aussieht: Es ist darüberhinaus pflegeleicht, oxidiert oder rostet nicht (wie Aluminium oder Stahl). Außerdem besitzt dieser Werkstoff eine Eigenschaft, die höchst vorteilhaft ist: Er ist sehr leicht und zudem extrem verwindungssteif. Die Summe dieser Eigenschaften fordern den Einsatz von Carbon bei solchen Teilen also geradezu heraus. Trotzdem sollte der Edelbiker sparsam und vor allem überlegt mit diesem Material umgehen. Allzuviel wirkt schnell kitschig, und wenn bei der Herstellung des Teils die Faserrichtung nicht beachtet wird, geht es unter Belastung leicht zu Bruch. Die dezente Verwendung des Werkstoffes bringt schöne Ergebnisse, und nach ein wenig Training können bald perfekte Teile entstehen.

Simpel ist dagegen der Ersatz herkömmlicher Stahlschrauben durch leichtere aus Aluminium oder gar teurem Titan. Doch auch hier sollte man mit Bedacht vorgehen. Tragende Verschraubungen an Motor und Fahrwerk sollten niemals aus den wenig zugfesten Aluminiumschrauben gefertigt werden – so schön sie mit ihrer farbig eloxierten Oberfläche auch aussehen mögen. Falls um jeden Preis Gewicht gespart werden soll, kommt nur teures Titan in Frage. Doch auch dieser Werkstoff besitzt einen gravierenden Nachteil, nämlich die Empfindlichkeit hinsichtlich Kerbwirkungen. Wer also unbedingt Titan verbauen will, sollte seine Teile in einem Fachbetrieb fertigen lassen.

SGS-Suzuki GSX-R 1100 – Green Piece

Stell' dir vor, du stehst auf die Superbikes aus den frühen Achtzigern, und keiner baut sie. Du erinnerst dich an die Zeit mit deiner alten Kawasaki Z 1000 R, der giftgrünen Replica von Eddie Lawsons Meister-Maschine. Wie hast du den Kumpels damals in den Kurvenlabyrinthen der schwäbischen Alb eingeschenkt. Die Clique wurde blaß vor Neid. Aber als dann ab 1986 die ersten Motorräder mit superbreiter Bereifung auf deiner Hausstrecke auftauchten, nützte dir selbst dein heldenhafter Fahrstil nichts.

Gnadenlos haben sie dich verblasen; die Zeit deiner Z 1000 R war endgültig vorbei. Ein neuer Sportler mußte jetzt her, um der Konkurrenz wieder Paroli bieten zu können.

Für Frank Sulz aus Walddorfhäslach bei Reutlingen löste diese Erfahrung den Startschuß zum Bau einer individuellen Maschine aus. Leicht sollte sie werden, genug Dampf haben, gefälligst nicht an jeder Ecke zu finden sein und optisch an die Z 1000 R erinnern. Als Basis für sein Projekt wählte

»Hilfe für die bedrohte Superbike-Welt«, lautete das Motto für Ex-Kawasaki-Fahrer Frank Sulz, der die technische Überalterung seiner Z 1000 R nie richtig verwinden konnte.

der 27jährige Maschinenschlosser eine Suzuki GSX-R 1100, Baujahr 1986. »Die wiegt von Haus aus nur 225 Kilogramm, und das schmale, filigran gefertigte Rahmenheck eignet sich blendend für eine kleine Sitzbank, die ihrerseits Einblicke auf edle Technik gewährt«, dachte er sich.

Also wälzte er Bücher über Kunststoffverarbeitung, besorgte Material und überzeugte seine beiden Freunde Jürgen Goller und Bernd Sommer von der Sinnhaftigkeit, ihm beim Bau der neuen Sitzbank sowie der Verkleidung zur Hand zu gehen. Bernd Sommer, von Beruf Werkzeugmacher, entdeckte dabei ungeahnte Talente als Motorrad-Designer. Jürgen Goller, seines Zei-

chens Elektriker, entpuppte sich hingegen als wahrer Laminierkünstler in puncto Kohlefaser. Frank Sulz selbst blieb gemäß seiner beruflichen Herkunft bei der Metallbearbeitung und kultivierte im Laufe der Zeit vor allem seinen Poliertrieb. Serien-Gabel, PVM-Felgen und die Einarmschwinge von Krüger & Junginger brachte er mit Schwabbel und Polierwachs auf Hochglanz.

Nicht nur optisch legte der Suzuki-Novize Hand an, sondern widmete sich genauso leidenschaftlich der technischen Ausstattung. Brembos bewährte Vierkolbensättel beißen vorn in 320er-Gußscheiben, und die Federungs-/Dämpfungsaufgaben übernimmt ein in Federvorspannung, Zug- und

Druckstufe justierbares Federbein von White Power.

Adäquaten Vortrieb garantiert ein 132 PS starker Suzuki-Reihenvierzylinder aus einem '89er-Modell, dessen Abgase durch eine leichte 4-in-1-Auspuffanlage von Schüle den Weg ins Freie finden. Fast überflüssig zu sagen, daß die Kohlefaserummantelung des Schalldämpfers in Eigenregie entstand. Man war ja jetzt praktisch bereits ein Profi in diesem Metier.

Professionell wie den Aufbau der Maschine gestaltete Frank auch den Umgang mit den viel gescholtenen StVZo-Paragraphen. Ein kurzes Gespräch mit dem TÜV-Ingenieur klärte die vor Baubeginn noch offenen Fragen, eine Materialprüfung für das verwendete Glas- und Kohlefaserlaminat war der zweite Schritt, und vor kurzem gab

der Prüfer nach bestandenem Fahrversuch endlich seinen heißbegehrten Segen. Und weil der Umbau nicht nur Frank, sondern auch seinen beiden Freunden richtig Spaß brachte, machten die Drei Nägel mit Köpfen, beantragten ein Mustergutachten für ihren Umbau und firmieren seit kurzem unter SGS Superbike. Nach Feierabend entstehen nun kleine Lenkerverkleidungen mit dem Doppelscheinwerfer der Gilera Nordwest, Motorspoiler und Einmann-Sitzbänke.

Und weil Kohlefaser ein gar so schönes Material ist, gibt's auch Kettenschutz und Instrumententräger aus dem teuren Werkstoff. Alles für GSX-R-Fahrer, die im Grunde ihres Herzens Kawasaki-Fans sind und die Z 1000 R nie so richtig vergessen konnten. Ihnen kann endlich geholfen werden.

Motor-Tuning

Profi-Tip: Roland Eckert

Erfolgreiches Motorentuning war für mich stets untrennbar mit dem Motorsport verknüpft. Nicht die Steigerung der Leistungsfähigkeit eines Motors um ihrer selbst Willen ist für einen engagierten Motorentechniker das angestrebte Ziel, sondern das Erreichen einer Verbesserung, die zum sportlichen Erfolg führt. Diese Maxime gilt seit über zwanzig Jahren auch in unserem Betrieb und bescherte sportlich orientierten Straßenfahrern immer wieder direkt aus dem Rennsport abgeleitete Entwicklungen, die ihre Leistungsfähigkeit dort bewiesen haben. Dieser Beweis und die damit verbundene Erfahrung ist eine der ganz wichtigen Voraussetzungen, wenn es heutzutage um den Aufbau eines leistungsgesteigerten Triebwerks geht, denn die technischen Anforderungen an die Tuner sind deutlich gewachsen.

Die Leistungssteigerung von Motorradmotoren unterliegt zwar immer noch den gleichen physikalischen Gesetzmäßigkeiten, doch führte die technische Entwicklung zu immer höherem technischem Aufwand, um Mehrleistung zu realisieren. War es vor 15 Jahren noch möglich, allein durch den Einbau geänderter Nockenwellen, größerer Vergaser und speziellen Auspuffanlagen ein erkleckliches Leistungsplus zu

Roland Eckert: »Tuning war für mich immer mit Rennsport verknüpft. Nur der Vergleich mit der Konkurrenz liefert den Beweis für die Richtigkeit der Maßnahmen«.

Kanal-Arbeit: Die CNC-gesteuerte Bearbeitung von Zylinderköpfen sichert absolut gleiche Form und Oberflächengüte.

verwirklichen, gestaltet sich die Arbeit im Zeitalter CNC-gesteuerter Kanalbearbeitung doch wesentlich komplizierter.

Angesichts des hohen technischen Entwicklungsstandes der Serienmotoren lassen sich wirkliche Verbesserungen als homogene Mischung von hoher Spitzenleistung bei gutem Drehmomentverlauf sowie akzeptablen Geräusch- und Abgaswerten ohne entsprechende maschinenbautechnische Grundlagen sowie Leistungs- und Abgasprüfstände kaum mehr erarbeiten. Allein wenn sich der Privatmann diese Tatsache vor Augen führt, wird er sich bastlerische Eingriffe in die Technik des Triebwerkes – nicht zuletzt aus Kostengründen – gut überlegen.

Für denjenigen, der die Entscheidung, seinen Motor auf höhere Leistung zu trimmen, aber schon fest getroffen hat, ist dieses Kapitel gedacht. Es vermittelt die theoretischen Grundlagen des Viertakttunings und zeigt an zwei praktischen Beispielen den Unterschied zwischen Straßen- und Wettbewerbstuning auf. Ein Exkurs in Auf-

ladung und Lachgaseinspritzung beschreibt zudem die besonderen Anforderungen von Dragstermotoren. Speziell das Renntriebwerk der RS 750 R Replica ist ein besonderes Schmankerl des Motorenbaus, handelt es sich dabei doch um eine von uns entwickelte Variante eines HRC-Werksmotors, den wir 1984 und 1985 in der Endurance-Weltmeisterschaft und bei den Superbikes einsetzten. Ein Einblick in die unbedingt notwendige Meßtechnik rundet die Sammlung an fundiertem Know-how ab.

Eine »Tuning-Anleitung«, wie sie seit Jahren immer wieder feil geboten werden, kann und will dieses Kapitel aber nicht sein. Dazu ist die Thematik zu komplex und der Bedarf an Erfahrung und technischer Ausrüstung zu groß. Vielmehr ist es ein Ratgeber, der dem Leser die notwendige Sachkenntnis verschafft, in Zukunft die Spreu vom Weizen in der Tuningbranche sicherer zu trennen.

Roland Eckert

Die theoretischen Grundlagen von Viertaktern

Bevor wir uns den ganz konkreten Maßnahmen zur Leistungssteigerung von Viertaktmotoren widmen, wollen wir uns den Konstruktionsmerkmalen und der Funktionsweise des am weitesten verbreiteten Motorenprinzips widmen, das Nikolaus August Otto vor mehr als 100 Jahren erfand.

Aufbau und Funktion

Der Viertaktmotor schöpft, wie andere Verbrennungskraftmaschinen, seine Leistung aus der Verbrennung fossiler Kraftstoffe wie zum Beispiel Benzin. Dabei wird ein bestimmtes Volumen des Benzin-Luftgemisches stark komprimiert und durch den Funken der Zündkerze zur Verbrennung gebracht. Die bei diesem Vorgang erzeugte Volumenvergrößerung und Ausdehnung des Gases bewirkt einen Verbrennungsdruck und damit eine Kraft, die auf den Kolben wirkt, und die er über das Pleuel auf die Kurbelwelle und von dort auf Kupplung, Getriebe und Hinterrad überträgt.

Die vier Vorgänge, die dem Viertaktprinzip seinen Namen gegeben haben, gliedern sich wie folgt:

1. Takt: Ansaugen
Der Kolben bewegt sich vom oberen Totpunkt (OT) aus nach unten. Durch die Kolbenringe zur Zylinderwandung hin abgedichtet, ist er in der Lage, Frischgas anzusaugen, da das Einlaßventil nun geöffnet ist.

2. Takt: Verdichten
Der Kolben durchläuft den unteren Totpunkt, und das Einlaßventil wird nun geschlossen. Da das angesaugte Volumen an Frischgas nicht entweichen kann, wird es durch den sich aufwärts bewegenden Kolben verdichtet.

3. Takt: Verbrennen
Das komprimierte Gas wird durch den elektrischen Funken der Zündkerze entzündet und dehnt sich aus. Der so entstehende Druck bewirkt eine Kraft, die längs des Weges des sich nun wieder abwärts bewegenden Kolbens wirkt. Es wird also Arbeit im physikalischen Sinne verrichtet. Die Höhe dieser Arbeit hängt vom Volumen und der Verdichtung des Gases ab. Je öfter diese Arbeit verrichtet wird, desto höher ist die Leistung, denn physikalisch gilt: Leistung = Arbeit pro Zeiteinheit; $(P = dW/dt)$; $[Nm/s]$

4. Takt: Auspuffen
Nachdem sich das Gas ausgedehnt hat und seine Energie an den Kolben abgegeben hat, wird das Auslaßventil geöffnet. Die unverbrannten Anteile des Gases entweichen nun in den Auslaßkanal. Nachdem der Kolben den unteren Totpunkt passiert hat, schiebt er durch seine Aufwärtsbewegung die Restanteile des Gases in den Auspuff. Jetzt wiederholt sich der Vorgang beginnend mit dem Ansaugtakt.

Der Einfluß der Einlaßsteuerzeit

Im Laufe der Zeit führte eine konsequente Optimierung dieser vier Schritte zu immer höheren Leistungen. Literleistungen von über 200 PS bei Saug- und über 600 PS bei aufgeladenen Motoren sind heute keine Seltenheit mehr. Besondere Bedeutung kommt in dieser fulminanten Entwicklung des Viertaktmotors der Erkenntnis der Techniker zu, daß Ansaug- und Auspufftakt nicht getrennt voneinander, sondern nur zusammen betrachtet werden können.

Der Grund liegt in der Trägheit des Frischgases. In der Anfangsphase der Viertaktentwicklung öffnete das Einlaßventil erst, als der Kolben bereits in der Abwärtsbewegung war. Schnell erkannte man, daß es von Vorteil ist, das Einlaßventil noch vor dem oberen Totpunkt zu öffnen, da das Gas träge ist und somit einige Zeit benötigt, um in den Zylinder beschleunigt zu werden. Nochmals eine Rolle spielt die Trägheit des

Frischgases bei Einlaßschluß. Schloß das Einlaßventil früher noch pünktlich im unteren Totpunkt, erkannte man rasch, daß das enorm schnelle Gas (bis 250 m/s oder 900 km/h) über eine sehr hohe Energie verfügt, die ebenfalls genutzt werden kann. Man läßt das Einlaßventil also genau solange geöffnet, bis ein energetisches Gleichgewicht des aufwärtsgehenden Kolbens und des einströmenden Gases herrscht. Erst wenn sich dieses Gleichgewicht einstellt, strömt kein Gas mehr ein und das Einlaßventil kann geschlossen werden. Auf diese Weise vergrößerte sich die Zeit des Ansaugvorgangs (Einlaßsteuerzeit) beträchtlich und damit das Volumen an zündfähigem Frischgas, was zwangsläufig zu mehr Leistung führte. Einleuchtend ist, daß dieses Gleichgewicht der beiden Energien von Faktoren wie Drehzahl, Temperatur und dem Lastzustand des Motors abhängt. Entsprechend verschieden können die Zeitpunkte sein, bei denen sich dieses Gleichgewicht einstellt. Als Konsequenz leiten sich folgende Faustregeln für die Einlaßsteuerzeit ab:

Frühes Schließen des Einlaßventils = Gutes Drehmoment und Erreichen des Leistungsmaximums bereits bei niedrigen Drehzahlen.

Spätes Einlaßschließen = Geringes Drehmoment bei niedriger Drehzahl; Hohe Spitzenleistung und gutes Drehmoment bei hohen Drehzahlen.

Die Ingenieure in den Versuchsabteilungen der großen Hersteller haben diesen Umstand konstruktiv in Form der variablen Nockensteuerung umgesetzt. So verfügen beispielsweise moderne Auto-Motoren wie die des BMW 325 i und des Honda Prelude VTEC über solche Steuerungen, die die typischen Nachteile extremer Spitzenleistung kompensieren helfen. Im Motorradbau fand sich bislang noch kein Hersteller dazu bereit, diesen technischen Vorteil in großem Stil in den Serienbau einfließen zu lassen. Der Grund mag in den im Vergleich zum Automobilbau weitaus geringeren Produktionszahlen liegen, die solch einen technischen Aufwand in der Preiskalkulation vermutlich nicht tragen würden.

Als Größenordnungen für die Einlaßsteuerzeit gilt etwa folgendes:
Sportliche Straßenmotoren: Gesamtsteuerzeit 250 bis 270 Grad Kurbelwinkel
Rennmotoren: Gesamtsteuerzeit 260 bis 320 Grad Kurbelwinkel

Der richtige Zündzeitpunkt

Ebenso wie der Ansaugvorgang unterliegt auch die Verbrennung des entzündeten Frischgases der Trägheit. Das heißt, daß eine gewisse Zeit vergeht, bis sie in Gang kommt. Entsprechend wird das Gemisch bereits vor dem oberen Totpunkt gezündet. Die Ausbreitungsgeschwindigkeit der Flammfront beträgt 15 - 30 m/s. Die Bestimmung des Zündzeitpunktes hängt unter anderem von ihr, von der Drehzahl und von der Zylinderbohrung ab. Ein Rechenbeispiel verdeutlicht dies.

Der Eckert-Motor mit 998 cm^3 besitzt eine Zylinderbohrung von 77 Millimetern und produziert seine Maximalleistung in der Rennversion bei etwa 10 500/min. Die Flammfront hat sich hier über einen Weg von 38,5 Millimeter auszubreiten, da die Zündkerze zentral angeordnet ist. Für die dafür benötigte Zeit gilt folgendes:
Verbrennungszeit Tv = Bohrung Dz / (2x1000xVerbrennunggeschwindigkeit Vv)
$$T_V = D_Z : (2000 V_V);$$

In unserem Fall also für die Verbrennungszeit:
$$T_V = 77 : (2000 \times 30) \ s = 0,0013 \ s$$

Die Verbrennungszeit von 0,0013 s rechnen wir nach folgender Formel in den entsprechenden Kurbelwinkel (KW) um:

Verbrennungswinkel = Drehzahlx360Grad xVerbrennungszeit
$$\alpha v = n \times 360 \times T_V; \ [Grad \ KW]$$

Damit ergibt sich für uns:
$$\alpha v = 10500/60 \ s \times 360 \ Grad \times 0,0013 \ s = 81,9 \ Grad \ KW$$

Das bedeutet, daß nach etwa 82 Grad Kurbelwinkel der Verbrennungsvorgang abgeschlossen ist. Bei einem eingestellten Zündzeitpunkt von 38 Grad vor OT endet die Verbrennung also 44 Grad nach OT.

Die Überschneidungsphase

Als Überschneidungsphase wird der Zeitraum bezeichnet, in dem das Einlaßventil bereits geöffnet und das Auslaßventil noch nicht geschlossen ist.

Für eine wirksame Entleerung des Brennraumes vom Restgas wird das Auslaßventil lange vor dem unteren Totpunkt geöffnet. Noch vor der Kolben die UT-Marke passiert hat, hat ein großer Teil des Restgases den Zylinder durch die Energie seines eigenen Restdruckes verlassen. Den verbleibenden Rest schiebt der nun aufwärtsstrebende Kolben hinaus.

Im Auslaßtrakt strömt das Abgas mit etwa 1000 km/h ab und verfügt über eine hohe Bewegungsenergie. Dadurch wird der Zylinder praktisch bis zum Vakuum leergesaugt. Öffnet man nun das Einlaßventil, bevor der Kolben den OT erreicht hat, wird die Frischgassäule aus dem Einlaßkanal praktisch in den Zylinderraum gerissen. Frischgasanteile, die in den Auslaßtrakt abströmen, holt der abwärtsstrebende und ansaugende Kolben dann wieder in den Brennraum zurück. Die Auslaßschlußzeiten liegen je nach Einsatzzweck der Motoren bei 20 bis 40 Grad nach OT.

Leistungsbestimmende Faktoren

Auf der Suche nach immer mehr Leistung haben sich in der Praxis verschiedene Faktoren als relevant erwiesen, welche die Wissenschaftler in der allgemeinen Leistungsgleichung zusammengefaßt haben. Es gilt:

Motorleistung = (Hubraum x Drehzahl x Mitteldruck):900

$$P_M = (VH \times n \times p_{mi}):900; [PS]$$

Sind für den Hubraum lediglich Zylinderbohrung und Hub relevant, hängt die mögliche Drehzahl von weitaus mehr Faktoren ab. Sie wird begrenzt durch den Hub und damit durch die mögliche Kolbengeschwindigkeit, die bei Nenndrehzahl 20 m/s nicht wesentlich überschreiten sollte. Entscheidend sind weiterhin die kinematischen Verhältnisse des Ventiltriebs, der heutzutage bei Superbike-Rennmotoren mit 750 cm³ Hubraum auf Drehzahlen von 13 500 bis 14 500/min ausgelegt ist. Formel 1-Triebwerke erreichen dank pneumatischer Ventilsteuerungen heute bereits Drehzahlen von 15 000/min. Daß auch ein Motorradmotor mit herkömmlichem Steuertrieb astronomische Drehzahlen erreichen kann, bewies Honda 1980 mit dem 500er-Ovalkolben-V-Vierzylinder NR 500. Dieses Aggregat besaß acht superleichte Ventile pro Zylinder, die nach alter Tradition mittels Ventilfedern wieder in ihre Ausgangsposition zurückgeholt wurden. Aufgrund der geringen bewegten Massen realisierte dieser Motor aber dennoch über 20 000/min und leistete am Ende seiner Entwicklung über 130 PS.

Außerdem hängt die mögliche Drehzahl eines Motors natürlich von den rotierenden Massen insgesamt ab. Je leichter die oszillierenden Bauteile sind, umso geringer sind die auftretenden Massenkräfte. Nur leichte Motorinnereien garantieren mechanisch für ein hohes Drehzahlniveau.

Ebenso unverzichtbar für Drehzahl und damit Leistung ist die Gestaltung der Ansaug- und Auslaßwege im Hinblick auf Länge und Strömungsgunst. Je kürzer die Kanäle sind, desto höher die Leistung bei hoher Drehzahl. Außerdem spielen die Steuerzeiten, die für hohe Drehzahlen möglichst lang sein sollten, die Brennraumgestaltung sowie die Größe und Anordnung der Ventile eine wesentliche Rolle.

Die dritte, in die Leistungsgleichung eingehende Größe ist der Mitteldruck. Er wird bestimmt durch die Verdichtung, die möglichst hoch sein sollte, sowie die bereits in die Drehzahl eingehenden Baugruppen wie Ventile, Brennraum, Kanäle und Steuerzeiten. Hinzu kommen Einflußgrößen wie die Gemischaufbereitung, Gemischverteilung, Verbrennung und die durch Lagerungen, Kolben und Ölpanschen verursachte Reibleistung.

Der Vierventiler als optimaler Kompromiß

Mit steigenden Drehzahlen kamen die Ventiltriebe der Rennmotoren an ihre Grenzen. Aufgrund der hohen bewegten Massen zweiventiliger Motoren mit großen Ventilquerschnitten suchte man zunächst nach leichteren Werkstoffen wie Titan, erkannte aber rasch, daß die Entwicklung auch noch aus anderen Gründen am Ende war.

Der freie Ventilquerschnitt, also die über die Öffnungszeit des Ventils freigegebene Ein- beziehungsweise Auslaßfläche, mußte für maximale Spitzenleistungen beim Zweiventiler zwangsläufig über besonders lange Steuerzeiten realisiert werden, da die Unterbringung noch größerer Ventildurchmesser aus Gründen der Geometrie nicht mehr möglich war. Die sich aus diesen Überlegungen heraus ergebenen Motoren realisierten das Ziel 'Spitzenleistung' problemlos, erkauften dies aber mit extremer Drehmomentschwäche bei unteren und mittleren Drehzahlen.

Der Ausweg aus dieser Sackgasse konnte nur über eine Steigerung des freien Ventilquerschnittes bei gleichzeitiger Verkürzung der Steuerzeiten führen. Konstruktiv war dies nur über mehrere Ein- und Auslaßventile zu realisieren. Wie zahlreiche Versuche in den Entwicklungsabteilungen ergaben, bietet der Vierventilmotor den besten Kompromiß aus freiem Ventilquerschnitt (Füllung), bewegten Massen (Drehzahl) und Strömungsgunst (Füllung). Neben diesen Vorteilen erlaubt eine mehrventilige Konstruktion aber auch einen wesentlich kompakteren Brennraum dank flacherem

Ventilwinkel, was zu einer besseren Verbrennung verhilft. Der weitere Vorzug eines Vierventilers liegt zudem in der zentral angeordneten Zündkerze, was gleich lange und kürzeste Flammwege garantiert. Im Gegensatz zu Zweiventilern können Vierventilmotoren in der Regel mit deutlich späterem Zündzeitpunkt gefahren werden. Versuche mit fünf- oder gar sechsventiligen Zylinderköpfen brachten in der Praxis keinerlei Vorteile, da das mittlere Ventil dem einströmenden Gas, das über die beiden äußeren Ventilteller einströmt, praktisch im Wege steht. Die Einströmung und Verwirbelung des Gemisches im Brennraum – der sogenannte 'Swirl' – wird dadurch stark negativ beeinflußt, da sich die Gasströme gegenseitig stören.

Im folgenden widmen wir uns deshalb ausschließlich der praktischen Arbeit an Vierventil-Triebwerken. Als spektakuläres Schmankerl fungiert ein kleiner Exkurs in die Dragstertechnik, die dank Turboaufladung und Nitro-Oxygen-Einspritzung maximale Spitzenleistung auch mit nur zwei Ventilen pro Brennraum erreicht.

Leistungsmessung

Jede Veränderung an einem Motor bewirkt irgendetwas. Um das Ergebnis solcher Maßnahmen hieb- und stichfest zu ermitteln, ist eine korrekte Messung der Motorleistung vor und nach der Veränderung unerläßlich. In der praktischen Arbeit hat sich der Rollenprüfstand als beste, weil einfachste Möglichkeit zur Bestimmung der Motorleistung bewährt. Im Gegensatz zu speziellen Motorenprüfständen muß bei diesem Prüfstandstyp das Triebwerk nicht ausgebaut werden. Das Motorrad kann in fahrbereitem Zustand gemessen werden.
Der für die Leistungsmessungen verwendete Rollenprüfstand der Firma Bosch vom Typ LPS 002 wird bei den Zeitschriften 'PS – Das Sport-Motorrad Magazin' und 'Motorrad' seit Jahren eingesetzt und arbeitet nach dem Beschleunigungsprinzip. Das

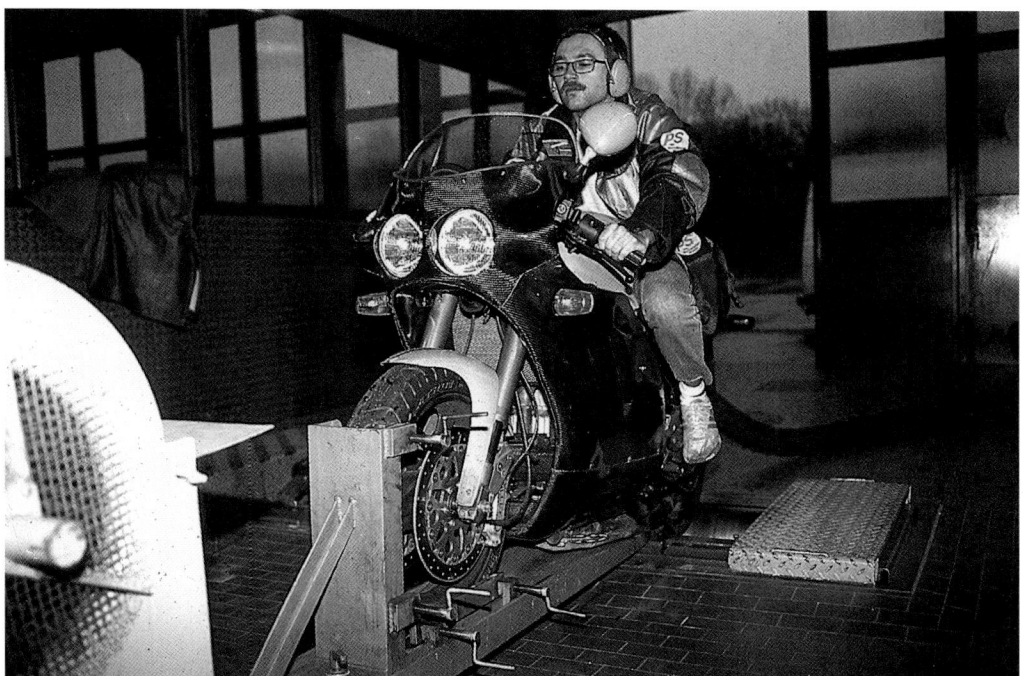

Rollenspiel: Die bequemste Art, die Motorleistung zu ermitteln, bietet ein Rollenprüfstand. Ein Kühlgebläse simuliert dabei den Fahrtwind.

Hinterrad treibt – meistens im vierten oder fünften Gang – zwei Prüfstandsrollen an, dabei kühlt ein starkes Luftgebläse das Triebwerk, um Motorschäden vorzubeugen und realitätsnahe Temperaturverhältnisse zu schaffen.

Aus niedriger Drehzahl wird bis zur Maximaldrehzahl (roter Bereich des Drehzahlmessers) hochbeschleunigt und dann ausgekuppelt. Dieser erste Teil der Messung liefert den Verlauf der Hinterradleistung in Abhängigkeit von der Fahrgeschwindigkeit

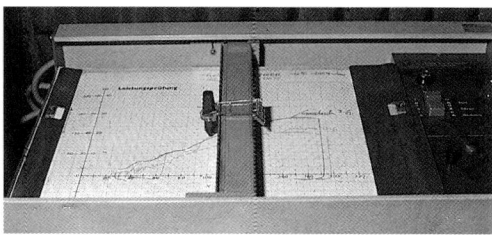

Kurven-Star: Der Meßschreiber zeichnet die Hinterradleistungskurve sowie den Verlauf der Verlustleistung auf.

im jeweils eingelegten Gang. Allein die Reibleistung, verursacht durch Getriebe, Sekundärtrieb (Kette/Kardan) und den auf der Prüfstandsrolle walkenden Reifen, bremst die rotierenden Prüfstandsrollen nach dem Auskuppeln ab und liefert auf diese Weise den Kurvenverlauf der Verlustleistung. Erst die Addition beider, durch den Prüfstandsschreiber aufgezeichneten Kurven ergibt schließlich die tatsächliche Motorleistung – allerdings immer noch in Relation zur Fahrgeschwindigkeit und nicht, wie eigentlich üblich, zur Motordrehzahl.

Um den Verlauf von Motorleistung sowie Drehmoment über der Drehzahl zu erhalten, bedarf es etwas Rechenarbeit, für die folgende Basisdaten des Motorrades benötigt werden:
- Primärübersetzung
- Sekundärübersetzung
- Getriebeübersetzung des eingelegten Ganges
- Umfang des Hinterradreifens

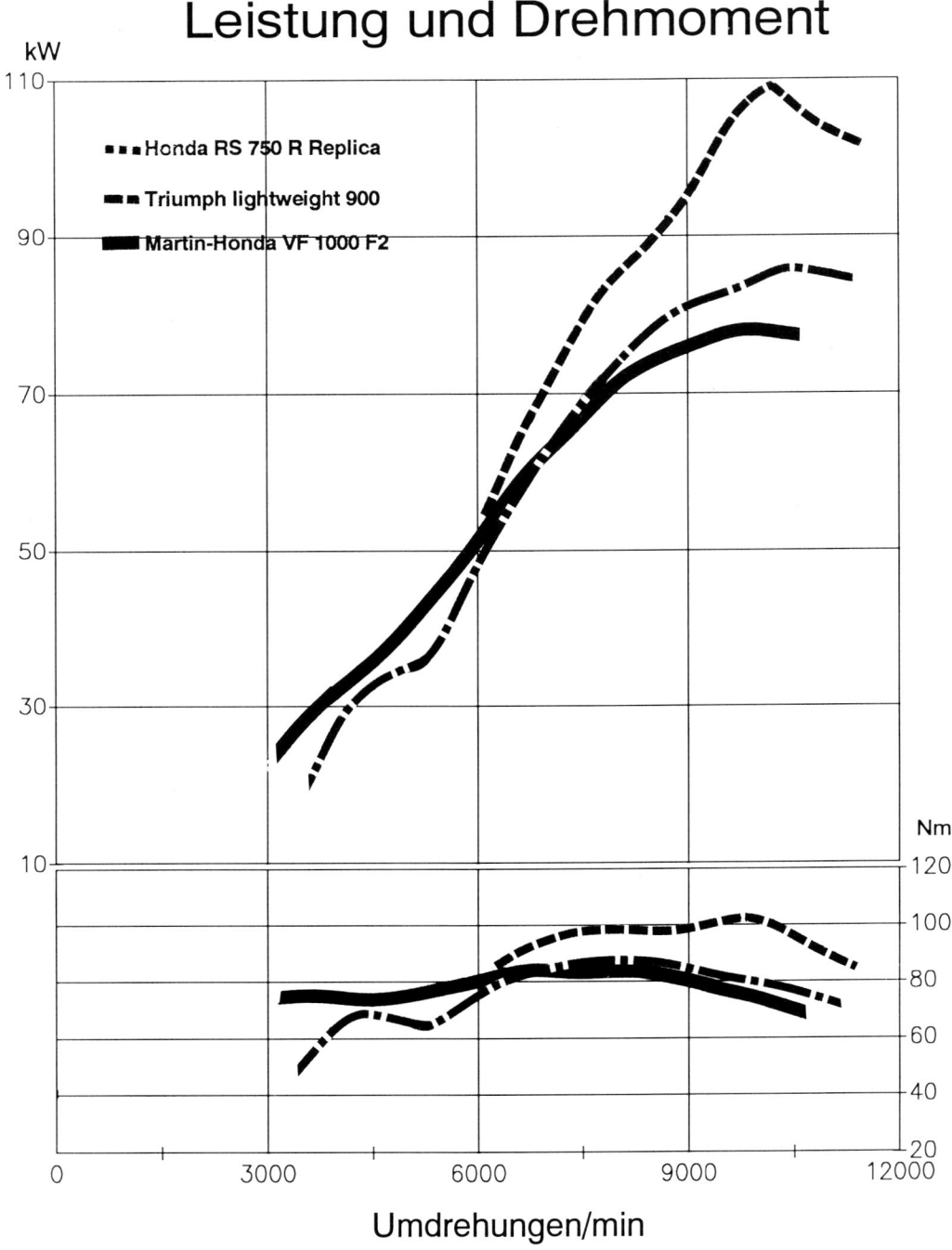

Leistung und Drehmoment

kW

- ■ ■ ■ Honda RS 750 R Replica
- ■ ■ Triumph lightweight 900
- ■ Martin-Honda VF 1000 F2

Umdrehungen/min

Die Rechnung, bitte: Die tatsächliche Motorleistung über der Motordrehzahl ergibt sich aus dem Prüfstands-diagramm erst nach einer Umrechnung.

Die Berechnung der Motorleistung über der Drehzahl geschieht nachfolgendem Schema:
Es gilt
Geschwindigkeit = Weg/Zeit; (v = s/t); [m/s] sowie
Zeit = 1/Raddrehzahl; (t=1/n_r); [s]

Unter Streß: Der Hinterradreifen (3 bar Luftdruck!) erhitzt sich auf dem Prüfstand so stark, daß Blasenbildung auftreten kann. Für den Fahrbetrieb taugt er nicht mehr.

Mit dem Radumfang U_r als Weg s erhalten wir unter Berücksichtigung des Schlupffaktors c_s:
$$v = (U_r \times n_r)/c_s$$

Da sich die Raddrehzahl aus der Motordrehzahl n_m multipliziert mit der Gesamtübersetzung I_{ges} ergibt, erhalten wir:
$$v = (U_r \times n_m)/(c_s \times I_{ges})$$

Da gilt
$$v_{km/h} = v_{m/s} \times 3,6$$

sowie
$$n_{m/min} = n_{m/s} \times 60$$

ergibt sich für die Drehzahl daher
$$n_m = (60 \times v_{km/h} \times c_s \times I_{prim} \times I_{sek} \times I_{Gang})/(3,6 \times U_r)$$

Da sich die Entwicklungsarbeiten an einem Motor in der Regel über einen längeren Zeitraum hinziehen, herrschen bei den diversen Leistungsmessungen meist unterschiedliche meteorologische Verhältnisse. Der Luftdruck und die Lufttemperatur im Prüfstandsraum fließen deshalb in einen Korrekturfaktor ein, der,mit den Werten der Leistungskurve multipliziert, die Vergleichbarkeit der Messungen unter verschiedenen Bedingungen gewährleistet. Der Korrekturfaktor berechnet sich wie folgt:
k = (1013/Luftdruck) x ((273 + Lufttemperatur)/293)^{0,5}

$$k = (1013/p) \times ((273 + T)/293)^{0,5}; \quad [1]$$

Klassisches Tuning von Viertaktern

Satte 100 PS Spitzenleistung (manchmal sogar etwas mehr) und ein Drehmomentverlauf so flach wie das Emsland über den gesamten Drehzahlbereich: Nicht umsonst gehört der 884 Kubikzentimeter Dreizylinder der Triumph Trophy und der Daytona 900 zu den feinsten Möglichkeiten, sich auf zwei Rädern fortzubewegen – Straßenfahrer, was willst Du mehr? Im Verein mit dem erheblich reduzierten Fahrzeuggewicht unserer lightweight ergaben sich bereits mit dem Serientriebwerk weitaus bessere Fahrleistungen.

Drei-Zack: Der Triumph-Dreizylinder mit 120 Grad Kurbelwellenversatz wurde mit Werksteilen wie Kolben, Nockenwellen und einem Cosworth-Zylinderkopf auf 117 PS Leistung gebracht.

Allerdings wollten wir nicht nur eine besonders leichte Triumph auf die Räder stellen, Ziel war auch, dem ohnedies agilen Leichtgewicht zu mehr Leistung zu verhelfen. Motor-Tuning war angesagt. Im Sponsorenpool deshalb vertreten war Otto Geppert aus Kappel im Schwarzwald. Im Viertaktbereich bei den Superbike- und Supersport-Fahrern vor allem durch seine erleichterten Kurbelwellen bekannt, nimmt sich der Schwarzwälder Bote aber auch Dragster-Triebwerken mit etlichen hundert Pferdestärken an. Bei ihm wußten wir die Sache in guten Händen.

Das größte Problem, den Dreizylinder auf Leistung zu bringen, stellte die Beschaffung von Teilen wie Nockenwellen und Kolben dar. Der Zubehörmarkt mußte passen, es war nichts aufzutreiben. Helfen konnte in dieser Situation im Winter 1992/93 nur noch einer – das Triumph-Werk selbst. Dort liefen bereits Versuchsmotoren mit weit über 100 PS auf dem Prüfstand, zu schön, wenn wir solche Teile für unser Projekt bekämen. Ein Anruf beim deutschen Importeur machte zunächst nur wenig Mut, schließlich handelte es sich um Prototypen-

Stern-Stunde: Der HRC-Werks-Motor der RS 750 R war Vorbild für die 998 Kubikzentimeter große Variante von Roland Eckert. Gewaltige 148 PS waren der Mühe Lohn.

Teile, die wir begehrten. Vier Wochen später dann aber die große Überraschung. Der Zustelldienst überbrachte Manuel Wahl, Geschäftsführer der Triumph-Niederlassung Magnum Motors und Hauptsponsor des lightweight-Projektes, ein großes Paket aus England mit drei Kolben samt Ringen, Bolzen und Laufbüchsen, zwei Nockenwellen, einer Zündbox sowie einem Cosworth-Zylinderkopf. Gleichzeitig spuckte sein Telefaxgerät einen Wust aus an technischen Zeichnungen, Steuerzeiten-Diagrammen, Montage-Hinweisen und den Worten »Wir wünschen Ihnen viel Glück bei Ihrem Vorhaben und sind besonders auf die Prüfstandsergebnisse sehr gespannt«. Post aus England – es konnte also losgehen.

Aber bereits ein oberflächliches Studium der Unterlagen dämpfte die Erwartungen nachhaltig. Mit allen diesen Teilen aufgebaut versprachen die Techniker lediglich 115 PS, denn Triumph hatte die Motorenteile nicht für den Rennsport, sondern für den Straßenbetrieb entwickelt. Wie wir inzwischen wissen, handelte es sich bei der Teile-Lieferung um eine Entwicklungsstufe der brandneuen Daytona Super III.

Wesentlich größere Probleme bereitete es, den zunächst serienmäßigen VF 1000 R-Motor der RS 750 R Replica auf Leistung zu bringen, denn der Zubehörmarkt bietet für dieses Triebwerk keinerlei leistungsfähige Tuningteile an. Außerdem stand bei dieser Maschine ja der Replica-Gedanke ganz im Vordergrund, was den Einbau irgendwelcher Leistungsteile ja ohnehin verbot. So blieb also nur die Möglichkeit, einmal vorsichtig bei Roland Eckert nachzufragen, der, vom französischen Honda-Werksteam einmal abgesehen, als einziger Europäer 1984 eine Werks-RS 750 R aus Japan erhielt.

Wider Erwarten war die Nachfrage erfolgreich, denn in den Eckertschen Regalen fanden sich nicht nur einige rare RS-Teile, sondern, abgesehen vom Gehäuse, sogar ein ganzer Motor. All dies wäre aber noch kein Grund zu Euphorie gewesen, wenn sich »der Chef«, wie Eckert in seiner Firma

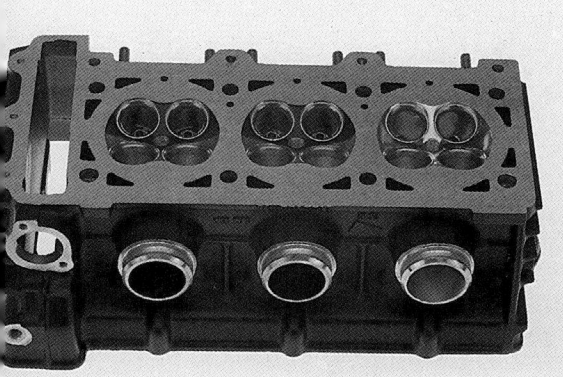

Kopf-Arbeit: Erweiterte und sorgsam polierte Kanäle sorgen für einen effektiveren Gaswechsel im Triumph-Zylinderkopf.

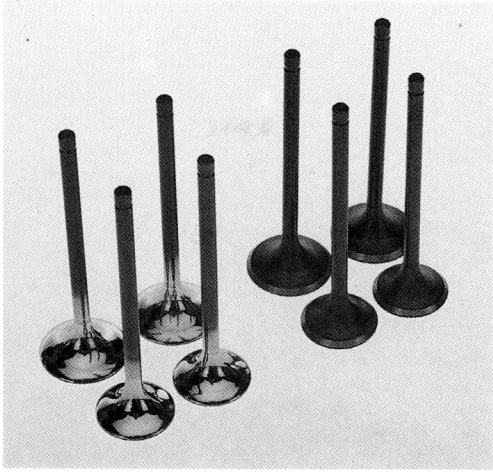

Blanke Teller: Die hochglanzpolierten Triumph-Ventile mit geglätteten Übergängen zu den Sitzen sind nicht nur strömungsgünstiger, sondern auch weniger empfindlich gegen Verbrennungsrückstände als die Serienteile.

stets genannt wird, nicht spontan bereit erklärt hätte, seine ganz spezielle Variante des RS 750 R-Triebwerks mit 998 cm³ Hubraum für die Replica und damit für dieses Buch zur Verfügung zu stellen.

Der 998er von Eckert bestand seine Feuertaufe bereits 1985 bei zahlreichen Superbike-Rennen und stellte damals seine Leistungsfähigkeit mit Nachdruck unter Beweis. Runde 150 PS bescheinigte der Prüfstand dem V4, allemal genug, um in Verbindung mit dem anvisierten Gewicht von etwa 200 Kilogramm selbst den stärksten aktuellen Big Bikes auf und davon zu fahren.

Nocken on heaven's door: Die Werks-Nockenwellen aus Hinckley (links) versprechen mit 9,5 Millimetern Hub himmlische Füllung bei hohen Drehzahlen.

Daß es sich bei den Tuningteilen für den Triumph-Drilling nicht um reinrassige Rennsportteile handelte, wird an den Steuerzeiten am einfachsten sichtbar. Beim Standard-Triebwerk öffnen die Einlaßventile über 251 und die Auslaßpartner über 256 Grad Kurbelwinkel, während die schärferen Nockenwellen sowohl einlaß- wie auslaßseitig auch nur über 262 Grad öffnen. Verglichen mit den Gesamtsteuerzeiten reinrassiger Rennmotoren, die teilweise bei über 280 Grad liegen, ist dies al-

Brenn-Elemente: Im Gegensatz zum unbearbeiteten Serien-Brennraum (links) setzt sich im polierten Pendant Ölkohle und Ruß nur schwer fest. Dasselbe gilt für die polierten Kanäle.

Zeigt Zähne: In den Zylinderköpfen der RS 750 R Replica drehen sich jeweils zwei Nockenwellen, die über Stirnräder angetrieben werden. Im Vergleich zum Serien-Motor der VF 1000 R sind die Nockenwellenräder aber nicht gegeneinander verspannt.

Rad ab: Die Nockenwellenräder RS 750 R sind zwischen Zahnkranz und Nabe gummiert. Die Gummierung dient als Torsionsdämpfung, damit die Zahnräder durch die ungleichförmige Belastung beim Nocken-Auf- und Abstieg nicht beschädigt werden.

Druck-Sache: Die Werks-Kolben (rechts) erhöhen die Verdichtung im Triumph-Dreizylinder von 10,6 auf 11,0 zu eins. Aufgrund des völlig anderen Kolbenrohlings konnte das Gewicht des Serienkolbens gehalten werden.

so recht zahm. Überraschenderweise fallen die Steuerwinkel des 998er-RS-Triebwerks noch einen Tick zahmer aus. Nur 250 Grad beträgt die Gesamtsteuerzeit.

Warum die kurzen Steuerzeiten hoher Spitzenleistung zunächst im Wege stehen, hat mehrere Gründe. In der Phase der Ventilüberschneidung, in der das Einlaßventil bereits geöffnet, das Auslaßventil aber noch nicht geschlossen ist, strömen die Abgase mit hoher Geschwindigkeit in das Auspuffsystem und erzeugen im Zylinder einen starken Unterdruck. Dadurch wird bereits träges Frischgas durch den Einlaßkanal gesaugt, obwohl sich der Kolben noch in der Aufwärtsbewegung befindet und dies eigentlich verhindern müßte. Bei diesem Prozeß werden große Frischgasanteile in den Auspuff gesaugt. Diese gehen aber nicht verloren, sondern werden durch den sich mittlerweile abwärts bewegenden Kolben und die reflektierte Abgaswelle wieder in den Brennraum zurückgeführt. Ein frühes Öffnen des Einlaßventils vor dem oberen Totpunkt und ein möglichst spätes Schließen des Auslaßventiles nach OT ist also wünschenswert, bedeutet zwangsläufig aber höhere Drehzahlen, um diesen Effekt zu erzielen. Und genau dies ist mit ein Grund, weshalb die Steuerzeiten unserer beiden Triebwerke nicht übertrieben lang ausfallen müssen: sie müssen nicht zwangsläufig hoch drehen, um die gesteckten Leistungsziele zu erreichen.

Genauso wichtig für hohe Leistung ist aber ein möglichst später Einlaßschluß. Ist die kinetische Energie des Frischgases groß genug, kann das Einlaßventil schließen, lange nachdem der Kolben den unteren Totpunkt erreicht hat. Dies ist nur bei hohen Drehzahlen der Fall, da langsames und somit energiearmes Frischgas vom aufwärts laufenden Kolben wieder in den Einlaßkanal zurückgeschoben würde. Lediglich fünf Grad bleibt das Einlaßventil beim getunten Dreizylinder länger geöffnet und verhindert damit ebenfalls eine drastische Verbesserung der Füllung bei extrem hohen Drehzahlen. Die Auslegung der Steuerzeiten

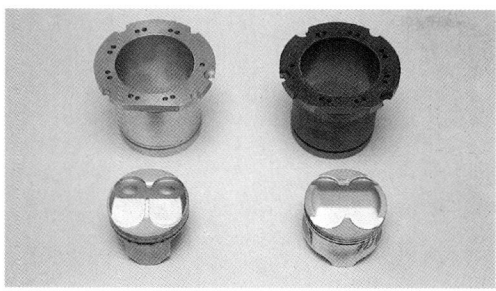

Leicht-Sinn: Die nikasil-beschichteten Aluminium-Laufbüchsen des 998er-Eckert-V4 (links) sparen gegenüber den Stahlbüchsen der VF 1000 R enorm viel Gewicht. Der Schmiedekolben von Mahle (links) ersetzt im Renn-Triebwerk das gegossene Serien-Teil (rechts).

ließ also von vorne herein immer noch ein Triebwerk mit viel Kraft im unteren Drehzahlbereich, keinesfalls aber einen nervösen Renn-Dreier erwarten. Zu höheren Erwartungen in Sachen Drehmoment berechtigte dementsprechend das RS-Triebwerk,

da dessen Steuerzeiten ja noch etwas zahmer und die montierten Vergaser sogar noch etwas kleiner sind.

Trotz dieser Rahmenbedingungen und des daraus zu erwartenden Drehzahlniveaus ging Otto Geppert bei der Bearbeitung der Ein- und Auslaßkanäle beim Triumph-Motor mit ungeheuerer Sorgfalt zu Werke. Akribisch stellte er glatte Übergänge zwischen den Ventilsitzen und dem Aluminiumguß der Kanäle her, achtete peinlich genau auf gleiche Querschnitte und verpaßte den Atemwegen mitsamt serienmäßigen Ventilen (Einlaß 30 mm/Auslaß 26 mm) eine Politur vom feinsten. Um einen besonders guten Verbrennungsablauf und möglichst geringe Ablagerungen von Ölkohle sicherzustellen, wurden auch die Brennräume des Drillings hochglanzpoliert. Wer aber wollte einem wirklich guten Tuner sein Pflichtbewußtsein ankreiden?

Keinen Deut nachlässiger fiel wegen der

Steuerzeiten-Diagramm Werks-Nockenwellen
(Gemessen bei 1,0 mm Ventilhub)

OT

EÖ 27 Grad v.OT

AS 28 Grad n.OT

ES 55 Grad n.UT

AÖ 54 Grad v.UT

UT

Geschärft: Die Werks-Nockenwellen der Triumph öffnen sowohl ein- wie auslaßseitig über 262 Grad Kurbelwinkel und bewirken unter anderem eine längere Überschneidungszeit.

Steuerzeiten-Diagramm Standard-Nockenwellen
(Gemessen bei 1,0 mm Ventilhub)

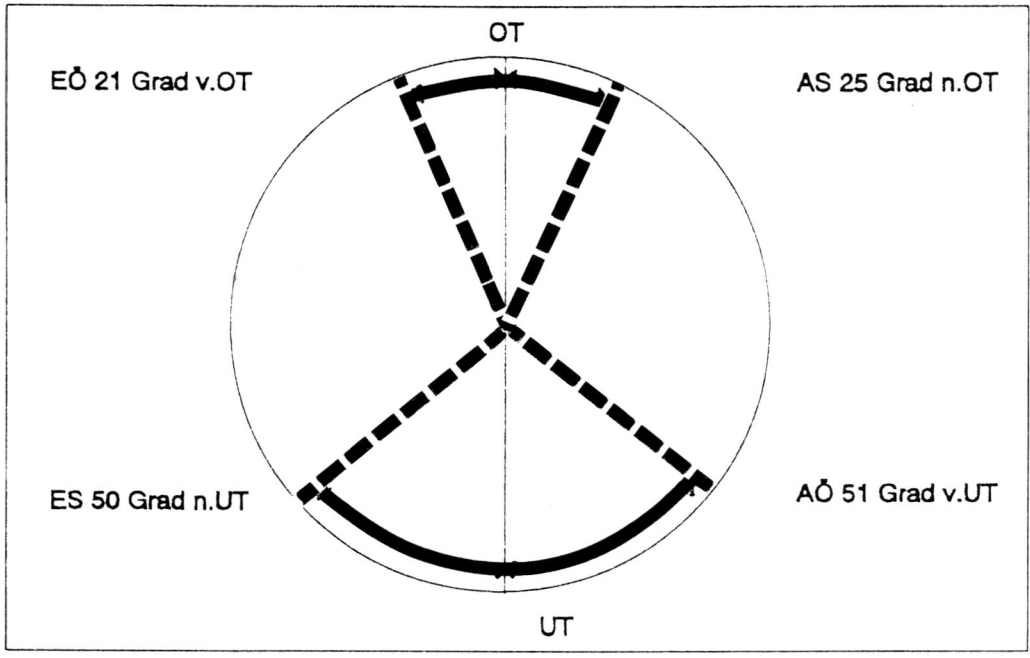

Gezähmt: Die Standard-Nockenwellen des Drillings, wie sie in den Modellen Trophy 900 und Daytona 900 eingebaut sind, öffnen einlaßseitig über 256 und auslaßseitig über 251 Grad Kurbelwinkel.

Ventilerhebungskurven
(Ventilhub über Kurbelwinkel)

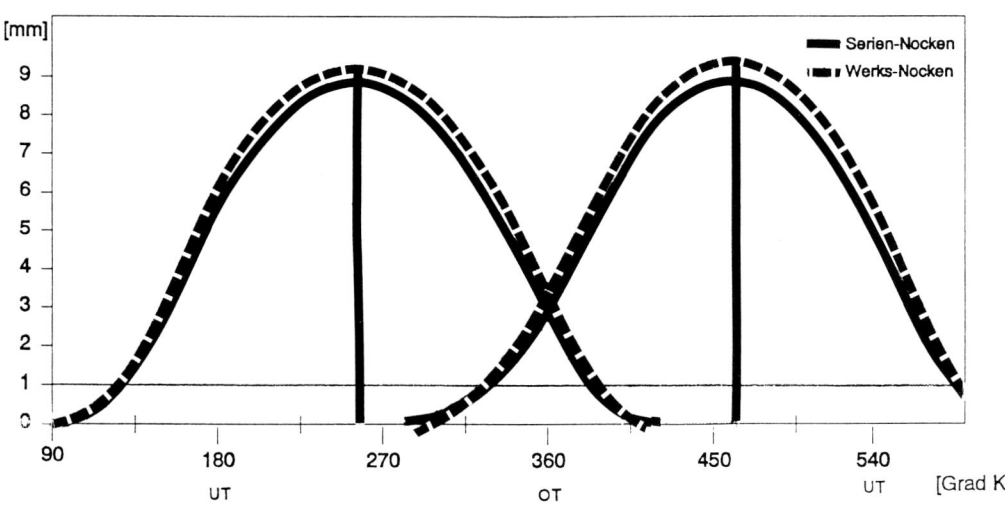

Aufgemacht: Die deutliche Anhebung des Ventilhubes im Drilling sorgt für größere Öffnungsquerschnitte der Ventile über den gesamten Bereich. Die mäßig lange Überschneidung wurde von 46 Grad auf immer noch moderate 55 Grad Kurbelwinkel angehoben.

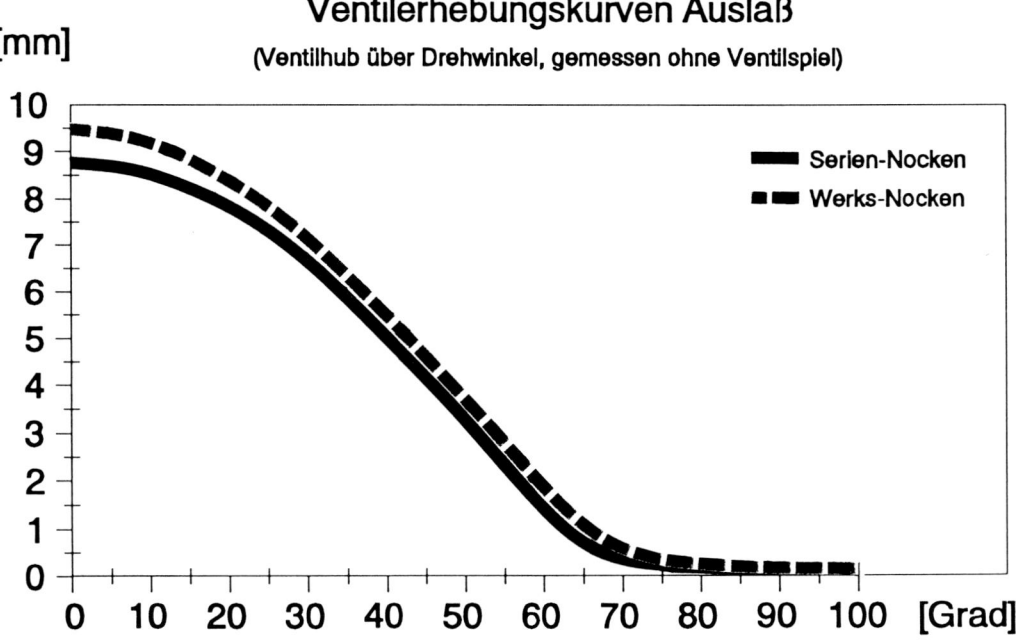

Ventilerhebungskurven Auslaß
(Ventilhub über Drehwinkel, gemessen ohne Ventilspiel)

Angehoben: Die Betrachtung des Ventilhubes über dem Drehwinkel der Nockenwelle verschafft ein gutes Bild über die tatsächlich geänderte Gestaltung der Nockenform der Werks-Nockenwellen. Die Anhebung des Hubes ist beachtlich.

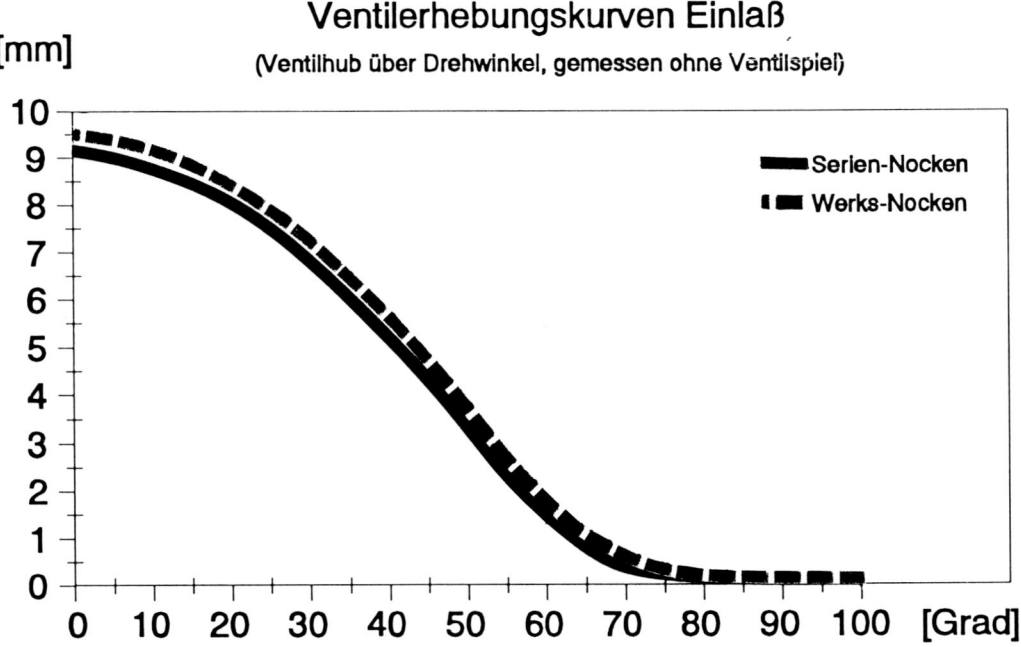

Ventilerhebungskurven Einlaß
(Ventilhub über Drehwinkel, gemessen ohne Ventilspiel)

Ruhe bitte: Die massive Ausgleichswelle könnte man sich im Triumph-Motor eigentlich sparen. Dank 120 Grad Kurbelwellenversatz liefe er selbst ohne das schwere Teil noch ausreichend ruhig.

Glanzleistung: Die Stahl-Pleuel des lightweight-Trieblings wurden zur Vermeidung von Dauer-brüchen durch die gestiegenen Belastungen sorgfältig hochglanzpoliert.

zu erwartenden Strömungsverluste die Be-arbeitung der Eckert-Zylinderköpfe aus. Die vier Ein- und Auslaßkanäle wurden zunächst akribisch mit Fräsern und Lamel-lenschleifern bearbeitet, bevor sie mit fein-stem Schleifleinen und Polierpaste das end-

gültige Hochglanzfinish erhielten – um so wichtiger, da der Motor auf Drehzahlen ausgelegt war.

Wichtiger als die Kanalpolitur war für den Dreizylinder aus Hinckley sicherlich der Einbau der höher verdichtenden Kol-

New Wave: Durch den Einbau der Mahle-Kolben und der leichteren Titan-Pleuel wurde eine Anpassung der Kurbelwellen-Wuchtung am Eckert-Triebwerk nötig. Die Meistergewichte im Vordergrund verkörpern die Masse von Kolben und Pleuel und ermöglichen, auf die Hubzapfen geschraubt, das Wuchten der Kurbelwelle über Ausgleichsbohrungen.

Schwarzer Peter: Die Serien-Zündbox ist schuld an der niedrigen Drehzahlgrenze des Dreiers und wurde durch ein Versuchsexemplar aus Hinckley ersetzt.

ben, die das Frischgas nunmehr auf 11 anstatt 10,6 komprimieren und damit für eine energiereichere Verbrennung sorgen. Geschmiedete Mahlekolben bilden das entsprechende Pendant im RS-Triebwerk, die die serienmäßigen Honda-Gußkolben im Verdichtungsverhältnis (ca. 1:12) deutlich übertreffen. Gleichfalls zur Sicherstellung eines wirksamen und kontrollierten Verbrennungsablaufs wurden die Kolbenböden – vor allem im Bereich der Ventilta-

schen – sorgsam nachgearbeitet, so daß kein scharfer Grat Strömung und Verbrennung beeinflußt.

Die eine oder andere Triumph-Pferdestärke versprach auch ein Wechsel der Vergaserbatterie. Die serienmäßige Anlage mit 36 Millimeter großen Gleichdruckvergasern wich 40 Millimeter großen Mikuni-Flachschiebern, Manfred Brune aus Telgte stellte sie leihweise zur Verfügung. Ein besserer Füllungsgrad bei hohen Drehzahlen war ja nicht über die Steuerzeiten, wohl aber über die freien Ventilquerschnitte zu erwarten, denn die Nockenwellen wiesen immerhin 9,5 Millimeter gegenüber 9,042 mm (Einlaß) und 8,814 mm (Auslaß) an maximalem Ventilhub auf, und Otto Geppert hatte die Einlaßkanäle auf 40 mm Durchlaß erweitert.

Der RS-Motor erhielt aus Gründen der Originalität Gleichdruck-Vergaser. Die Serien-Zerstäuber der VF 1000 R mit 36 Millimetern Durchlaß, im Bereich der Ansaugtrichter nachgearbeitet und hochglanzpoliert, nahmen den Platz der sündhaft teuren Magnesium-Carbs ein. Der HRC-Werksmotor wurde üblicherweise mit 34 Millimeter großen Keihin-Gleichdruckvergasern aus Magnesium bestückt, doch die waren für unsere Replika nirgends mehr aufzutreiben. Mit Ventilhüben von ein- wie auslaß-

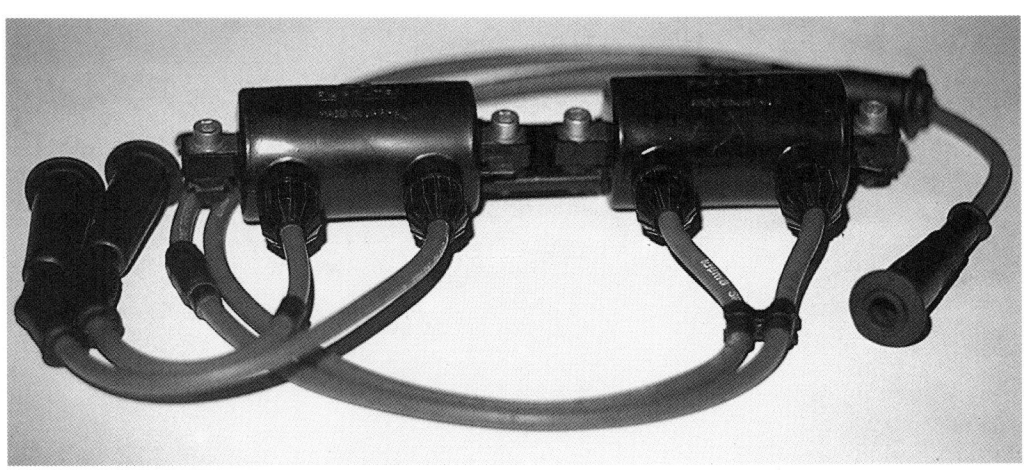

Nimm zwei: Der V4 der RS 750 R Replica verfügt über je eine Doppelzündspule pro Zylinderpaar. Die roten, hochflexiblen Silikon-Zündkabel stammen aus dem Zubehörhandel und sind sehr empfehlenswert.

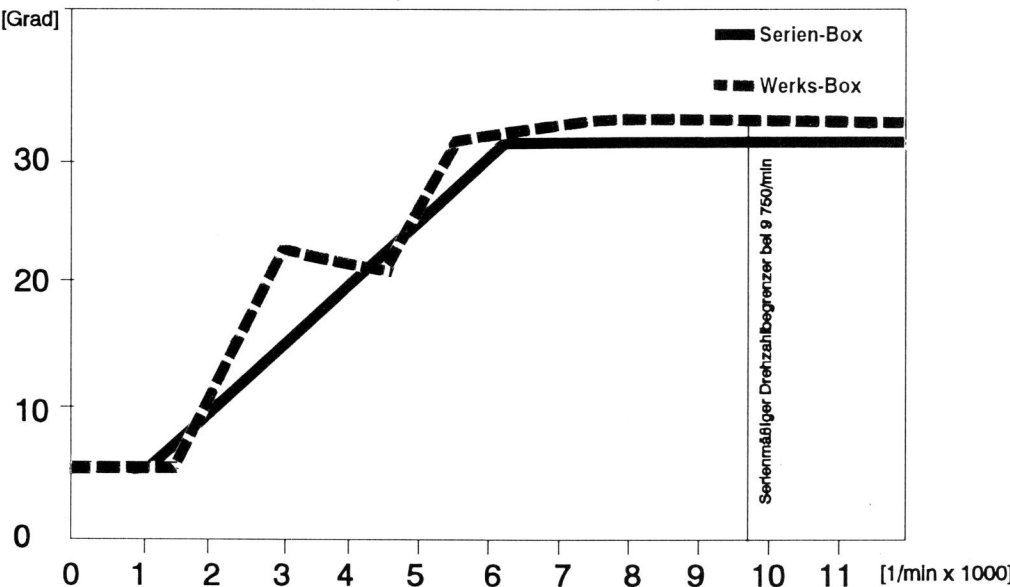

Zündverstellkurve
(Zündzeitpunkt vor OT über Drehzahl)

Unbegrenzt: Die geänderte Werks-Zündbox der Triumph trägt mit dem früheren Zündzeitpunkt der gestiegenen Verdichtung und des angehobenen Drehzahlniveaus Rechnung.

seitig 10,0 Millimetern sind die freien Ventilquerschnitte trotz der vergleichsweise moderaten Steuerzeiten mehr als üppig und würden selbst die Montage noch etwas größerer Vergaser verkraften.

Fünfstelligen Drehzahlen des Triumph-Motors stehen aber nicht etwa die möglicherweise zu moderaten Steuerzeiten entgegen, sondern die Zündung. Bei 9750/min wird der Zündfunke beim Serienmotor unterbrochen – er dreht nicht mehr weiter. Beim ersten Prüfstandslauf erklomm die Leistungskurve auch prompt dort ihren Gipfel. Mit einer Blackbox ohne Drehzahlbegrenzer (aus dem Super III-Kit) und einem um drei Grad zurückgenommenen Zündzeitpunkt als Folge des gestiegenen Drehzahlniveaus und der höheren Verdichtung war dieses Hindernis aber rasch beseitigt.

Nichts zu kritteln gibt es in dieser Hinsicht hingegen an der HRC-Zündung, wie sie im RS-Motor eingebaut ist. Lediglich der gänzlich fehlende Drehzahlbegrenzer sorgte bei den ersten Rennen 1985 hin und wie-

der für Kopf-Salat. Sprang Peter Rubatto nämlich mal ein Gang heraus, drehte der V4 schlagartig hoch und verbog sämtliche Ventile, die den auf und ab schwirrenden Kolben irgendwie im Wege standen. Entsprechend sorgfältig will das Triebwerk bei zukünftigen Ausfahrten denn auch behandelt werden, und sicherheitshalber warnt dann noch ein Aufkleber über dem Tachometer »Ja nicht verschalten – sonst wird's arg teuer!«.

Denn teuer – wir reden über mehrere zigtausend Mark – ist ein Eckert-RS-Triebwerk allemal. Allein die vier HRC-Nockenwellen und die Mahlekolben wären noch bezahlbar, aber die aus Aluminium-Vollmaterial gedrehten und mit einer Nikasil-Beschichtung versehenen Laufbüchsen, die Eckert seinerzeit als Ersatz für die schweren Stahlgußteile des VF 1000 R-Serientriebwerks konstruierte, sind für Normalsterbliche unerschwinglich. Genauso übrigens wie die große HRC-Magnesium-Ölwanne, die in sich eine Doppelölpumpe verbirgt. Zwei Ölpumpen entwickelte HRC damals

Trio terrible: Die serienmäßigen 36 Millimeter-Gleichdruck-Vergaser von Mikuni genügen in der Serien-Triumph zwar den Ansprüchen, stehen hoher Spitzenleistung aber im Wege. Vorteile bieten sie lediglich im Hinblick auf die Durchzugskraft bei niedrigen Drehzahlen.

deshalb, um zu verhindern, daß durch das Panschen im Ölsumpf möglicherweise Luft angesaugt und im Öl eingeschlossen wird, was den Öldruck sinken läßt. Als Vorsichtsmaßnahme erhielt die Ölwanne deshalb ein Schott, das sie in zwei Kammern teilt. In die erste Kammer fließt das verbrauchte Öl zurück und wird von Pumpe eins über den Ölkühler in Kammer zwei gefördert. So besteht in Kammer zwei stets ein ausreichender Ölvorrat, aus dem Pumpe zwei an die Lagerstellen fördern kann. »Halbtrockensumpfschmierung« hieß das seinerzeit in

Trio infernal: Die drei Flachschieber-Vergaser von Mikuni mit 40 Millimetern Durchlaß bringen Mehrleistung und ein spontaneres Ansprechverhalten. Im unteren und mittleren Drehzahlbereich reichern Beschleunigerpumpen das Gemisch zusätzlich an.

der Endurance-Szene, da Pumpe eins in der Förderleistung stärker ausgelegt ist als Pumpe zwei, überschüssiges Öl aus dem Sumpf ständig absaugt und durch den Ölkühler in die Kammer von Pumpe zwei fördert. Der Ölsumpf bleibt also ständig trocken – daher der Name.

Da, wie schon gesagt, astronomische Drehzahlen kein Ziel waren, blieb der Kurbeltrieb der Triumph lightweight 900 im Serienzustand. Lediglich die Pleuel wurden, um Dauerbrüche zu vermeiden, auf Hochglanz poliert.

Wie sich bei frühen Motorentests des RS-V4 herausstellte, sind die Serienpleuel der VF 1000 R dem Ansturm der RS-Kräfte nicht gewachsen und segnen beizeiten das Zeitliche. Abhilfe schafften unter diesen Bedingungen nur hochfeste Titanpleuel, die stabiler und trotzdem leichter sind. Um die Gewichtsdifferenz der Titanpleuel in Verbindung mit den Mahlekolben gegenüber den Serienteilen auszugleichen, blieb nur die Möglichkeit, die Kurbelwelle leichter zu machen. Gerade Arbeiten an Kurbelwellen sind äußerst diffizil, denn üblicherweise erhält man kein Zahlenmaterial über die Berechnungen vom Werk. Dann bleibt nur der Weg zu speziellen Kurbelwellenschmieden. Die sind in der Lage, für die geänderten Gewichtsverhältnisse entsprechende Änderungswerte zu berechnen. Diese Änderungswerte fließen dann in die sogenannten Meistergewichte ein. Sie simulieren die Masse von Pleuel und Kolben und erlauben, auf den Hubzapfen montiert, das nachträgliche Wuchten durch Anbringen von Erleichterungsbohrungen an den richtigen Stellen. Wie schon gesagt: eine Arbeit für Spezialisten – aber beim RS-Triebwerk unumgänglich.

Ebenfalls unumgänglich war bei diesem Motor das Herunterschleifen des linken Kurbelwellenstumpfes, dessen Konus an die kleine leichte Endurance-Lichtmaschine des 750er RS-Motors angepaßt werden mußte. Dieses Unterfangen ist eine Aufgabe für einen Spezialbetrieb und für Hobby-Edelbiker nicht durchzuführen. Er wird an-

Sieb-Druck-Technik: Die sündhaft teuren und wunderschön gearbeiteten 34 Millimeter-Gleichdruck-Vergaser der RS 750 R stammen von Keihin. Kleine Siebe auf den Ansaugtrichtern verhindern, daß sich der edle V4 an aufgewirbelten Kieselsteinen verschluckt.

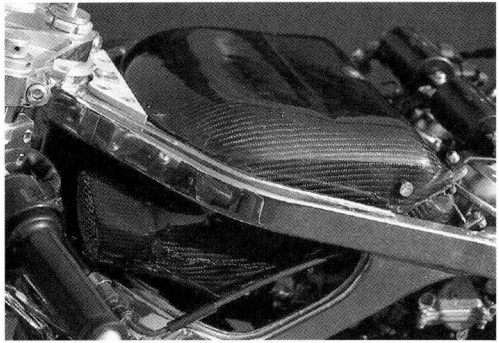

Luft-Kur: Die voluminöse Carbon-Airbox der RS 750 R Replica stellt den überarbeiteten 36ern aus der VF 1000 R beruhigte Luft bereit. Selbst die Ansaugwanne der Vergaserbatterie ist aus Gewichtsgründen aus hochfestem Kohle-Kevlar-Laminat gefertigt.

Rohr-Post: Die 3-in-1-Auspuffanlage der Triumph lightweight 900 spart zwar viel Gewicht, sorgt aber gerade im unteren und mittleren Drehzahlbereich für Leistungsverluste, da sich die Zylinder in der Überschneidungsphase gegenseitig beeinflussen.

Flüstertüte: Der Remus-Endschalldämpfer arbeitet nach dem Resorptions-Prinzip. Das bedeutet, daß es sich um eine Kombination aus Absorptionsdämpfer (Steinwolle) und Reflexionsdämpfer (Kammern und Prallbleche) handelt.

dererseits auch kaum jemals in diese Verlegenheit kommen.

Dagegen profitiert jeder Hobby-Tuner von der Verbesserung der Motorkühlung, zumindest sofern er sich nicht mit einem Triumph-Dreizylinder beschäftigt. Denn der ist thermisch ein kerngesunder Bursche, wohl auch deshalb, weil er bereits serienmäßig mit einem ausreichend großen Wasserkühler und einem zusätzlichen Ölkühler ausgestattet wurde.

Die V4-Motoren von Honda – zumindest jene der ersten Generation – waren in dieser Hinsicht aber stets verbesserungsfähig. Deshalb ersetzten wir den kleinen oberen Wasserkühler der VF 1000 R durch den etwas größeren der VF 1000 F2 und schalteten zwischen Ölfilter und Motorgehäuse einen Zwischenring, der den Anschluß eines Ölkühlers erlaubt. Optimal war diese Konstruktion aber keineswegs. Die bessere,

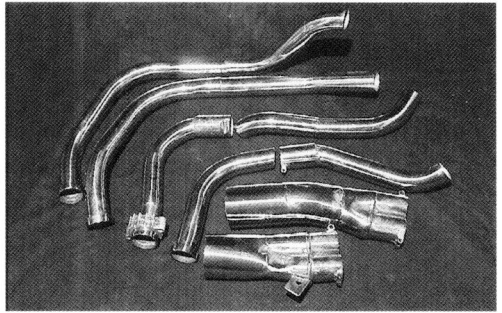

Krumme Touren: bei den vier Krümmern der Replica-Auspuffanlage war die Einhaltung gleicher Rohrlängen eine wichtige Forderung. Die Montage von Krümmern und Sammelstücken erfolgt mittels angeschweißter Muffen mit Schraubklemmungen. Der unter der Sitzbank liegende Schalldämpfer für das hintere Zylinderpaar mußte wegen des Rahmenhecks ausgeschnitten und umgeschweißt werden.

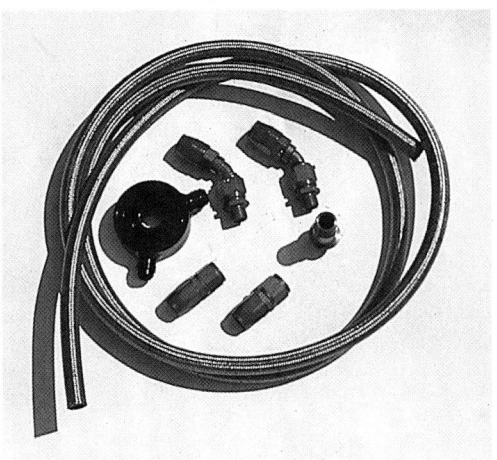

Schlauch-Los: Für den Zusatz-Ölkühler, wie er in der ersten Version an der RS 750 R Replica verwendet wurde, schalteten wir einen Zwischenring mit zwei Anschlüssen in den Hauptstrom zwischen Ölfilter und Motorgehäuse. Die edelstahlummantelte Hochdruckleitung sowie die eloxierten Aluminiumanschlüsse sind standardisierte und handelsübliche Montageteile.

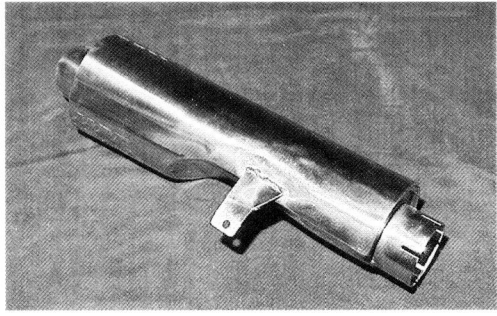

einem Drehzahlanstieg von 13 Prozent. Erreicht allerdings ohne Luftfilter und mit offenem Schalldämpfer, ohne jegliche Chance beim TÜV. Etwa 115 PS wurden mit Luftfilter und damit für den Betrieb auf der Straße realisiert.

weil direktere Lösung, bot die Verwendung der erwähnten Doppelölpumpe samt Magnesiumölwanne mit den beiden Ölkühleranschlüssen.

Kaum unproblematischer als mit der Kühlung verhält es sich bei V4-Triebwerken mit der Motorentlüftung. Sinnvoll ist es, mit zwei Abscheidebehältern zu fahren und – wie im Falle des RS-Triebwerkes – das ausgeblasene Öl über eine zentrisch zur Kurbelwelle angeordnete Zulaufbohrung wieder seinem Kreislauf zuzuführen.

Die Stunde der Wahrheit schlug dann auf dem Prüfstand. Nach sorgfältigem Zusammenbau durfte zunächst der flotte Dreier aus England zeigen, was das sanfte Tuning gebracht hatte: maximal 117 PS bei 10 400/min. Verglichen mit den 103 PS bei 9200/min des Serientriebwerkes ein Leistungsplus von immerhin 13,5 Prozent bei

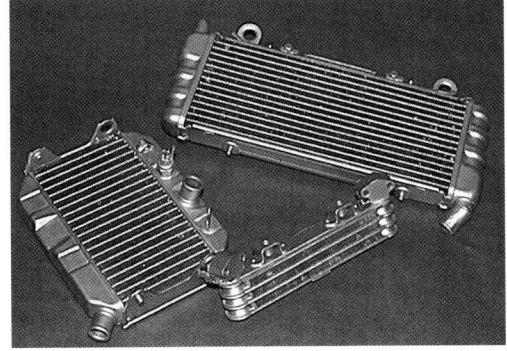

Cool bleiben: Zwei große Wasserkühler sowie ein kleiner Ölkühler sorgen sich in der RS 750 R Replica um den Temperatur-Haushalt des V4. Für den harten Rennbetrieb müßte allerdings die Wärmekapazität der beiden Wasserkühler nochmals gesteigert werden.

Abgeschieden: Die Motor-Entlüftung der RS 750 R Replica führt zuerst in einen Vor-Abscheider. Ein weiterer großer Endabscheider soll verhindern, daß zur Schmierung notwendiges Motorenöl bei Vollastbetrieb abgeblasen wird. Die Rückführung des abgeschiedenen Öls erfolgt über eine zentrale Bohrung im Lichtmaschinendeckel.

Doppelt gepumpt hält besser: Die Doppel-Ölpumpe des HRC-Triebwerks fördert von der Rücklaufkammer Öl in die Versorgungskammer der Magnesium-Ölwanne. Von dort fördert die zweite Pumpe das Schmiermittel an die Lagerstellen im Motor. Da sich in der Versorgungskammer ständig genug Öl befindet, kann niemals Luft angesaugt werden.

Als größte Hemmschwelle bei der Prüfstandsarbeit entpuppte sich die 3-in-1-Auspuffanlage. Zwar spart sie viel Gewicht, verhindert aber gerade im unteren Drehzahlbereich wirkungsvoll einen stetigen Leistungs- und Drehmomentverlauf. Selbst mit viel Abstimmungsarbeit wird mit einer 3-in-1-Auspuffanlage kaum das Leistungsbild der serienmäßigen 3-in-2-Anlage zu erreichen sein, denn die direkte Zusammenführung aller drei Krümmer bewirkt aufgrund des 120 Grad-Versatzes der Hubzapfen, daß sich ein gerade ausblasender und ein sich in der Überschneidungsphase befindlicher Zylinder gegenseitig stören. Zudem fehlt es dem System gehörig an Volumen, was bei ordnungsgemäßer Schalldämpfung zwangsläufig zu mehr Staudruck und damit zu Leistungseinbußen führt. Kein Wunder also, daß sich Triumph auch beim Modelljahrgang '94 nicht zu einer 3-in-1-Auspuffanlage durchringen konnte. Man weiß in Hinckley um dieses Problem und will keineswegs eine drastische Beschneidung der Midrange-Power hinnehmen.

Für unser Projekt macht die 3-in-1 aber dennoch Sinn. Sie bietet geringfügig mehr Bodenfreiheit als das Original und ist leich-

ter. Außerdem: »Who cares below 6000 on the race track?«, wen interessiert auf der Rennstrecke, was sich unter 6000/min abspielt.

Mit der Antwort auf diese Frage könnte zweifellos das RS-Triebwerk aufwarten, denn es schickt bereits ab 2000/min soviel Leistung über das HRC-Renngetriebe mit fünf Gängen zum Hinterrad, daß man meinen könnte, der Rennmotor sei zum schaltfaulen Fahren und nicht zum Siegen gebaut. Und dabei ist gerade die Abstimmung eines V4-Motors in Bezug auf ein homogenes Leistungsband keine Kleinigkeit. Bei der damals verwendeten 4-in-2-Auspuffanlage legten die Ingenieure allergrößten Wert auf eine gleichmäßige Entsorgung der vier Zylinder. In der Praxis hieß dies vor allem absolut gleiche Krümmerlängen, nur so ließ sich ein homogenes Schwingungsverhalten in den Auslaßsystemen erzielen. Wozu ungleiche Krümmerlängen in der Regel führen, beweisen zahlreiche Hersteller von Nachrüstanlagen immer wieder.

Der Motor verliert zwar meist nur wenig Spitzenleistung, leidet aber gerade im mittleren Drehzahlbereich an Atemnot. Auf großartige Experimente wurde bei der Herstellung der Replica-Anlage daher verzichtet, sie orientierte sich im wesentlichen an den Abmessungen von HRC.

Bei moderaten 10 250/min leistet das von Roland Eckert mit solch immensem Aufwand getunte Aggregat nun 148 PS und produziert bei 9800/min ein maximales Drehmoment von 102 Nm. Genug, um auch heute noch im Glied der Tausender zu bestehen. Allerdings aufgrund des geänderten Reglements nicht mehr bei internationalen Rennen, sondern höchstens noch in der Rallye-DM. Oder einfach »just for fun« sonntags auf der Nordschleife. Dort ist die edle Eckert-Technik am besten aufgehoben.

Aufladung und Lachgas-Einspritzung

Der Viertakt-Saugmotor ist nach wie vor die verbreitetste Antriebsquelle für Motorräder. Die kräftigste Leistungsvariante dieser Motorenbauart ist der aufgeladene und zusätzlich mit einer Lachgaseinspritzung versehene Viertakter.

Der Turbolader nutzt die Abgas-Energie

Die Leistung eines Motors steht in einem bestimmten Verhältnis zur Verbrennungsluftmenge. Je mehr Luft pro Zeiteinheit zusammen mit der entsprechenden Treibstoffmenge in den Zylinder gelangt, desto höher ist die Leistung. Diese Steigerung der Gemischmenge kann durch eine Erhöhung des Hubraums, eine Anhebung der Drehzahl oder eben durch eine Aufladung erfolgen.

Das etablierteste Prinzip zur Aufladung bietet der Abgas-Turbolader. Erfunden vom

schweizer Ingenieur Alfred Büchi anno 1905, werden die Auspuffgase in ein Turbinengehäuse geschickt, wo sie mit ihrer Energie ein Turbinenrad antreiben. Auf der gleichen Welle befindet sich das Verdichterrad, das mit einer Drehzahl von bis zu 150 000/min Frischluft ansaugt und in vorverdichtetem Zustand in die Brennräume schickt. Betrachtet man die Energiebilanz eines Viertaktmotors, so leuchtet die Nutzung der Abgasenergie besonders leicht ein, denn zirka 30 Prozent der Kraftstoffenergie fließen ungenutzt in die Auspuffgase.

Grundsätzlich kann jeder Motor mit einer Turbo-Aufladung ausgerüstet werden, doch sind dabei einige technische Besonderheiten zu beachten. So zum Beispiel, daß der durch die Turbine aufgebaute Ladedruck erst bei hoher Motordrehzahl voll zur Verfügung steht, und das Turbinenrad aufgrund seiner Trägheit nicht sonderlich spontan auf Gaswechsel und damit auf Drehzahländerungen des Motors reagieren kann. Dementsprechend produzieren Turbo-Motoren besonders im unteren Drehzahlbereich relativ wenig Leistung und geringes Drehmoment. Außerdem reagieren diese Triebwerke mit einer gewissen Verzögerung auf die Befehle der Gashand – bestens bekannt unter dem Namen »Turbo-Loch«.

Alle diese technischen Schwierigkeiten konnten die Ingenieure in den Entwicklungsabteilungen der Automobil-Hersteller mittlerweile aber lösen. Der Leistungs- und Drehmomentschwäche begegneten sie mit einer relativ hohen Grundverdichtung. Der damit verbundenen Klopf-Gefahr, also unkontrollierter Verbrennung bei hoher Drehzahl, traten sie mit dem Bypass-Ventil entgegen. Dies entläßt bei Erreichen des festgelegten Maximal-Ladedrucks die überschüssigen Abgase ins Freie. Die verzögerte Gasannahme wurde mit relativ hoher Grundverdichtung und geringem Ladedruck ebenfalls wirkungsvoll ausgemerzt. Zudem kümmern sich kennfeldgesteuerte Zünd-Einspritzsysteme um die optimale Gemischbildung sowie den korrekten

Gedopt: Fritz W. Egli hob die Leistung des Kawasaki Z 900-Motors der MRD 1-Rekordmaschine mittels Turbo-Aufladung und Lachgas-Einspritzung von 82 auf über 300 PS an.

Zündzeitpunkt bei der jeweiligen Drehzahl.

Im Motorrad-Serienbau gab die Turbo-Technik nur ein kurzes Gastspiel anfangs der 80er Jahre. Etablieren konnte sie sich schließlich nur bei Dragstern und Rekord-

Heiß: Die vier Auspuffkrümmer werden früh zusammengeführt und das Sammelrohr geht zum Turbolader hinter den Zylindern. Der Bypass öffnet bei Erreichen des maximalen Ladedrucks.

maschinen. Da gerade bei diesen beiden Maschinentypen nur der Vollastbetrieb von Bedeutung ist, gestalten sich die verwendeten Turbo-Systeme denn auch recht einfach. Die Grundverdichtung (5 bis 7) ist relativ niedrig gewählt, und der Ladedruck zugunsten maximaler Spitzenleistung entsprechend hoch (1 bis 1,5 bar). Auf diese Weise gelang es beispielsweise Fritz W. Egli, den Zweiventil-Motor der Kawasaki Z 900 in Verbindung mit einer Hubraumerhöhung von serienmäßigen 82 PS auf gut 230 PS Leistung zu hieven.

Für die notwendige Standfestigkeit sorgten verstärkte Motor-Innereien wie Kolben, Ventile, Pleuel sowie Getrieberäder und Kupplung. Spezielle Aufmerksamkeit schenkte Egli der Ölversorgung sowie der Kühlung mittels einer Zusatz-Ölpumpe, da das Triebwerk thermisch extrem hoch belastet ist. Ein Bypass-Ventil verhindert ein zu hohes Ansteigen des Ladedrucks.

Gas-Fabrik: Nur ein Vergaser speist das Turbo-Triebwerk. Vorteile liegen in der einfacheren Bauart, vor allem jedoch in der leichteren Abstimmung.

Zur Flasche gegriffen: Die Lachgas-Einspritzung verhilft dem getunten Kawasaki-Vierzylinder zu 70 Mehr-PS. Die Unterbringung im Sitzbankhöcker ist spektakulär und praxisnah zugleich.

Lachgas als Sauerstoff- und Energieträger

Eine preiswerte und äußerst wirkungsvolle Art der Leistungssteigerung ist die Einspritzung von NO2, im Volksmund kurz Lachgas genannt. Fritz W. Egli hob die Leistung seines mittels Turbolader getunten Kawasaki-Triebwerks durch die Lachgaseinspritzung nochmals um gut 70 auf nunmehr über 300 PS an. Um es aber vorweg zu nehmen: Die für 1500 bis 2000 Mark im Zubehörhandel für Serienmaschinen erhältlichen Kits bieten zwar die Möglichkeit, die Leistung beispielsweise einer offenen Suzuki GSX-R 1100 von 136 auf stramme 191 PS zu steigern, doch hält die Mechanik des Triebwerks diesen Streß nicht lange aus. Bastelarbeiten auf diesem Gebiet sind also nicht zu empfehlen, obwohl die Technik, die hinter der Lachgas-Einspritzung steckt, fasziniert.

Lachgas ist weder brennbar noch explosiv. Trotzdem ist es in der Lage, dem Motor unter bestimmten Bedingungen zu mehr Leistung zu verhelfen. Im Vergleich zu herkömmlicher Luft enthält Lachgas etwa 50 Prozent mehr Sauerstoff. Da es diesen Sauerstoff, der ja bekanntlich die Verbrennung unterhält, auch bereitwillig abgibt, eignet sich die Einspritzung von Lachgas zusammen mit Benzin direkt in die Saugrohre zur Verabreichung von mehr zündfähigem Gemisch. Notwendig, um Lachgas für den Einspritzvorgang verwenden zu können, ist, daß es in flüssiger Form vorliegt. Mit hohem Druck in eine Stahlflasche gefüllt, verflüssigt es sich und eignet sich damit für diesen Zweck.

Die Vorteile der Lachgas-Einspritzung liegen im einfachen Einbau. In die Ansaug-

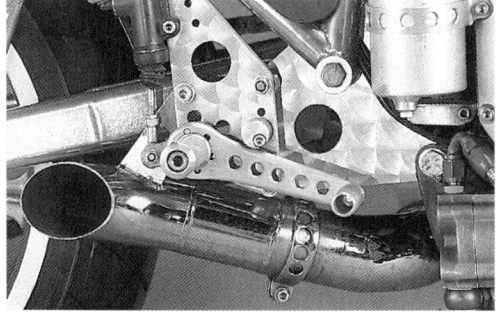

Flammendes Inferno: Durch ein Flammrohr gelangt das Abgas ins Freie. Lodernde Stichflammen bei Gaswechsel gaben dem Utensil vor vielen Jahren seinen Namen.

Pump-Station: Eine zusätzliche Ölpumpe fördert das Schmiermittel zu den besonders beanspruchten Lagerstellen. Außerdem kühlt das Öl den thermisch hoch belasteten Zylinderkopf.

stutzen müssen lediglich die Einspritzdüsen installiert werden, zu denen Zuleitungen für Benzin und Lachgas verlegt werden. Den Zustrom der beiden Stoffe regeln zwei über einen Schalter elektrisch angesteuerte Magnetventile. Wird der Schalter betätigt, erfolgt die Einspritzung des Gemischs in die Ansaugkanäle.

In der Einfachheit der Funktion liegen denn auch die Nachteile des Systems. Da die Einspritzmenge nicht dosierbar ist, gilt die Devise »alles oder nichts«. Entsprechend eignet sich diese Art der Leistungssteigerung nur für Rekordfahrzeuge – speziell für Dragster. Bei ihnen spielt die kurze Brenndauer von etwa 50 Sekunden – dann ist die Lachgasflasche leer – keine Rolle. Für den 400 Meter-Dragstrip, die Quartermile, reichen den stärksten, über 400 PS kräftigen Exemplaren nämlich weniger als sechs Sekunden.

Meßtechnik

Erfolgreiches Tuning setzt nicht nur kreatives Arbeiten und das handwerkliche saubere Umsetzen der Grundregeln der Leistungssteigerung voraus, sondern ebenso die sorgsame Bestandsaufnahme und Vorbereitung aller Motorteile vor der Montage. Dieser Grundsatz gilt im übrigen nicht nur für neue, getunte Triebwerke, sondern gleichfalls für die Revision gebrauchter Ag-

gregate. Im folgenden wird deshalb ein kurzer Überblick über die wichtigsten Meß-Arbeiten an Motoren sowie über die dafür benötigten Werkzeuge gegeben.

Die verschiedenen Bemaßungen der Motor-Innereien entnimmt man einer fundierten Reparaturanleitung oder fragt beim Importeur oder Hersteller nach.

Von herausragender Bedeutung für hohe Motorleistung ist der technisch einwandfreie Zustand des Zylinderkopfes. Um maximale Verdichtung zu erreichen, müssen alle Ventile dicht schließen. Überprüft wird dies bei abgebautem Zylinderkopf und eingebauten Ventilen, indem Benzin in die Ein- und Auslaßkanäle gefüllt wird. Läuft innerhalb von fünf Minuten Benzin in den Brennraum, so ist eine Nacharbeit erforderlich. Entweder sind die Ventilsitze nachzufräsen (Phasenwinkel des Herstellers beachten) oder aber genügt simples Einschleifen. Dies ist abhängig von eventuellen Einbränden sowie der Sitzbreite. Mit einer Schiebelehre (1/100) läßt sich die Sitzbreite einfach bestimmen. Gleichfalls gute Dienste leistet dieses Meßwerkzeug auch bei der Bestimmung von Federlängen oder der Dicke der Kupplungsreibscheiben. Nach sorgfältigem Entfernen von Dichtungsresten ist der Zylinderkopf zudem auf Verzug zu prüfen. Am einfachsten geschieht dies

Meß-Diener: Eine gute Schiebelehre mit 1/100 Millimeter Genauigkeit ist das wichtigste Meßwerkzeug. Hier wird die Breite der Ventilsitze eines gebrauchten Motors bestimmt.

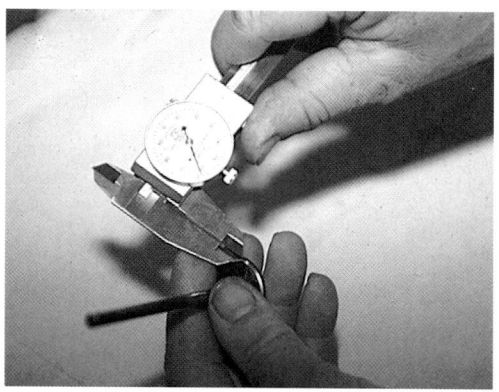

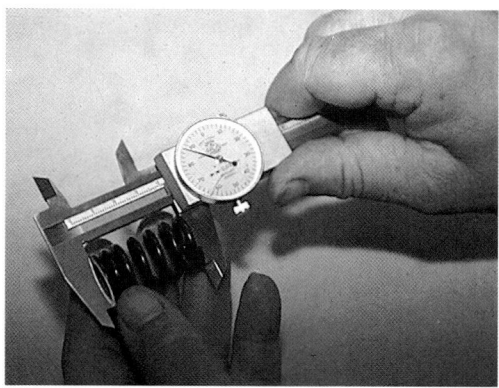

Total breit: Die Breite der Sitzfläche läßt sich auch an den Ventilen einfach mit einer Schiebelehre bestimmen. Nacharbeiten sind Einschleifen oder Nachfräsen.

Gesetzt: Die Länge von Ventil- und Kupplungsfedern ermitteln wir ebenfalls mit der Schiebelehre. Gesetzte Federn werden ausgetauscht.

mit einem Haar-Lineal, das, senkrecht auf der Dichtfläche angelegt, Unebenheiten schnell aufdeckt. Von ebenso großer Wichtigkeit für die Leistung eines Motors ist der Zustand von Kolben und Zylinder. Die an-

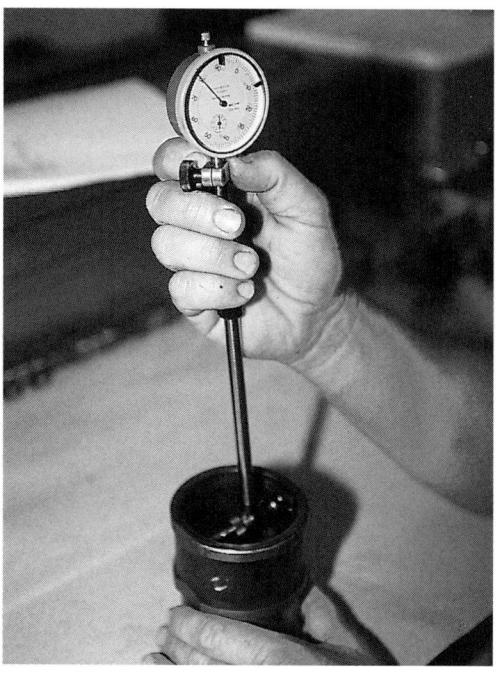

Reinhalten: Mit der Innen-Meßuhr wird die Zylinderbohrung bestimmt. Eine Ovalität von 1/100 Millimeter ist tolerierbar.

gegebenen Stoß- und Nutenspiele der Kolbenringe werden wie der Elektrodenabstand einer Zündkerze mit Fühlerlehren ermittelt. Die Qualität einer Zylinderlaufbuchse stellt man mit einer Innen-Meßuhr fest. Gemäß einer Faustregel kann eine Ovalität der Laufbuchse von etwa einem Hundertstel Millimeter toleriert werden. Wird dieser Wert deutlich überschritten, ist Nachhonen empfehlenswert. Ebenso wichtig ist die Qualität des dazugehörenden Kolbens. Ist das Kolbenhemd frei von Laufspuren und Riefen, kann mit der Mikrometerschraube der Kolbendurchmesser ermittelt werden. Den genauen Meßpunkt entnimmt man dem Motorhandbuch. Als Kolbenspiel bezeichnet man die Differenz zwischen gemessener Zylinderbohrung und dem Kolbendurchmesser.

Nicht minder exakt müssen die Gleitlager auf korrektes Spiel überprüft werden. Die Profis im Motorenbau arbeiten in diesem Fall stets mit einer Innen-Meßuhr zur Bestimmung der Lagerdurchmesser – beispielsweise der Kurbelwellenlager – und ermitteln mit der Mikrometerschraube den Durchmesser des Lagerzapfens. Analog zu Kolben und Zylinder berechnet sich das Lagerspiel aus der Differenz der beiden Meßwerte. Nicht ganz so genau, aber für den Alltagsmotor allemal ausreichend, ist

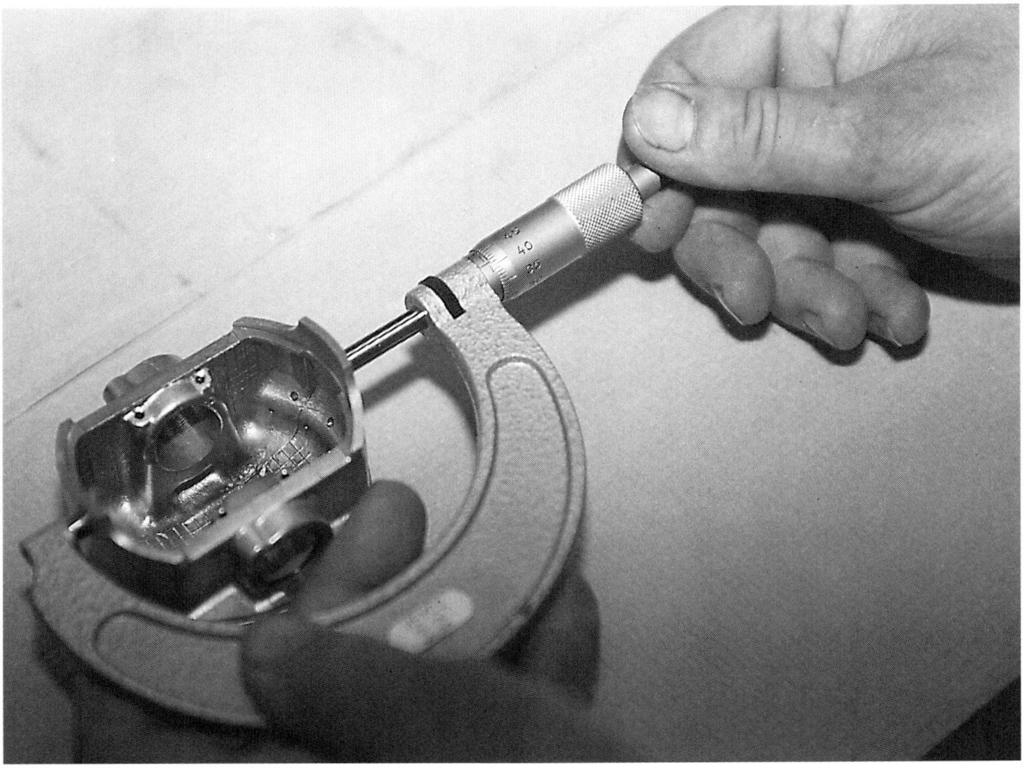

Kolben-Spiel: Der Kolbendurchmesser wird mit der Mikrometerschraube ermittelt. Eine Arbeit, die viel Gefühl erfordert.

die Bestimmung der Lagerspiele mit Plastik-Gauge. Dies sind kleine Plastikstreifen, die axial auf den Lagerzapfen gelegt werden. Dann montiert man das Gehäuse samt Lagerschalen mit den vorgeschriebenen Drehmomenten und zerlegt es wieder. Durch den Druck wurde der Plastikstreifen platt gedrückt. Eine mitgelieferte Skala ermöglicht durch den Abgleich mit der Breite des Plastikstreifens die Ermittlung des Lagerspiels. Auf diese Weise sind die Lagerungen von Kurbelwelle, Pleuel und Nockenwellen überprüfbar.

Noch ein Stück weiter reicht die Meßtechnik im Rennmotorenbau. Dort steht die Minimierung der Innenreibung weit oben im Lastenheft und erfordert gerade auf dem Gebiet der Gleitlagerungen häufig Nacharbeiten. Beispielsweise werden dort noch die Kurbelwellenlager auf exakte Flucht überprüft und die Lagersitze gegebenen-

falls nachgearbeitet. Außerdem bestimmen die Techniker an Rennmotoren die Zahn-

Leichtes Spiel: Gleitlagerspiele lassen sich einfach mit Plastik-Gauge ermitteln. Profis arbeiten aber auch hier mit Meßwerkzeugen.

flankenspiele, beispielsweise an Steuerrädern für Nockenwellenantriebe, um selbst bei extremen Drehzahlen exakte Steuerzeiten zu gewährleisten.

Alle diese Arbeiten erfordern neben teuren Meßwerkzeugen vor allem Erfahrung. Neulinge auf diesem Gebiet sollten sich deshalb am besten einmal von einem sachkundigen Mechaniker in Ruhe einweisen lassen. Allein der Umgang mit der Mikrometerschraube ist reine Gefühlssache und will gelernt sein, und das Sammelsurium an Einsatzstücken für die Innen-Meßuhr hat schon manch Motivierten nachhaltig abgeschreckt.

Zweifellos aber ist richtiges Messen einer der Schlüssel zum Erfolg beim Aufbau eines Edelbikes. Wer A sagt und sich für Motortuning entscheidet, muß zwangsläufig B sagen und sich stark mit der Meßtechnik auseinandersetzen. Denn nichts ist gefährlicher (und teurer!), als Motoren »pi mal Daumen« aufzubauen, und das ist schlichtweg – Schlamperei.

Moko-Harley-Davidson 1340 – Born in the USA

Eine Harley-Davidson ist für viele Biker nicht einfach ein Motorrad. Nein, sie ist ihnen heilig. Und ganz egal wie eine Harley auch aussieht – Hauptsache der Knabe, der draufsitzt, ist ein ganz »Echter«. Einer, der weiß von was er spricht, wenn er über seinen V2 redet.

Gerd Schweppe hatte mit Harleys ungefähr soviel am Hut wie ein »echter« Harley-Biker mit einer Suzuki GSX-R 1100 – nämlich gar nichts. Zuwenig Leistung, keine Bodenfreiheit, übergewichtig und meist kaputt – das war Gerds Meinung über das »Denkmal« aus Milwaukee.

  Doch wie das Leben so spielt – die Zeiten ändern sich. Auch er wurde vom Harley-Boom der letzten Jahre durch ständige Nachfragen der Kundschaft doch in den

Bann gezogen. Also fing er an, auf der Basis eines schweizerischen Moko-Zentralrohrfahrwerks einmal eine ganz andere, eine supersportliche Harley auf die Räder zu stellen. Wie man sieht, ist es ihm zweifellos gelungen. Der Motor fügt sich so harmonisch ins Chassis ein, als habe er schon immer dort hinein gehört. Und die selbst entworfenen Verkleidungsteile bedecken dankenswerterweise nur das Nötigste. Der Vergleich mit einer dürftig bekleideten Strandschönheit sei in diesem Falle einmal gestattet. Um mit dem für Harley-Verhältnisse 240 Kilogramm leichten V2 nicht nur sportlich dazustehen, sondern auch sportlich zu fahren, spendierte Schweppe polierte, nadelgelagerte und weit nach hinten gelegte Fußrasten und einen breiten Super-

Ihr großer V2-Motor erblickte in Milwaukee das Licht der Welt und verband sich in der Schweiz mit einem Zentralrohrfahrwerk. Gerd Schweppe, der deutsche Moko-Importeur, gab dem ganzen noch den perfekten Schliff.

bike-Lenker. Entsprechend ist denn auch die Sitzposition – sportlich, aber nicht unbequem.

Die Montage standesgemäßer und in Supersport-Kreisen längst üblicher Breitbereifung erlauben Dreispeichen-Leichtmetallräder mit lackiertem Radstern und angeschraubter, hochglanzpolierter Felgenschüssel. Vorne müht sich ein Pneu der Dimension 120/70-17 auf einer 3,5 Zoll-Felge um die Übertragung von Brems- und Führungskräften, hinten kontrolliert ein fetter 180/50-17Zöller auf einer 5,5 Zoll-Felge das Kräftespiel.

Dem Motor rückte Gerd Schweppe bis dato noch nicht zu Leibe, und so produziert dieser bislang lediglich die serienmäßig vom Werk versprochenen 57 PS. Doch angesichts der geballten Technik mit Sechskolbenzangen von Billet und hochverlegter Auspuffanlage mit Schalldämpfern unter der Sitzbank erwartet die Klientel natürlich zu Recht mehr. Motor-Tuning ist also ein unbedingtes Muß und, so Schweppe, auch bereits in Planung. Gesunde 80 PS verspricht der Westfale, und er will seiner Kundschaft in Zukunft einen entsprechenden Kit anbieten. Mit TÜV selbstverständlich. Dann soll die Post auf der Supersport-Harley richtig abgehen.

Sachlich begründete Vorteile hat der riesige V2 als Antriebsquelle für ein Superbike eigentlich nicht. Er ist ein träger Geselle – aber was soll's. Der Charakterdarsteller aus den USA hat dafür andere Qualitäten. Einen Schlag beispielsweise, wie ihn einfach kein anderer Motorradmotor produziert. Er dreht so niedrig, daß man die Zündungen beinahe zählen kann. Und obendrein liefert er ab Standgas verwertbare Leistung – mehr will ein Harley-Fahrer nur selten, weniger aber niemals.

Elektrische Anlage

Arbeitsmittel

Die meisten Bastler haben vor der Bordelektrik einen höllischen Respekt. An der Stammtischrunde wird von Kupferwürmern und Kabelbränden schwadroniert, nicht einer, der nicht irgendeine Horrorstory zum Besten gibt. Spätestens dann nimmt der kühne Schrauber Reißaus und vertraut Arbeiten an der elektrischen Anlage zukünftig der Fachwerkstatt an. Doch der Elektrolurch ist längst nicht so hinterhältig, die Motorrad-Elektrik ist nämlich alles andere als kompliziert und in ihrer Funktion leicht zu durchschauen. Schwierigkeiten rühren meist nur von ganz bestimmten Bauteilen her – und dies auch vorwiegend nur bei älteren Maschinen. Im folgenden soll deshalb nicht auf allzu spezielle elektrische Probleme eingegangen werden, sondern Grundlegendes zur Sprache kommen. Denn wer die Funktionsprinzipien kennt, weiß sich auch selbst zu helfen.

Um erfolgreich arbeiten zu können, ist auch hier eine gute technische Ausrüstung notwendig. Zur Herstellung solider Kabelverbindungen darf eine Kabelzange samt Kabelschuhen und Quetschverbindern nicht fehlen. Zu beachten sind in diesem Zusammenhang die verwendeten Leitungsquerschnitte. Üblich sind Kabeldimensionen von 1,0 und 1,5 mm². Für diese beiden Querschnitte sollte man sich einen erklecklichen Vorrat an Steck- und Quetschverbindungen zulegen. Beim Kauf ist allerdings unbedingt auf eine Vollisolierung zu achten, da teilisolierte Verbinder irgendwann garantiert den Kontakt zur Masse finden, was zum berüchtigten Kurzschluß führt. Für Leitungen, in denen extrem hohe Ströme fließen – beispielsweise für den Anlasser oder für die Hauptleitungen zur Batterie – werden deutlich höhere Querschnitte benötigt, aber auch dafür bietet der Fachhandel allerlei Verdrahtungszubehör an.

Unentbehrlich ist auch ein Lötkolben. Und hier gerät der Käufer schnell in die Klemme. Für filigrane Lötarbeiten – möglicherweise sogar an elektronischen Bauteilen – benötigt man nämlich ein recht

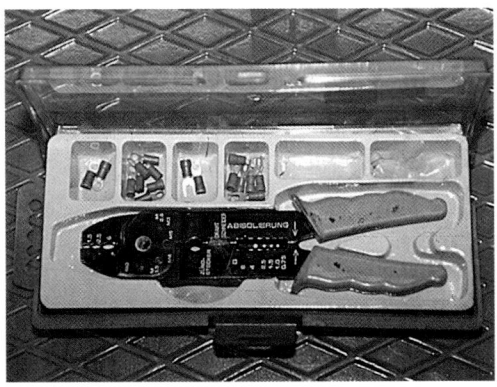

Verbindlich: Eine Kabelzange sowie ein Sortiment an Kabelschuhen und Quetschverbindern ist für Arbeiten an der Bordelektrik unentbehrlich.

Geregelt: Ein in der Leistung regelbarer Lötkolben ermöglicht sowohl filigrane Arbeiten an elektronischen Bauteilen als auch das Löten an dicken Kabelsträngen.

Kraft-Station: Ein in der Spannung umschaltbares Batterie-Ladegerät mit zusätzlicher Schnelllade- und Starthilfe-Einrichtung sollte in der Werkstatt nicht fehlen.

schwaches, zirka 15 bis 25 Watt starkes Exemplar, wohingegen für Lötarbeiten an dicken Anlasserleitungen oder Massekabeln ein leistungsfähiger 50 Watt-Kolben nützlich wäre. Die Hersteller wissen um dieses Problem und bieten deshalb in der Leistung regelbare Lötstationen an, die ein sehr breites Spektrum an Lötarbeiten ermöglichen. Diese regelbaren Geräte sind in jedem Falle zu empfehlen.

Dauerhafte Kabelbäume herzustellen, ist eine der wichtigsten Aufgaben. Dazu verwendet man am besten Buschierrohr, das es in verschiedenen Durchmessern zu kaufen gibt. Kürzere Kabelstränge und Abzweigungen lassen sich hervorragend mit Schrumpfschläuchen anfertigen. Das gute alte Isolierband sollte so sparsam wie möglich verwendet werden, da dessen Klebstoff durch die Abwärme des Motors zu fließen beginnt und die Umwicklung sich dann langsam aufzulösen beginnt. Für die Verlegung von Kabelsträngen am Rahmen eignen sich Kabelbinder am besten. Sie sind in vielen verschiedenen Farben und Längen erhältlich.

Unerläßlich zur Fehlerfahndung ist ein Multitester. Im Prinzip genügt ein preiswertes Gerät mit Volt-, Ampère- und Ohmmeter. Wer ein wenig mehr Geld ausgibt, kann zusätzlich Drehzahl- und Schließwinkel-

messungen für Arbeiten an der Zündanlage durchführen.

Heutzutage steht in nahezu jeder Garage ein Batterie-Ladegerät. Aber auch hier gibt es Unterschiede. So bietet der Fachhandel von sechs auf zwölf Volt umschaltbare Geräte und solche, die über eine Schnellade-Einrichtung mit höherem Ladestrom verfügen. Ausgesprochen leistungsfähig sind solche Ladegeräte mit einer Starthilfe-Einrichtung. Insbesondere wenn ein Motorrad lange nicht bewegt wurde, ist die Batterie mit dem Startvorgang oft überfordert und kann die Unterstützung durch das Starthilfegerät gut gebrauchen.

Apropos Batterie. Zwar sind im Fachhandel immer noch Batterien erhältlich, die regelmäßige Wartung durch Auffüllen destillierten Wassers benötigen, doch mehr und mehr setzen sich gerade bei Motorrädern völlig wartungsfreie Akkumulatoren durch. Sie werden lediglich beim Neukauf mit dem beigelegten Säurepack befüllt und benötigen danach keinerlei Pflege mehr.

Säure macht lustig: Wartungsfreie Akkumulatoren der neuen Generation werden direkt vor dem Einbau mit Säure befüllt und danach fest verschlossen.

Die Anordnung elektrischer Bauteile

Bordelektrik und Zahnarzt haben eines gemeinsam: man macht am liebsten einen weiten Bogen um sie herum. Dabei ist gerade eine appetitlich arrangierte Elektrik eine der Visitenkarten, die den Murkser vom Meister unterscheidet.

Doch bevor das Strippenziehen losgehen kann, sollte die Anordnung der elektrischen Bauteile überdacht werden. Normalerweise sind Teile wie Benzinpumpe (sofern vorhanden), Regler, Blinkgeber, diverse Relais, Anlaßmagnetschalter und Sicherungskasten im Rahmendreieck untergebracht, wo sie, durch die Sitzbank verdeckt, dem Blick verborgen bleiben. Edelbiker sind aber Exhibitionisten und stellen Technik zur Schau. Unsere Martin-Honda zum Beispiel gibt den Blick ins Rahmendreieck frei. Die attraktive Gestaltung der Elektrik versteht sich in so einem Fall also von selbst.

Optisch sehr gut wirkt, wenn die erwähnten Komponenten auf eine Carbonfaserplatte von etwa zwei Millimetern Dicke montiert werden. Ihre Herstellung ist, wie wir noch sehen werden, nicht weiter

Elektrik à la Carbonara: Die elektrischen Bauteile der Martin-Honda sind auf einer zwei Millimeter starken Carbonfaser-Platte in Schwingelementen gelagert.

schwierig. Lediglich mit einer Schicht Klarlack überzogen, gerät die vormals triste Elektrik so zum Blickfang.

Die Liebe zur Optik sollte allerdings dort enden, wo die Funktionalität beginnt. Betriebssicherheit und leichte Zugänglichkeit der Bauteile müssen gewährleistet sein. Wer wegen einer durchgebrannten Sicherung zunächst den kompletten Verkleidungszierrat abbauen muß, hat nicht genügend nachgedacht. Der Sicherungskasten gehört in einen vor Feuchtigkeit geschützten Platz im Cockpit, damit leicht an ihn heranzukommen ist.

Noch etwas zum Stichwort Feuchtigkeit: Die im Rahmendreieck untergebrachte elektrische Einheit muß natürlich gegen Spritzwasser vom Hinterrad einwandfrei abgeschirmt sein. Dies kann beispielsweise durch einen großen Innenkotflügel wie bei der Honda RS 750 R Replica erfolgen, oder durch eine sonstwie dichte Abschirmung zum Reifen hin. Gut geeignet sind auch Hinterradkotflügel, wie sie die meisten Sportmaschinen heute bereits serienmäßig besitzen. Jedenfalls gilt der einfache Grundsatz, daß sich eindringendes Wasser mit elektrischem Strom in den seltensten Fällen verträgt und daher unbedingt vermieden werden muß. Eine wasserdichte Abdeckung der Kontakte mit Gummimanschetten aus den Ersatzteilregalen der

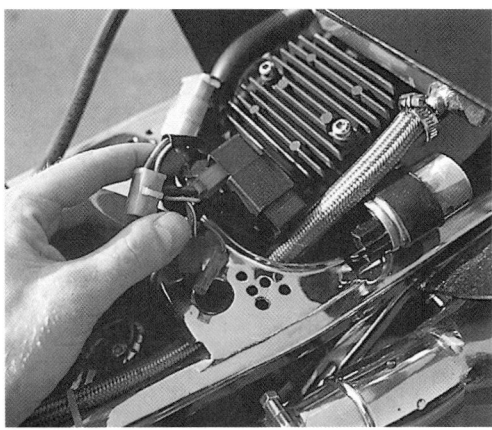

Total dicht: Die elektrischen Bauteile wie Zündelektronik, Batterie, Regler, diverse Relais sowie Benzinpumpe sind bei der RS 750 R Replica gut gegen Wasser abgeschirmt.

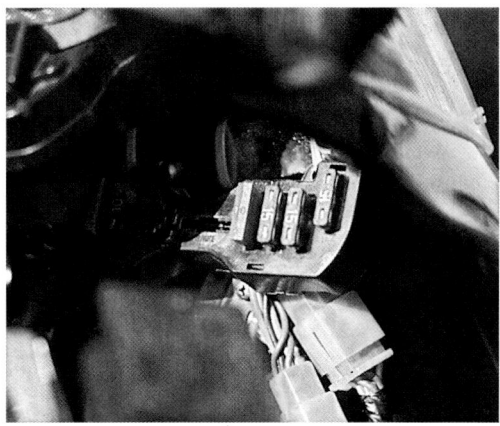

Aufgeräumt: Bei der Martin-Honda wurde der Sicherungskasten gut zugänglich und dennoch gegen Wasser geschützt in der Verkleidung untergebracht.

großen Motorradfirmen ist ebenso selbstverständlich. Die Montage von Relais, Zündsteuereinheiten, Reglern und Benzinpumpen darf zudem nie starr erfolgen, da diese Teile empfindlich auf starke Stöße reagieren. Eine Aufhängung in Gummielementen, wie sie in jedem Industriebedarfshandel zu bekommen sind, sollte daher selbstverständlich sein.

Wie gesagt: Die ungeliebte Bordelektrik verliert ihren Schrecken, sofern man einige wichtige Grundsätze beachtet und die notwendige handwerkliche Sorgfalt walten läßt. Doch das ist ja auch bei der Zahnpflege so.

Verlegung des Kabelbaumes

Gespickt mit reichlich Elektronik und entsprechend vielen Kabeln, empfiehlt sich der Selbstbau eines Kabelbaumes bei modernen Maschinen nicht mehr. Bei älteren Maschinen aus den siebziger Jahren kann das hingegen durchaus Sinn machen, ist aber eine aufwendige und komplizierte Arbeit. Edelbikers Normalfall dürfte dagegen der vielleicht modifizierte, aber ansonsten völlig serienmäßige Kabelbaum sein. Zu seiner Verlegung hier ein paar Tips.
Im Prinzip gilt das, was schon im vorange-

gangen Abschnitt erläutert wurde: optisch schön, dabei aber funktionell. In der Praxis ist der Kabelbaum am schönsten, den man nicht sieht. Bei der Installation bitte mögliche Scheuerstellen am Rahmen oder an anderen Bauteilen beachten und so verlegen, daß er nicht in die Nähe der Auspuffkrümmer gerät und zu schmoren anfängt.

Optisch befriedigen kann die Verlegung des Kabelbaumes auf der Innenseite der Rahmenrohre (Martin-Honda, RS 750 R Replica) ebenso wie unter dem Tank (Triumph). Die Befestigung am Rahmen erfolgt mit Kabelbindern, die es in nahezu jeder gewünschten Farbe beim Autoelektrikhandel zu kaufen gibt. Dauerhaften Schutz vor Durchscheuern bietet die Ummantelung mit Buschierrohr oder Schrumpfschlauch (gibts beides im Fachhandel). Das relativ starre Buschierrohr ist zwar häßlich, aber ungeheuer praktisch. Wesentlich gefälliger sieht die Ummantelung mit Schrumpfschlauch aus. Er wird einfach über die Kabel geschoben und mit der Flamme eines Feuerzeugs erhitzt. Durch die Hitze zieht er sich zusammen und schrumpft die Kabel ein, daher der Name. So schön die Arbeit mit diesem Material ist, so teuer ist sie. Ein Sortiment an verschieden dicken, etwa fünf Zentimeter langen Schrumpfschläuchen kostet etwa 80 Mark. Benötigt man längere Stücke, wird's sogar richtig teuer. Es empfiehlt sich daher kombiniertes Arbeiten mit

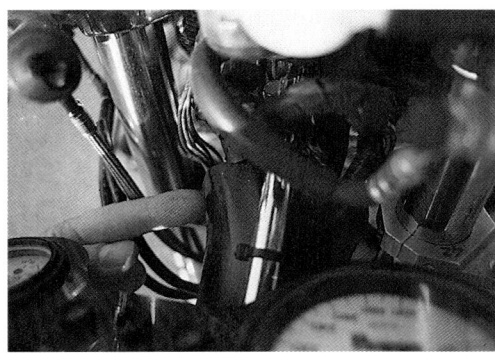

Versteckspiel: Die Luftzuführung der RS 750 R Replica zur Airbox beherbergt gleichzeitig die Kabelstränge von Instrumenten und Schaltereinheiten.

Sauber und geschützt: Optisch ansprechend durch weitgehend verborgene Verlegung und funktionell, da gut geschützt, präsentiert sich der Kabelbaum im RS-Heck.

dem wenige Mark teuren Buschierrohr und dem kostspieligen Schrumpfschlauch, der am besten für kleine Zuleitungen, Abzweigungen und wasserdicht abgeschlossene Kabelenden verwendet werden sollte.

Die Zuleitungen zu den verschiedenen elektrischen Bauteilen sollten schon möglichst exakt ausgemessen und beschnitten sein. Ein zu langes Kabel, das dann mehrfach verschlungen irgendwo als Kabelknoten festgezurrt wird, beleidigt das Auge und tut nicht nötig: Das Verlängern oder Verkürzen von Zuleitungen geschieht problemlos durch Heraustrennen oder Einsetzen von Kabelstücken (Farbe beachten!) mit dem Lötkolben und nachträglicher Ummantelung mit Schrumpfschlauch. Nur Murkser arbeiten mit Isolierband. Sinn macht dessen Verwendung nur an Abzweigungen, die mit Schrumpfschlauch oder Buschierrohr nicht geschützt werden können.

Kabelstränge, die in der Nähe großer Hitzequellen wie beispielsweise der Auspuffanlage verlegt sind, schützt man wirkungsvoll mit einer Ummantelung aus aluminiumbeschichtetem Auspuffband. Es ist nicht ganz einfach erhältlich. Die meisten Autozubehörfirmen müssen bei diesem Artikel passen. Spezielle Renndienste, wie sie vor allem bei den Motorradrennen zur Deutschen Straßenmeisterschaft in den Fahrerlagern präsent sind, führen dieses Utensil

jedoch in ihrem Sortiment. Ein Rennbesuch lohnt sich also auch unter praktischen Gesichtspunkten.

Zur richtigen Installation des Kabelbaumes gehört schließlich noch das Wissen um die Anschlüsse und den Stromfluß. In diesem Fall gilt ganz besonders: Studieren geht über Probieren, wer sich in den Schaltplan seiner Maschine vertieft, kann eigentlich nichts falsch machen.

Instrumente

Kopfzerbrechen bereitet vielen Edelbikern oft das Instrumentarium. Angeregt durch zahlreiche Beispiele namhafter Tuner und getrieben vom eigenen Veränderungsdrang entsteht der Wunsch nach etwas besonderem. Gerade selbstgebaute Instrumentenkonsolen entbehren aber oft der handwerklichen Perfektion und muten oft sehr improvisiert an. Hinter den Grund für diese Halbherzigkeit bin ich nie gekommen. Tatsache aber ist, daß in der Tuningbranche auf diesem Gebiet kaum etwas getan wird und der Edelbiker hier mit einfachen Mitteln erfolgreich den Hebel ansetzen kann.

Fallen die serienmäßigen Instrumente so schön gezeichnet und sinnvoll angeordnet wie bei der Triumph Trophy 900 aus, fällt es nicht schwer, sie einfach zu überneh-

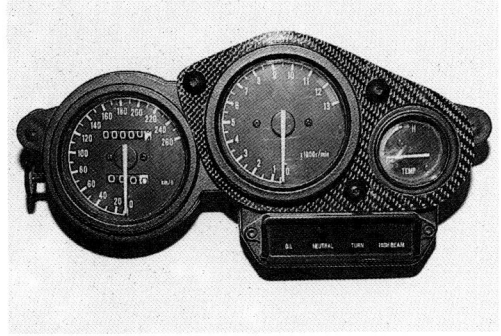

Einfach und doch edel: Mit einer Zierblende aus Carbonfaser sowie lackierten Nadeln erhielten die Yamaha-Instrumente für die Martin-Honda den letzten Schliff.

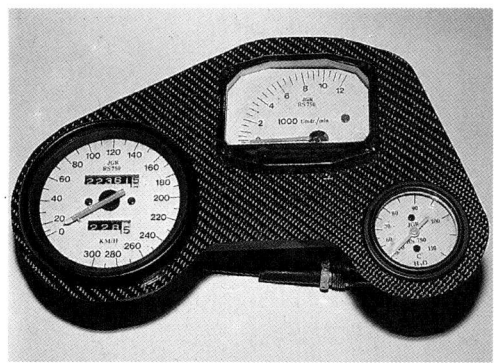

Rennsport-Flair: Die Zifferblätter des in eine Carbon-faser-Platte eingebetteten Zierhut-Tachos, des Krö-ber-Drehzahlmessers und der HRC-Wasseruhr wurden selbstgefertigt.

men. Problematisch hingegen wird es bei großen Instrumentenkästen wie jenen der Honda VF 1000 F2, wo alle Uhren in ein großes Gehäuse gestopft wurden. Das funktioniert zwar tadellos, wirkt aber klobig und wenig attraktiv. Ein Edelbike hat besseres verdient.

Die Martin-Honda VF 1000 F2 bekam die Instrumente der Yamaha FZR 600 spendiert. Die serienmäßige Schaumstoff-Ummantelung von Wasserthermometer und Drehzahlmesser wurde mit einer etwa ein Millimeter starken Carbonplatte überklebt, außerdem wurden die Zeiger mit gelber Farbe lackiert. Dieser einfache Umbau beansprucht etwa zwei Stunden Zeit, wirkt professionell und verleiht dem Cockpit durch das High-Tech-Material Carbon einen edlen Touch. Alle Anschlüsse samt Zentralstecker wurden von der Honda VF 1000 F2 übernommen und entsprechend an Drehzahlmesser und Thermometer angeschlossen. Zwar ist aufgrund der speziellen Auslegung der verschiedenen Thermometer auf bestimmte Temperaturgeber in der Regel eine entsprechende Anpassung erforderlich, in diesem Fall aber paßten Yamaha-Instrument und Honda-Geber einwandfrei zusammen. Der elektronische Drehzahlmesser dagegen ist meist problemlos zu verdrahten, da er seine Impulse von der Zündspule erhält.

Die Replika nimmt auch in diesem Fall eine Sonderstellung ein. Ein Zierhut-Tachometer, ein Kröber-Drehzahlmesser sowie ein HRC-Wasserthermometer wurden in eine Carbonplatte eingebettet. Die besondere Note erhält dieses rennmäßige Instrumentarium durch die selbstgefertigten Zifferblätter. Die Anfertigung der Zifferblätter ist denkbar einfach.

Nach der Demontage werden die Zifferblätter auf einem herkömmlichen Fotokopierer abgelichtet, am besten gleich mehrmals. Danach schleift man die Ziffernfläche mit 320er Naßschleifpapier matt und lackiert sie in der gewünschten Farbe. Nach dem Austrocknen werden die Skalen mit Hilfe von Kohlepapier von der Kopie auf die lackierte Zifferfläche übertragen. Jetzt erfolgt die Beschriftung mit Letraset-Buchstaben, wie es sie in vielen Größen und Schriftarten im Schreibwarengeschäft zu kaufen gibt. Danach erfolgt ein Überzug mit Klarlack – am besten seidenmatt wegen der Reflexwirkung bei Lichteinfall. Auf keinen Fall vergessen werden darf die Angabe der Einheiten km/h und U/min auf den Zifferblättern – der TÜV will dies so. Ebenso verlangt er eine funktionsfähige Beleuchtung der Instrumente. Da die meisten Instrumente heute durchsichtige Zifferblätter haben, muß eine indirekte Beleuchtung der Skala erfolgen. Deshalb empfiehlt es

Geht durch: Wenn serienmäßige Instrumente so schön gezeichnet sind wie bei der Triumph Trophy 900, taugen sie selbst für ein Edelbike vom Schlage der lightweight 900.

sich, das vorhandene Zifferblatt rundherum etwa um zwei Millimeter abzunehmen und zwei Glühbirnen in den Hintergrund zu setzen. Denn schließlich wollen wir ja auch bei Nachtfahrten etwas von unserer edlen Arbeit haben.

Fehlersuche

Im Zeitalter kennfeldgesteuerter Zündungen haben »Kupferwürmer« nicht mehr allzuviele Chancen – übrigens ebensowenig wie Edelbiker. Falls es dennoch zum Kollaps kommt, muß sich die Fehlersuche an modernen Zündsystemen zunächst auf die Kontrolle des Zündfunkens (Check mit herausgeschraubter Kerze an Masse) und der Zuleitungen für die Zündspulen (Check mit Prüflampe) beschränken. Wenn da nichts auftaucht, kann es eigentlich nur an der

Zündsteuereinheit liegen. Dann hilft nur der Weg zum Händler, der kann das High-Tech-Bauteil prüfen. Reparaturen an diesen Einheiten scheiden sowieso aus, es bleibt dann nur der teure Neukauf. Glücklicherweise sind diese Defekte aber sehr selten.

Schon häufiger harpert es an der Stromversorgung des gesamten Bordnetzes. Da können Kupferwürmer noch richtig wühlen, es kann eine ganze Reihe von Ursachen geben. In jedem Falle muß zuerst der Ladezustand der Batterie mit einem Voltmeter überprüft werden. Bringt der Akkumulator auch nach längerem Laden nicht seine volle Leistung (bei 12 Volt-Batterie zirka 13 Volt), liegt ein sogenannter Plattenschluß vor und die Batterie ist im Eimer.

Ist die Batterie zwar in Ordnung, aber das Motorrad bleibt nach kurzer Fahrstrecke (20 bis 60 km) liegen, befindet sich der Feh-

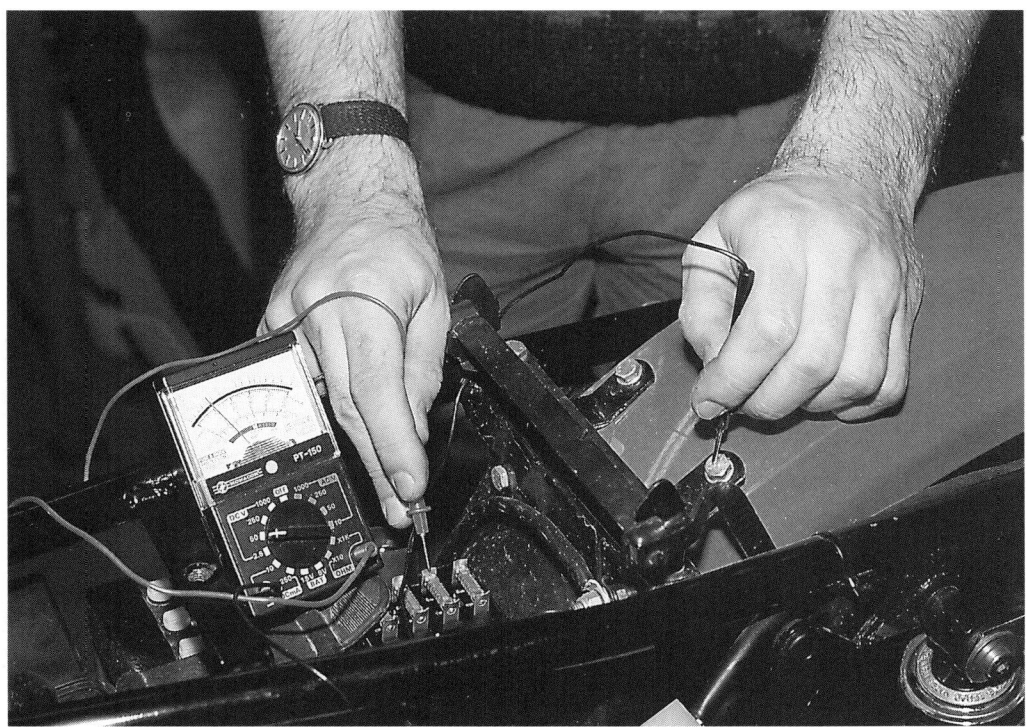

Such', Such': Mit dem Multitester lassen sich Spannungs-, Stromstärke- und Widerstandsmessungen präzise erledigen. Fehler grenzt man damit schnell und sicher ein.

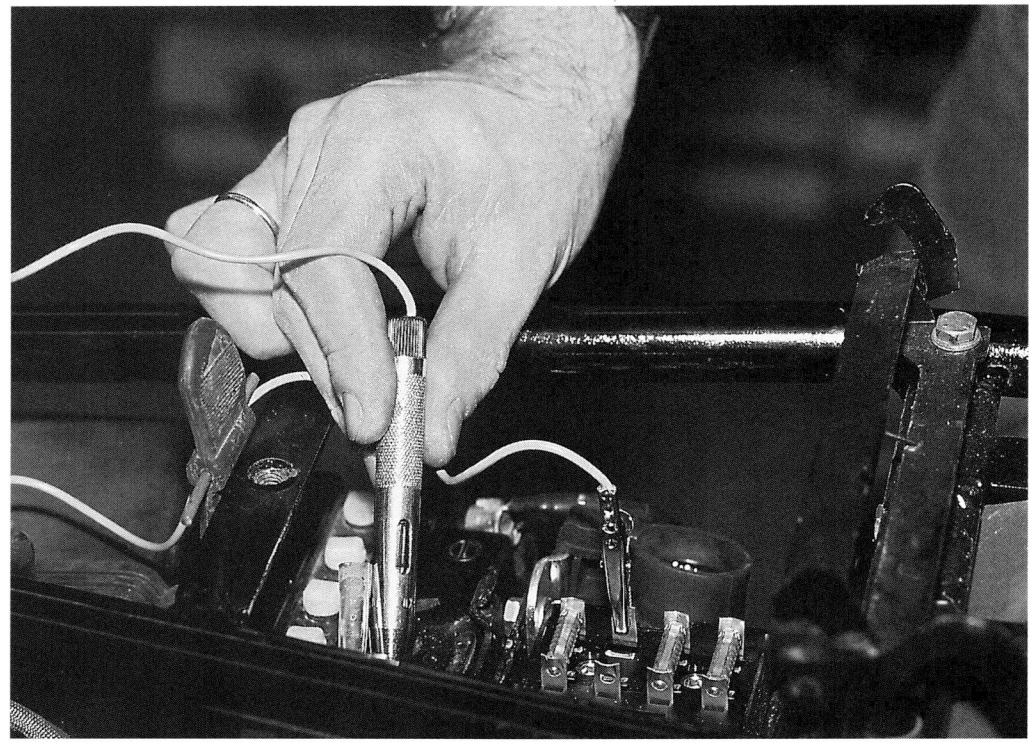

Meister Lampe: Die Prüflampe zeigt an, ob Spannung anliegt oder nicht. Sie ist ein einfach zu handhabender Helfer bei der Suche nach 'Kupferwürmern'.

ler meist im Regler der Lichtmaschine oder in der Lichtmaschine selbst. In diesem Fall muß der Ladestrom des Generators gemessen werden. Dazu schaltet man ein Ampèremeter in die Plusleitung der Batterie und mißt den Ladestrom in einem Meßbereich bis 10 A bei laufendem Motor. Zum Startvorgang muß das Ampèremeter aber unbedingt überbrückt werden, da es durch den hohen Anlasserstrom sonst möglicherweise zerstört würde. In einer ausführlichen Reparaturanleitung, die ich wärmstens empfehle, findet sich eine Tabelle mit den Stromstärken zu den jeweiligen Motordrehzahlen. Ergeben sich bei den Messungen Abweichungen von diesen Werten, ist entweder der Regler (Gleichrichter) oder die Lichtmaschine defekt. In jedem Falle rate ich dann, einen Fachbetrieb für Autoelektrik oder den ortsansässigen Fachhändler zu besuchen. Er ist in der

Lage, den Fehler an Regler oder Lichtmaschine schnell und zuverlässig zu finden und zu beheben. Eine weitere Ursache für einen Total-Ausfall kann eine durchgeschmorte Hauptsicherung sein. Sie befindet sich im Anlaß-Magnetschalter und ist einfach zu kontrollieren.

Meist sind es nicht solch komplizierte Fälle, die Sorge bereiten, sondern beispielsweise nur eine nicht funktionierende Rücklichtbirne. Die Fehlerdiagnose gestaltet sich dann einfach. Zunächst ist die Sicherung zu prüfen, möglicherweise ist auch nur die Glühwendel durchvibriert. Scheiden beide mögliche Ursachen aus, hilft ein Check mit der Prüflampe weiter. Parallel in die Zuleitungen geschaltet, muß sie brennen. Tut sie es, sind die Kontakte auf Korrossion zu untersuchen und gegebenenfalls mit etwas Schmirgelleinen abzuschleifen. Versehen mit ein wenig Kontaktspray, sollte das eigentlich genügen. Tut es das nicht, ist an der Zuleitung etwas faul. Dann hilft nur die zentimeterweise Leitungskontrolle auf schadhafte Stellen.

Bei unseren drei Maschinen hatten sich glücklicherweise keine Kupferwürmer eingenistet. Die saubere Vorbereitung und Montage sowie die fast ausschließliche Verwendung von Neuteilen hat ihnen wohl den Appetit verdorben.

Gaidosch-Honda GA 4 – Leicht und wild

»Eigentlich ist das Ganze keine umgebaute 400er Honda, sondern eine QAT-Gabel mit drangeschraubter CB 1«, weiß Bernhard Gaidosch, Honda-Händler und Edeltuner aus Aßlar all jenen mitzuteilen, die sein Motorrad treffsicher zu identifizieren glauben. Man kann eben alles von zwei Seiten betrachten: Motorrad mit Gabel oder Gabel mit Motorrad. Jedem wie es ihm gefällt.

Gaidosch, den PS-Lesern unter anderem durch Rainer Derleths Honda RC 30 aus PS 7/91 sowie aus dem Tuning-Spezial in Heft 10/92 bekannt, fährt leidenschaftlich gerne Motorradrennen in verschiedenen Klassen. Ob vor zwei Jahren als Sechzehnte unter PS-Flagge und damit bestes deutsches Team beim Bol d'Or oder so manches Wochenende im Jahr in der deutschen Motorrad-Rallye-Meisterschaft unterwegs – der Rennbazillus sitzt tief verwurzelt und spornt den engagierten Ingenieur immer wieder zu neuen Kreationen an. Wichtig war für ihn immer, daß der Motor dem

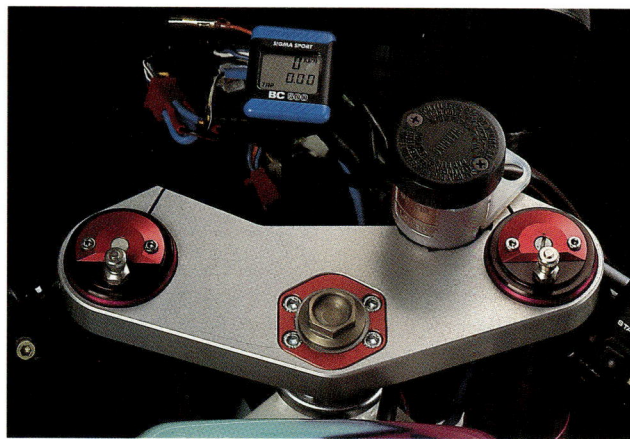

Da raucht's: Für knackige Rundenzeiten garnierte Bernhard Gaidosch eine Honda CB 1 mit allerfeinsten Fahrwerks- und Motor-Zutaten in zackigem Design.

Viertaktprinzip gehorcht und die um ihn herum gruppierte Technik den an sie gestellten Anforderungen bestmöglich nachkommt und – obendrein schön anzusehen ist. Speziell für seine liebste Freizeitbeschäftigung – den Rallye-Sport in der Klasse 2, in der 250er-Zweitakter gegen 400er-Viertakter antreten – schuf Techniker Gaidosch eine Viertakt-Vierhunderter, die es faustdick hinter den Zylindern hat, einfach »weil ich den schnellen Zweitakt-Hornissen das Feld nicht kampflos überlassen wollte«, wie er sagt.

Dazu beraubte er die in der Serienversion eher brave und biedere CB 1 der Luftpum-

pengabel und des schwächlichen Federbeines sowie der Felgen samt vorderer Bremsanlage. Hochwertigen und paßgenauen Ersatz fand er in keinem Zubehörkatalog, weshalb er einige Spezialanfertigungen in Auftrag geben mußte. PVM fertigte nach seinen Vorgaben einen Satz breitere Felgen, die passende Bereifung für schnelle Runden lieferte Metzeler.

Für nachhaltige Verzögerung des vollgetankt 169 Kilogramm leichten Renners sorgt eine PVM-Sechskolbenzange, die in eine schwimmend gelagerte Bremsscheibe vom selben Hersteller beißen darf. Bei Fahrwerksspezialist Benny Wilbers orderte

Bernhard Gaidosch ein in der Zugstufe einstellbares Federbein. Soweit alles nichts besonders aufregendes.

Den Vogel schoß Gaidosch allerdings
mit dem Einbau der etwa 10 000 Mark teuren QAT-Gabel ab. »Die mußte her. Erstens
weil sie gut funktioniert, zweitens weil sie
ein so wunderschönes Stück Technik dar-
stellt«, gerät Ästhet Gaidosch ob des teuren
Stückes ins Schwärmen. In der Tat ist eine
QAT-Gabel eine kleine Kostbarkeit auf
dem Fahrwerkssektor. Nicht nur, daß die
Dämpfungskräfte von Zug- und Druckstufe
separat einzustellen sind; sie sind zudem
schnellem und langsamem Ein- und Ausfedern über die Low- und Highspeed-Dämp-
fung anzupassen. Da bleiben keine Abstim-
mungswünsche offen. Die Oberfläche der
Tauchrohre des Upside-down-Elementes
sind überdies nicht lediglich feingeschlif-
fen, sondern – zur Verminderung der Reib-
werte – mit Harteloxal beschichtet. Kom-
plettiert wird das technische Kleinod durch
Einsätze in den Gabelbrücken, die eine Va-
riation des Lenkkopfwinkels und damit des
Nachlaufes und Radstandes erlauben. Werte – je nach Streckenanforderungen – zwischen 1350 und 1390 Millimetern Radstand kann Gaidosch auf diese Weise realisieren.

Angesichts dieser geballten Ladung Technik auf dem Fahrwerkssektor durfte der 399
Kubikzentimeter große Vierventil-Vierzy-
linder nicht hinten anstehen. Mittels erhöhter Verdichtung, bearbeiteten Ein- und Aus-
laßkanälen sowie Keihin-Flachschieber-
Vergasern entwickelt das kleine Triebwerk

nun muntere 68 PS bei 11 000/min. Allemal genug, um der einen oder anderen
250er oder 400er in der Rallye-DM das
Rücklicht zu zeigen.

Aus Gewichtsgründen entfernte der Edelschrauber die schweren Leichtmetallblen-
den unter der Sitzbank und beraubte die
Frontpartie des serienmäßigen Instrumenta-
riums. Einzige Informationsquelle für den
Fahrer ist seitdem ein kleiner, wenige
Gramm schwerer Tachometer mit Magnet-
abnehmer am Vorderrad, wie er sonst nur
an Fahrrädern Dienst tut. Eine Verkleidung
sparte sich Purist Gaidosch ebenfalls. Kärg-
lichen Windschutz bietet lediglich die kleine Startnummerntafel, die bei Rallye-Ver-
anstaltungen anstelle des Scheinwerfers
montiert wird. Sie ist – wie könnte es anders sein – nicht aus Aluminium oder
Weichplastik hergestellt, sondern aus teurem Kohlefaserlaminat gefertigt. Konsequente Gewichtsminimierung erforderte
weiterhin den Einsatz von eloxierten Aluminiumschrauben, wo immer es ging,
und auch die 4-in-1-Auspuffanlage von
Moriwaki spart einige Kilogramm gegenüber dem Original.

Im Rallye-Trimm zwar ohne Blinker unterwegs, trägt die GA 4, wie sich Gaidoschs
Edel-Vierhunderter nach der Umtypisie-
rung im Fahrzeugbrief nennt, doch den Segen des TÜV. Als Sahnehäubchen spendierte der Tuner seiner Kreation noch ein
außergewöhnliches Design, das wiederum
zwei Perspektiven zuläßt. Motorrad grün
oder Motorrad lila. Jedem wie es ihm gefällt.

Herstellung von Kunststoffteilen

Profi-Tip: Clemens Driesch

*Als Randy Mamola gegen Ende der Grand
Prix Saison 1990 in Brünn eine 500er Cagiva mit Carbon-Rahmen einsetzte, sorgte er
damit für gehöriges Aufsehen. Es war damals die zweite 500er nach der englischen
Heron-Suzuki aus dem Jahr 1985, deren
Fahrwerk aus dem leichten und gleichfalls
festen Werkstoff bestand.*

*Die Gründe, leichtes und einfach zu ver-
arbeitendes Aluminium dem Kohlefaser-
material aus der Raumfahrt zu opfern, liefert die Physik. Carbonfaser-verstärkter
Kunststoff (CFK) besteht aus einem mit
Epoxydharz getränktem Fasergewebe ähnlich glasfaser-verstärktem Kunststoff und
bietet bei nahezu halbem spezifischem Gewicht fast die dreifache Zugfestigkeit und
eine um 20 Prozent höhere Steifigkeit wie
Aluminium. Noch deutlicher werden die*

**Meister der Schwarzen Magie: Clemens Driesch hat
sich mit seinem Betrieb CFP im pfälzischen Neustadt
ganz dem schwarzen Werkstoff Carbon verschrieben
und beliefert die renommierten Grand Prix-Teams
mit hochwertigen Komponenten.**

**Da freut sich der Bäcker: Es geht eben nichts über ei-
ne frischgebackene Carbon-Verkleidung. CFP Driesc-
ch verfügt über einen Autoklaven, in dem Carbon-
Teile unter Druck und Temperatur außergewöhnli-
che Festigkeiten erzielen.**

*Festigkeitsvorteile der Carbonfaser, wenn
mit gleichem Gewicht operiert werden
kann. Ein Carbon-Rahmen mit demselben
Gewicht wie ein Alu-Fahrgestell ist mehr
als doppelt so steif wie das Leichtmetall-
Pendant.*

*Im Gegensatz zu Metallen wie Alumini-
um oder Stahl, deren Werkstoffeigenschaften in jeder Belastungsrichtung etwa gleich
sind, ist bei Faser-Werkstoffen wie Carbon,
Aramid (Kevlar) oder Glas die Faserrichtung bei der Formgestaltung und Verarbeitung besonders wichtig. Der Vorteil der
enormen Zugfestigkeit kommt nur in Faserrichtung zum Tragen. Die Druckfestigkeit
von Carbon in Faserrichtung ist relativ gering. Absolut materialgerecht verarbeitet*

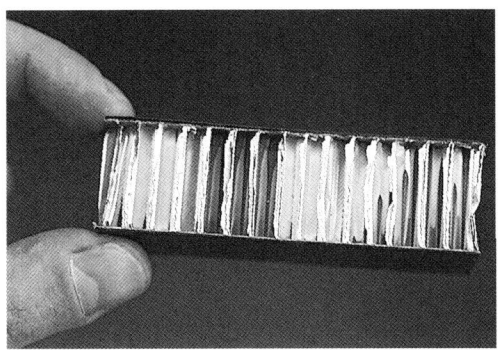

Verbund-Wirkung: Aluminium-Waben werden beidseitig mit dünnen Carbon-Platten verklebt. Das Ergebnis ist eine superleichte Platte von enormer Steifigkeit für Chassis-Träger im Automobil-Bereich.

Da freut sich nicht nur der Imker: Mit Carbon-Platten verklebte Nomex-Waben aus Aramid-Papier ergeben ebenfalls steife Bauteile. Honey-Comb nennt sich diese Bauweise – Bienenzüchter wissen also Bescheid.

und mit weiten Radien konzipiert sind daher moderne Fahrgestelle aus Carbon.

Carbon ist nur mit sehr hohem technischem Aufwand zu verarbeiten. Für einen Rahmen ist zunächst ein Modell, danach eine mehrteilige Form zu bauen. das bereits mit Epoxydharz getränkte Kohlefasergewebe - sogenanntes Prepreg (preimpregnated carbonfibre, also vorimprägnierte Kohlefa-

ser) – wird im ersten Fertigungsschritt in die Form gelegt. Die Form selbst kommt danach in einen luftdichten Sack, in dem über eine mittels Schlauch angeschlossene Vakuumpumpe ein Unterdruck erzeugt wird, damit keine Lufteinschlüsse im Laminat entstehen. Im nächsten Schritt wird das Teil unter Druck (bis zehn bar) und - je nach Art des Harzes - bei Temperaturen um 120

Cagiva à la carbonara: In Brünn 1990 freute sich Randy Mamola über das Chassis seiner 500er Cagiva. Die Formenbauer wollten das Entwicklungstempo in der WM aber nicht mitgehen, sonst wären die Kosten explodiert.

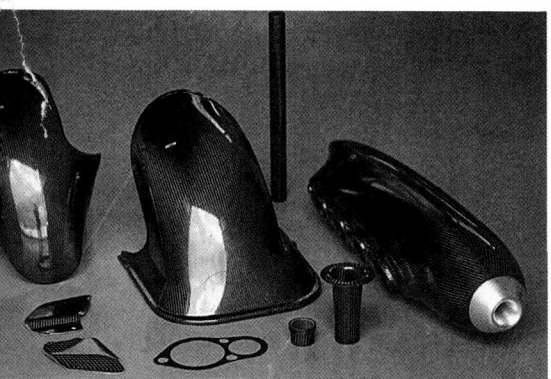

Da freut sich der Kunde: Ob Kotflügel, Radab-deckung, Ansaugtrichter oder Airbox für den Formel 3-Renner - CFP Driesch stellt nahezu alles aus Carbon her. Die Qualität ist vom feinsten.

Supersteif und superleicht: Carbon-Schwinge und - Vorderrad der Werks-Cagiva V 592. Immenser Her-stellungsaufwand alleine durch die eingeklebten La-gersitze, Radnaben sowie Hinterradführungen.

Grad Celsius gebacken. Dieser Vorgang - in der Fachsprache 'Tempern' genannt - spielt sich über mehrere Stunden im Hoch-druckofen, dem Autoklaven, ab. Erst Druck und Temperatur holen aus dem teuren Werkstoff (Kilopreis je nach Qualität zwi-schen 250 und 1000 Mark) maximale Fe-stigkeit bei minimalem Gewicht heraus.

Der hohe Fertigungsaufwand war auch der Grund, weshalb die Mamola-Cagiva nach dem Grand Prix in Brünn wieder in der Versenkung verschwand. Bei den 500ern, wo praktisch von Rennen zu Ren-nen weiterentwickelt wird, hätte eine mas-sive Veränderung der Rahmengeometrie stets ein neues Chassis zur Folge, was neue Formen und letztlich immense Kosten be-deutet. Ein Aluminium-Chassis läßt sich vergleichsweise leicht auseinandersägen, modifizieren und wieder zusammen-schweißen.

Wer glaubte, Cagiva habe das Thema Carbon im Fahrwerksbereich abgehakt, wurde mit den Werksmaschinen der Jahr-gänge '92, '93 und '94 aber eines Besseren belehrt. Als erstes Werksteam rüsteten die Italiener ihre V 592 - so die interne Be-zeichnung - bereits mit Beginn der Saison 1992 mit einer Carbon-Schwinge aus. We-nig später waren im Training zum engli-schen Grand Prix in Donnington 1992 so-gar Räder aus dem teuren Material mon-

tiert. Damit ist Cagiva das innovativste Werksteam der Königsklasse, und der Grund dafür heißt Ferrari. Der Sportwagen-Hersteller aus Maranello widmet sich schon seit Jahren der Carbon-Entwicklung, und die Vareser Motorradschmiede greift auf dieses Know-how zurück.

Wie von Romano Albesiano, Fahrwerks-singenieur im Cagiva-Werksteam, zu erfah-ren war, hat man mit den bisher eingesetz-ten Ferrari-Teilen keine Schwierigkeiten. Eine Gefahr durch Beschädigungen der Carbonfelgen, beispielsweise bei der Rei-fenmontage, sieht er nicht. »Die Felge ist so stabil ausgeführt, daß sie wie ein Magnesi-umrad behandelt werden kann. Aber sie ist eben rund 1,5 Kilogramm leichter«, versi-chert er. Das große Problem auf dem Fel-gensektor liegt laut Cagiva woanders. »Wir fahren viel mit Zwischengrößen. 3,5 Zoll ist zu schmal, 3,75 Zoll zu breit, also fertigen wir aus einem Magnesium-Rohling ein 3,63 Zoll breites Rad. Auf einer Drehbank ist dies schnell und einfach möglich, für die Herstellung eines Carbon-Rades benötigen wir wesentlich länger«, erklärt der Techni-ker, weshalb die Cagiva 1992 fast aus-schließlich mit Magnesiumrädern fuhr.

Die Hauptvorteile der Carbon-Räder sind sowohl die geringeren ungefederten Mas-sen, die eine sensiblere Abstimmung der Federelemente erlauben, als auch das ver-

Schöner Hintern: Selbsttragendes Carbon-Heck der 250er GP-Aprilia. Aber auch die anderen Werksmaschinen in der 250er-Klasse setzen auf diese Technik.

ringerte Trägheitsmoment, das sich in einem besseren Handling bemerkbar macht.

Neben den Großen der Branche befassen sich aber auch kleinere Zulieferfirmen mit der Herstellung von Carbon-Teilen für den Motorradsport. Die italienische Felgenfirma Marvic in Brunello beispielsweise hat sich ebenfalls der Entwicklung von Carbonrädern gewidmet und als Ergebnis ein Verbundrad mit Felgenschüssel aus Carbon-Aramid und Felgenstern aus Magnesium hervorgebracht.

Unser Betrieb, CFP Driesch, befaßt sich mit der Nutzung der Carbon-Technik sowohl für Industriemaschinen als auch für Rennwagen und Rennmotorräder. Spezialisiert haben wir uns dabei in erster Linie auf die Fertigung von Verkleidungen, selbsttragenden Sitzbänken und Tanks für die Werks-Teams im Motorrad-Grand Prix-Zirkus. Auch wir befassen uns mit der Fahr-

werkstechnik und denken daran, die Kohlefaser in diesem Bereich zu nutzen.

Verlockend ist außerdem die Perspektive, Carbon-Teile in Verbrennungsmotoren zu nutzen. Bei Kolben ließe sich das Laufspiel dank absoluter Temperaturstabilität heute schon auf einen Hundertstel Millimeter drücken. Ein getemperter Verbundwerkstoff aus Carbon und Metall soll sogar die Fertigung von Kurbelwellen und Pleueln mit einer Gewichtseinsparung von rund 50 Prozent möglich machen. Das würde Leistungs- und Drehzahlregionen erschließen, von denen die Techniker heute nur träumen können. Sicher ist, daß die Entwicklung der Carbon-Technik in den kommenden Jahren an Bedeutung für den Motorradbau noch stark gewinnen wird.

Clemens Driesch / Jürgen Gaßebner

Ausrüstung und Arbeitsschutz

Auch bei der Kunsstoffverarbeitung ist die richtige technische Ausrüstung der halbe Erfolg. Dazu gehören in diesem Fall auch geeignete Schutzmaßnahmen, denn der unsachgemäße Umgang mit dem hochgiftigen Material kann zu schweren gesundheitlichen Schäden führen. Deshalb auch dazu einige Zeilen.

Um Faserwerkstoffe wie Glas-, Kohle- oder Aramidfaser – und nur mit diesen drei Gewebearten wollen wir uns befassen – richtig verarbeiten zu können, sind eine ganze Reihe von Werkzeugen nötig. Das

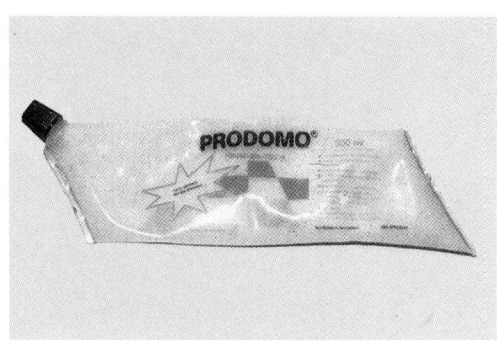

Total verwachst: Bohnerwachs gehört auf Parkett-Böden und nicht in Kunststofformen. Die Trennwirkung ist schlecht.

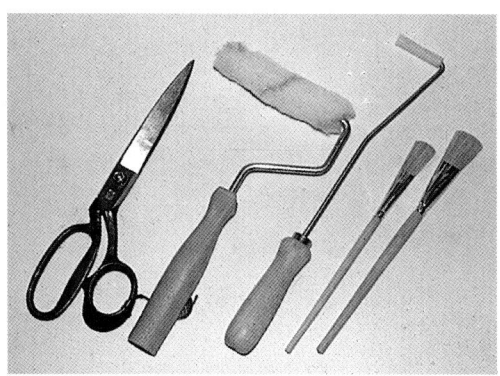

Alles im Griff: Eine spezielle Kevlarschere, Fellwalze, Entlüfterroller sowie Borstenpinsel sind die Laminier-Utensilien.

Nummer sicher: Mit einer aufgespritzten Schicht Trennlack kann beim Formenbau dagegen nichts schiefgehen.

Gute Papiere: Schleifpapier verschiedener Körnungen für Naß- und Trockenschliff gehört zur Grundausrüstung.

wichtigste ist eine Kevlar-Schere mit Mikro-Verzahnung zum Schneiden von Aramidfaser-Gewebe. Die Schere ist mit rund 80 Mark nicht gerade billig, aber unbedingt notwendig. Aramid läßt sich aufgrund seiner extremen Reißfestigkeit nämlich mit Messern oder herkömmlichen Scheren nicht oder zumindest nur schwer schneiden. Die für den Aramid-Schnitt wichtige Mikro-Verzahnung ist teuer in der Herstellung – deshalb der hohe Preis.

Für den eigentlichen Herstellungsvorgang – das Laminieren – benötigen wir weiterhin verschiedene Borstenpinsel (die billigsten genügen), eine kleine Fellwalze für großflächigen Harzauftrag sowie eine Entlüfterrolle, um eingeschlossene Luft aus dem Laminat zu drücken. Das alles gibt's

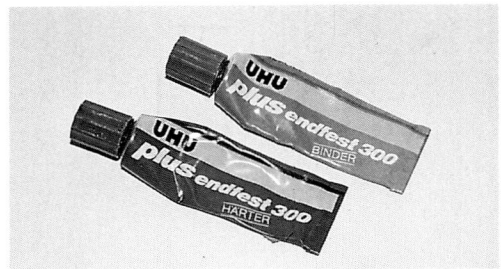

Chemie pur: Epoxydharz mit Härter sowie Färbeharz wird zur Herstellung von Kunststoffteilen benötigt. Aceton verwenden wir als Reinigungsmittel für die Werkzeuge. Mit Uhu plus endfest 300 lassen sich Schönheitsfehler wie eingeschlossene Luftblasen schnell und sauber beheben.

beim Kunststoff-Fachhandel oder in einem gut sortierten Modellbaugeschäft.

Ein ausgesprochen heikles Thema bei der Harz-Verarbeitung ist das Trennmittel, das einen Verbund des eingelegten Laminats mit der Form oder dem Modell verhindert. Verwenden Sie keinesfalls handelsübliches Bohnerwachs – auch wenn vermeintliche »Fachleute« dies Ihnen empfehlen. Bohnerwachs besitzt eine verblüffende Eigenschaft. Bei bestimmten Harzsystemen funktioniert es problemlos, bei anderen hinwieder überhaupt nicht. Der Grund liegt in der unterschiedlichen Aggressivität der Harze. Manche durchdringen nämlich die Bohnerwachsschicht und stellen den gefürchteten Verbund mit der Form her.

Profis arbeiten stets mit speziellen Trennmitteln, die es ebenfalls im Fachhandel gibt. Für den Formenbau empfiehlt sich sogar der Einsatz eines hochwertigen Trennlackes, da Modell-Oberflächen oftmals nicht auf Harzbasis aufgebaut, sondern lackiert oder lediglich gespachtelt sind. Lackierte oder gespachtelte Oberflächen reagieren aber besonders empfindlich auf Kunstharze und müssen deshalb unbedingt versiegelt werden, um ein problemloses Abformen nach der Trocknung zu gewährleisten.

Viele im Handel erhältliche Zubehörverkleidungen sind aus Polyesterharz und Glasfasermatten hergestellt. Dies ist die

preiswerteste Qualitätsstufe, die aber einige Nachteile aufweist. Zum einen binden Fasermatten wesentlich mehr Harz als Fasergewebe, was das Bauteil unnötig schwer geraten läßt, zum anderen erreicht Polyesterlaminat bei gleicher Schichtdicke bei weitem nicht die Festigkeitswerte hochwertiger Epoxydlaminate. Da sich Epoxydharze bei hochwertigen Bauteilen allgemein durchgesetzt haben, wollen wir uns im folgenden auf sie beschränken. Genauso wie Fasergewebe, Entlüfter und Fellwalzen bekommen wir für unsere Zwecke geeignetes Epoxydharz im Kunststoff-Fachhandel, viel schwieriger mag hin und wieder sein, einen solchen Betrieb in der näheren Umgebung zu finden. Geeignete Bezugsquellen verraten die gelben Seiten.

Ganz wichtig bei der Verarbeitung dieser Materialien ist der Schutz der eigenen Gesundheit. Allein die Harzdämpfe sind gesundheitsschädlich und bedingen einen sehr gut gelüfteten Arbeitsplatz. Außerdem ist ein Hautkontakt mit Epoxydharz unbedingt zu vermeiden, da dieses Kunstharz leicht ätzend ist. Kommt die Haut doch einmal damit in Kontakt, entfernt man das Harz mit reichlich warmem Wasser und Seife. Zweifellos empfehlenswert ist deshalb das Tragen von Gummi-Handschuhen, die ihrerseits gut schützen und obendrein das notwendige Fingerspitzengefühl gewährleisten.

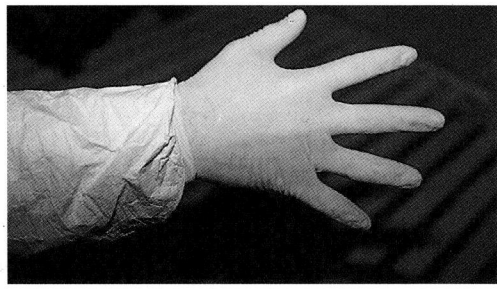

Nur mit Gummi: Latex-Handschuhe schützen die Haut vor Verätzungen durch das Epoxydharz. Trotzdem bleibt das Fingerspitzengefühl für feine Arbeiten erhalten.

Bei der Endbearbeitung der ausgehärteten Kunststoffteile mit Schleifgeräten entstehen feine Faserstäube. Da diese Faserstäube besonders für die Lungen und Atemwege gefährlich sind, muß bei diesen Arbeiten unter allen Umständen eine Atemschutzmaske (für Feinstäube) getragen werden. Ähnlich wie Asbest-Fasern stehen Glas-, Carbon- und Aramidfasern nämlich seit längerer Zeit im Verdacht, Krebs auszulösen. Nachlässigkeiten also bei der Herstellung von Modellen, Formen und Formteilen können tödlich sein.

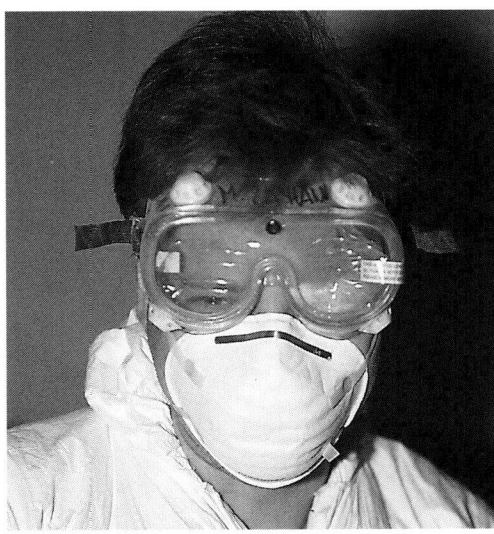

Keine Maskerade: Eine Feinstaub-Atemmaske schützt vor den gefährlichen Faserstäuben, die bei der Bearbeitung von ausgehärtetem Laminat entstehen.

Werkstoffkunde

Die Herstellung von Kunststoffteilen gelingt bereits mit relativ geringer Sachkenntnis, falls man keine großen Erwartungen an Festigkeit und Gewicht der Bauteile stellt. Einfacher gesagt, ist es keine Kunst, aus einem Eimer Harz und mehreren Quadratmetern Fasergewebe irgendein stabiles, gleichsam aber schweres Bauteil zu laminieren. Die für unsere Edelbikes herzustellenden Verkleidungs- und Anbauteile müssen jedoch höchsten Ansprüchen genügen, weshalb wir uns vor der Herstellung im folgenden zunächst mit den spezifischen physikalischen Eigenschaften der Werkstoffe Glasfaser, Carbonfaser und Aramidfaser beschäftigen. Die Kunst des Laminierens besteht nämlich in erster Linie darin, höchstmögliche Festigkeit bei möglichst geringem Gewicht zu realisieren.

Der preiswerteste Werkstoff ist die Glasfasermatte. Aufgrund der dichten und unregelmäßigen Anordnung einzelner Glasfäden, die unter Zuhilfenahme eines Bindemittels unter Druck zur käuflichen Matte gepreßt werden, vermag das dickflüssige Epoxydharz nur langsam bis in die untersten Gewebeschichten vorzudringen. Sie eignet sich deshalb nur für die Arbeit mit dem stark geruchintensiven aber dünnflüssigen Polyesterharz. Ich rate von diesen Materialien ab, da das Verhältnis von Festigkeit und Gewicht hier am ungünstigsten ausfällt.

Deutlich besser ist Glasfasergewebe, das mit Epoxydharz verarbeitet wird. Durch die geordnete Ausrichtung der durchgehenden Glasfasern und der fehlenden Überlagerung kann das Harz bei der Verarbeitung rasch eindringen. Polyesterharz eignet sich für die Verarbeitung von Geweben im übrigen nicht, da seine Klebekraft zu klein ist. Die Harzmenge, die zur Tränkung von Glasfasergewebe sowie aller anderen Gewebearten nötig ist, reduziert sich im Vergleich zu Fasermatten erheblich, was wiederum Gewicht spart. Betrachtet man die drei im Verkleidungsbau dominierenden

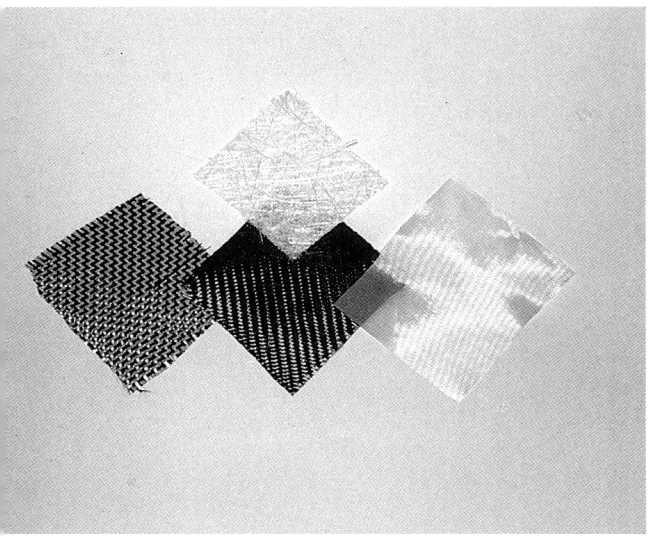

Guter Stoff: Für die Herstellung von Kunststoff-Formteilen eignet sich Glasfasergewebe (li.), Glasfasermatte (o.), Carbonfasergewebe (mi.) und Carbon-Aramid-Gewebe (re.).

Fasern Carbon, Aramid (Kevlar) und Glas im Vergleich, ergeben sich für sie aufgrund der spezifischen physikalischen Eigenschaften jeweils klar umrissene Aufgabenfelder.

Die Zugfestigkeit der Glasfaser beträgt etwa das Doppelte von Aluminium, die der Carbonfaser gar fast das Dreifache bei gleicher Dimensionierung des Bauteils. Allerdings übertrifft nur die Carbonfaser das Aluminium an Steifigkeit, was sich physikalisch im E-Modul ausdrückt. Glasfaser erreicht dagegen nicht einmal 40 Prozent des E-Moduls von Aluminium. Entsprechend leitet sich die Nutzung der beiden Werkstoffe ab. Spielt das Gewicht nur eine geringe Rolle, erzielt man mit Glasfaser ausreichend gute Steifigkeitswerte im Verkleidungsbau. Bezogen auf gleiche Bauteildimensionierung müßte ein Glasfaserteil bei gleicher Steifigkeit über die etwa zwei-

Carbonfaser im Vergleich zu anderen Werkstoffen*

Werkstoff/Kennwert	Dural-Aluminium	Stahl	Glasfaser (GFK)**	Carbonfaser (CFK)**
Zugfestigkeit] [N/mm2]	350 (188)	1100 (212)	720 (514)	900
E-Modul [N/mm2]	75000 (40200)	210000 (40385)	30000 (21429)	88000
Dichte [g/cm3]	2,8 (1,5)	7,8 (1,5)	2,1 (1,5)	1,5
Spez. Festigkeit (Reißlänge) [km]	13 (6,9)	14 (2,7)	34 (24)	60
Energiepreis [kJ/cm3]	665	385	184***	890***

* Angaben: Firma CFP Driesch, 67433 Neustadt. Auf CFK normierte Werte in Klammern;
** Quasiisotrop, nahezu gleiche Festigkeit in jede Richtung; *** Gilt für die Herstellung von Faser und Laminat

Zahlenspiele: Der große Vorteil von Carbonfasern liegt in ihrer hohen Zugfestigkeit sowie der Steifigkeit. Letzteres drückt der E-Modul aus.

einhalbfache Wandstärke gegenüber Aluminium verfügen. Carbon würde hingegen sogar die Reduzierung der Wandstärke um 15 bis 20 Prozent gestatten. Oder andersherum gesagt: Beließe man das Gewicht des Bauteils gleich, verfügte es in Glasfaser-Ausführung über rund 50 Prozent der Aluminium-Steifigkeit, wohingegen es als Carbon-Teil rund 200 Prozent erreichen würde. Abermals gleiches Bauteil-Gewicht vorausgesetzt, würde das Glasfaserprodukt aber mehr als doppelt so zugfest und das Carbon-Pendant gar fast fünfmal so zugfest wie das Aluminium-Teil.

Die extrem günstige Relation aus Gewicht, Steifigkeit und Zugfestigkeit empfiehlt vor allem die Carbonfaser für die Herstellung mechanisch hoch belasteter Bauteile wie Verkleidungen, Sitzbänke oder sogar Motorhalterungen, Räder und selbst ganzer Fahrgestelle. Beachtenswert bei der Bearbeitung von Fasern ist aber die Formgebung der Bauteile. Im Gegensatz zu Metallen wie Aluminium oder Stahl, deren Werkstoffeigenschaften in nahezu jede Belastungsrichtung gleich sind, ist bei Faserverbundwerkstoffen die Faserrichtung für die Formgebung und Verarbeitung maßgebend. Die Druckfestigkeit von Carbon, aber auch von Glas und Aramid ist recht gering. Um also isotrope, gleichartige Festigkeitsverhältnisse in alle gewünschten Richtungen zu erhalten, ist eine Überlagerung der Faserstränge beziehungsweise der Gewebelagen in verschiedenen Winkeln zueinander notwendig. Die Entwicklung auf dem Gebiet der Gewebetypen hat mittlerweile sogar mehrdimensionale Strukturen hervorgebracht, die sich zur Fertigung komplizierter und in viele Richtung belasteter Bauteile eignen.

Im Gegensatz zu Glas oder Carbon eignet sich die Aramidfaser nur bedingt für den alleinigen Einsatz, da sie über sehr geringe Steifigkeitswerte verfügt. Dafür ist sie aber sehr reißfest, was sie insbesondere als Ergänzungswerkstoff zu Carbon prädestiniert. Hochwertige Verkleidungen werden deshalb üblicherweise aus einem Carbon-Aramid-Mix-Gewebe laminiert, das einerseits hohe Steifigkeit, andererseits hohe Reißfestigkeit bei geringem Gewicht garantiert.

Große Bedeutung kommt den verwendeten Harzen zu. Für Bastelzwecke eignet sich kalt aushärtendes Epoxydharz aus dem Flugzeugbau. Hochfeste Bauteile erfordern hingegen sogenannte Temperharze, die erst unter Temperatureinwirkung aushärten und ihre optimalen Klebekräfte entwickeln. Kaum ein Edelbiker wird sich den für dieses Verfahren notwendigen Vakuum-Ofen - den Autoklaven - leisten können. Ihm bleibt letztlich nur die Möglichkeit der Kalt-Verarbeitung. Über die Nachteile dieser Herstellungsart, nämlich Festigkeitseinbußen bei erhöhtem Gewicht, muß er sich allerdings im klaren sein.

Modell- und Formenbau

Der Weg zur ersten selbstgefertigten Verkleidung, Sitzbank oder Airbox ist beschwerlich – am meisten Arbeit macht die Vorbereitung, nämlich die Fertigung eines Positiv-Modells sowie einer Negativ-Form.

Um diesen Aufwand in Grenzen zu halten, erhielten die Triumph lightweight 900 und die Honda RS 750 R Replica dieselbe Vollverkleidung. Sie ist bis auf die großen seitlichen Luftauslässe und einige spezielle Details mit der HRC-Verkleidung des Werksrenners RS 750 R identisch und zeichnet sich durch eine ausgeklügelte Aerodynamik aus. Die Sitzbank der RS 750 R Replica stammt in ihren Grundzügen ebenfalls von HRC und erhielt aufgrund des längeren Rahmenhecks sowie einer anderen Tankform ein neues Anschlußstück im vorderen Bereich. Sowohl die Sitzbank als auch einen Verkleidungsrohling stellte in diesem Fall Roland Eckert für die Modellbauten freundlicherweise zur Verfügung und garantierte damit die originale Optik der Werksmaschine. Die Sitzbank der Triumph 900 entstand aus GFK-Modellteilen eines Werks-Prototypen von Triumph in

Aller Anfang ist schwer: Originalteile des Honda-Werksrenners RS 750 R dienten als Basis für das Verkleidungs- und Sitzbankmodell.

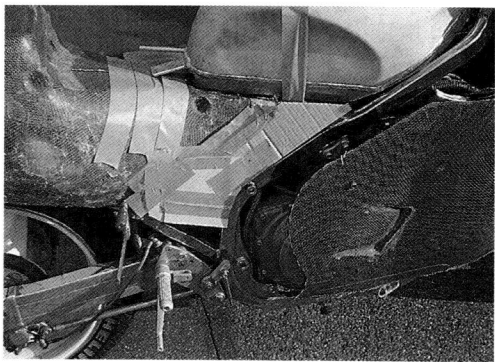

Nicht von Pappe: Aus steifem Pappkarton wurden Schablonen für den späteren Sitzbankanschluß gefertigt und auf der Innenseite mit Laminat verstärkt.

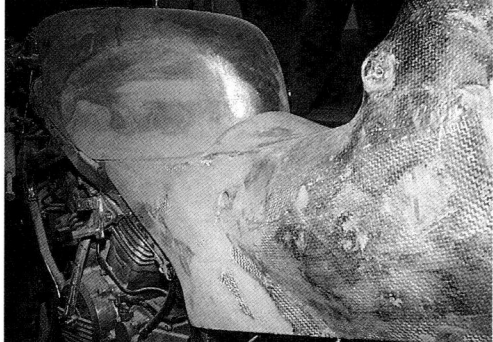

Anschluß unter dieser Nummer: Ständiges Nachspachteln, Schleifen und Anpassen sichert letztlich Paßgenauigkeit und Symmetrie des Tank-Sitzbank-Anschlusses.

England. Freundliche Unterstützung des Edelbike-Projektes also auch hier.

Die Verkleidungteile der Martin-Honda basieren auf originalen Martin-Teilen. Aus der ürsprünglichen Vollverkleidung entstand durch umfangreiches Abändern eine Halbschalenverkleidung mit Motorspoiler. Die Sitzbank entspricht bis auf die Länge der Sitzfläche dem Martin-Standard-Teil.

Da die Arbeitsgänge beim Modell- und Formenbau auf der Grundlage einer vorhandenen Verkleidung stets dieselben sind, wollen wir uns bei der Schilderung auf die Bauteile für die RS 750 R Replica beschränken. Außerdem wird an deren Beispiel auch die Fertigung von Modell und Form einer Airbox auf der Basis eines serienmäßigen Luftfilterkastens der VF 750 F gezeigt. Noch ein

Wort zum Verkleidungs-Selbstbau: Wer sein Edelbike mit einer Verkleidung versehen will, sollte auf eine bereits bestehende Schale zurückgreifen und sie als Urform nutzen, schon im eigenen Interesse. Das, was in der Heimwerkstatt entsteht, wird in Symmetrie, Aerodynamik und Formgebung sonst niemals überzeugen.

Abänderungen an Verkleidung und Sitzbank erfolgen stets auf dieselbe Weise. Sowohl die geänderten Lufteinlässe als auch der vordere Sitzbankanschluß wurden zunächst als exakt geschnittene Pappschablonen mit Kontaktkleber an die Rohlinge geheftet. Maßhaltigkeit und weitgehende Sicherheit gegen Verzüge beim Aushärten gewährleisteten aufgeklebte Versteifungen aus Holzleisten und Pappstreifen. Nach Abschluß dieser Arbeiten wurden die Innenseiten der Schablonen mit Wachs und danach mit Trennlack behandelt. Jetzt konnten die geänderten Stellen mit mehreren Schichten preiswerter Glasmatte laminiert werden. Nach dem Trocknen wurden die Pappschablonen einfach abgezogen und die Änderungsstellen sorgsam verschliffen und gespachtelt. Ebenso gespachtelt wurden auch hier und dort vorhandene Verzugsstellen und Dellen. Um eine hohe Formsteifigkeit der Verkleidung zu erzielen, erhielten ihre Ränder umlaufende Kanten, die aus Glasfaserspachtel modelliert und geschliffen wurden. Abschließend erhielten die Modelle einen Spritzgang mit Füller, wurden dann mit 400er, 800er und 1200er Schleifpapier naßgeschliffen und danach mit Polierpaste auf Hochglanz gebracht.

Doch zurück zur Herstellung der Airbox. Sie wurde notwendig, um einen wenig zerklüfteten und damit strömungsgünstigen Luftkasten zu schaffen. Im ersten Schritt wurde weshalb die zerklüftete Struktur des Originalteils mit Balsaholz ausgeglichen. Zwei Papprohre bildeten die beiden Lufteinlässe, sie wurden in die ausgeschnittenen Serien-Öffnungen eingeklebt. Nach einem groben Verschliff der Holz-Partien erhielt das Modell einen Überzug mit einer

Glattgebügelt: Mit Feinspachtel werden Unebenheiten im Verkleidungsmodell ausgeglichen.

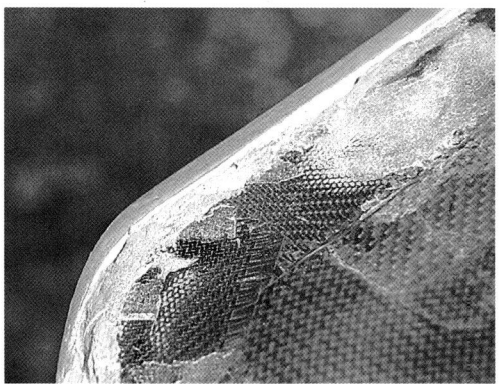

Vorsicht, Stufe: Die umlaufenden Verkleidungskanten werden mit Glasfaser- und Feinspachtel modelliert.

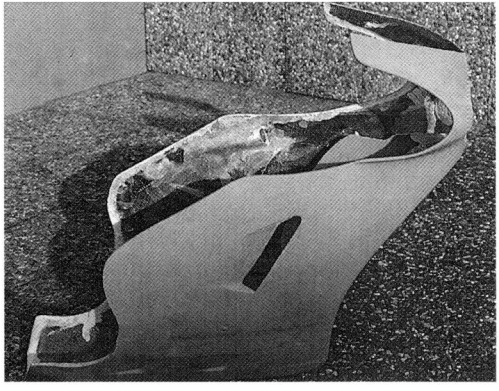

Alles klar: Ein Füllerauftrag schließt winzige Poren und ergibt geschliffen und poliert eine glatte Oberfläche.

Rohr-Werk: Ein serienmäßiger Luftfilterkasten der VF 750 F diente als Basis für die Airbox. Aufgeklebtes Balsaholz und eingeklebte Pappröhren dienen als Anhaltsformen.

Nimmt Form an: Auftrag von reichlich Glasfaserspachtel und mehrmaliges Schleifen läßt das Modell gedeihen.

Wird stabil: Eine Schicht Glasfaserlaminat gibt Stabilität und ergibt eine homogene Oberfläche für den Spachtelauftrag.

Schicht dünnem Glasgewebe, um eine homogene und stabile Oberfläche für den weiteren Aufbau zu erzielen. In den nächsten Arbeitsgängen wurde mit abwechselndem Spachtelauftrag (Polyester-Feinspachtel von Prestolith) und Naßschleifen die endgültige Form der Airbox modelliert. Ein abschließender Füller-Auftrag, Schleifgänge bis hinauf zur feinen 1200er Körnung

sowie nachträgliches Polieren ergaben das endgültige Finish.

Bevor die Herstellung der Negativ-Form in Angriff genommen werden kann, sind Gedanken über den Vorgang des Entformens notwendig. Umschließt die Form das Modell nämlich mit sogenannten Hinterschneidungen, ist ein späteres Entformen unmöglich. In diesem Falle muß eine teil-

bare Form gebaut werden. Im Falle der Verkleidung wurde die Form für das Oberteil
dreiteilig, mit senkrechten Trennkanten
links und rechts von den Scheinwerferaus-
schnitten, die Sitzbank hingegen zweiteilig,
mit mittiger Trennkante, gebaut. Die Form
der Airbox wurde ebenfalls in zwei Teile
zerlegbar gestaltet.

Als Material für die im rechten Winkel
aufgeklebten Trennkanten eignet sich dünner Pappkarton oder – noch besser – dünnes Aluminiumblech, die mit Zwei-Kom-
ponenten-Kleber (Uhu Plus schnellfest 300)
im rechten Winkel auf die Modell-Ober-
fläche geheftet werden. Erst dann erfolgt
sorgfältiges Einwachsen mit Trennwachs
und Nachpolieren der Oberfläche. Ein danach zusätzlich aufgespritzter Überzug mit
Trennlack unterbindet einen eventuellen
Klebeverbund von Modell und Formen-La-
minat. Erst nach der völligen Austrocknung
des Trennlacks kann mit der Herstellung
der eigentlichen Form begonnen werden.

Um eine spiegelglatte und vor allem po-
renfreie Oberfläche der Form für die spätere Herstellung von Formteilen sicherzustellen, ist der Auftrag eines sogenannten For-
mendeckschicht-Harzes unerläßlich.
Dieses Harz gibt es in schwarzer und
weißer Tönung, was den Auftrag im Gegensatz zu farbloser Deckschicht deutlich ver-
einfacht. Es ist immer gut zu sehen, wo bereits genügend Harz eingestrichen oder
eingespritzt wurde und wo nicht. Weiterhin besteht die Möglichkeit, farbloses For-
mendeckschicht-Harz mit Epoxyd-Farbe
einzufärben. Je nach persönlichem Geschmack kann die Form so in den Farben
blau, rot, grün und gelb gebaut werden.

Nach dem Abtrocknen der Deckschicht
kann das eigentliche Laminat aufgetragen
werden. Um Lufteinschlüsse zu vermeiden,
empfiehlt sich an engen, winkligen Stellen
die Arbeit mit eingedicktem Klebeharz unter Hinzunahme von etwas Glas- oder Car-
bon-Streu. Besonders bei Lufteinlässen
oder allgemein engen Radien ist dies ange-
bracht. Erst wenn diese Arbeiten sorgfältig
ausgeführt sind, kann der eigentliche Vor-

**Getrennt kleben: Vor dem Fülleraauftrag und ansch-
ließender Politur wurden die Trennkanten aufgeklebt.**

gang des Laminierens beginnen. Nach und
nach werden mehrere Schichten Glasgewebe (für späteres Kalt-Laminieren) oder
Carbongewebe (für die Arbeit mit dem Autoklaven) aufgebracht und mit Harz ge-
tränkt. Dafür kann man einen Borstenpinsel
oder – für große Flächen – eine Fellwalze
verwenden. Eingeschlossene Luftblasen
entfernt man mit der Entlüfterrolle.

Um teilbare Formen herzustellen, sind an
den Trennstellen einseitig Gewindebuch-
sen einzulaminieren. Sie werden nach dem
Aushärten durchbohrt, bevor die Form vom
Modell getrennt wird, um höchste Maßhaltigkeit zu garantieren. Nach abgeschlosse-
ner Arbeit erfolgt die Reinigung der Lami-
nier-Werkzeuge mit Aceton.

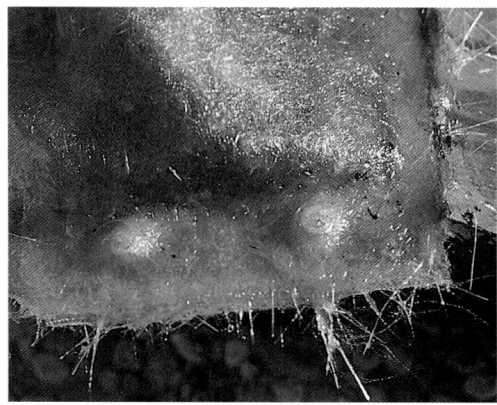

**Eingeschlossen: Einlaminierte Gewinde ermöglichen
später das Teilen und Montieren der Form.**

Air-Play: Die Form für die Airbox ist fertig und muß lediglich für den Teilebau mit Wachs und Trennlack vorbereitet werden.

Die Endbearbeitung der ausgehärteten Form sieht neben den Bohrungen für die Trennverschraubungen vor allem das Entfernen der Laminatüberstände mit dem Winkelschleifer vor. Dabei verwendet man zunächst eine Trennscheibe, um größere Partien zu entfernen. Feinarbeiten werden mit der Kunststoffscheibe erledigt. Enge Stellen sowie Radien bearbeitet man am besten mit kleinen Lamellenschleifern oder Fräsern sowie einer Bohrmaschine nebst biegsamer Welle. Auch ein Druckluftschleifer leistet gute Dienste.

Sind alle Überstände entfernt, kann die Form vom Modell getrennt werden, was mit sanften Gummi-Hammerschlägen sowie Eintreiben flacher Holzkeile zwischen

Form und Modell geschieht. Verwenden Sie niemals scharfkantige Gegenstände wie Schraubenzieher oder Stemmeisen für diese Arbeit. Die Form würde dadurch mit Sicherheit beschädigt.

Wenn diese Arbeitsgänge sauber und genau erledigt wurden, beschränken sich die Nacharbeiten an der Form auf das Herauswaschen des Trennlacks mit warmem Wasser sowie eine Politur mit Polierpaste. Sind durch Lufteinschlüsse Lunker in der Formoberfläche entstanden, können diese mit eingedicktem Klebeharz unter Faserzugabe repariert werden.

Herstellung von Formteilen

Prinzipiell erfolgt die Herstellung von faserverstärkten Kunststoffteilen genauso wie der im vorigen Kapitel beschriebene Modellbau. Allerdings sind beim Teilebau einige Dinge zu beachten, die bei der Fertigung von Formen nur eine geringe Rolle spielen. Da möglichst leichte, aber stabile Teile entstehen sollen, ist die Faserrichtung von immenser Bedeutung. Bei mechanisch hoch beanspruchten Bauteilen wie etwa Halterungen, Trägern oder Gestängen darf das Gros der Fasern nur Zugbelastungen ausgesetzt werden, Druckbelastungen gilt es zu vermeiden. Beim Verkleidungsbau spielt das wegen der relativ großen Flächen hingegen nur eine sehr geringe Rolle. Viel eher stellt sich da das Problem, dem Formteil aus eigentlich hinreichend stabilem, zweilagigem Carbon-Aramid-Mix-Gewebe zu einer hinreichenden Verwindungs- und Flattersteifigkeit zu verhelfen. Wer schlau ist, berücksichtigt diesen Umstand natürlich bereits beim Modellbau und erzielt allein über die Formgebung eine hohe Steifigkeit des Bauteils.

Besonders glattflächige Verkleidungen ohne große Zerklüftungen bedürfen aber der zusätzlichen Versteifung. Dies geschieht mit Verstärkungsbändern aus den drei beschriebenen Faserarten, die es als Meterware zu kaufen gibt, und die, an den

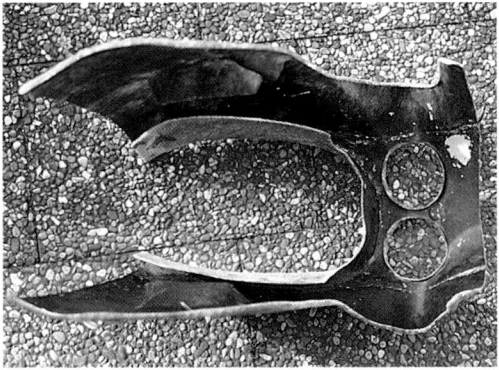

Kleidsam: Die Verkleidungsform ist dreiteilig und liefert später die leichten Carbon-Aramid-Verschalungen für die Honda und die Triumph.

Verkleidungsrändern einlaminiert, für zusätzliche Stabilität sorgen. Ebenso kann es sinnvoll sein, größere Flächen mit Nomex-Waben zu verstärken. Dies bietet sich vor allem bei hochbelasteten Sitzbankflächen an.

Ein weiterer wichtiger Punkt ist die Temperaturfestigkeit des Kunststoffes. Auspuffkrümmer, die sehr nahe an der Verkleidungsinnenseite entlanglaufen, schirmt man wirksam durch einlaminierte Aluminiummatten ab. Die Honda-Replica erhielt diesen zusätzlichen Schutz im Bereich der linken Sitzbankhälfte, unter der sich der Schalldämpfer für das hintere Zylinderpaar befindet.

Der Herstellungsvorgang der Teile ansich unterscheidet sich vom Formenbau indes nur wenig. Zunächst wird die Form mit Trennwachs eingerieben und etwa 15 Minuten abgelüftet. Danach poliert man die Forminnenseite mit einem weichen Baumwollappen. Hat die Form kleine Kratzer oder winzige Lunker, empfiehlt sich vor der Behandlung mit Trennwachs allerdings noch der Auftrag eines porenfüllenden Mittels wie »Moldwiz« von Lange & Ritter.

In Arbeitsgang zwei wird mit einer Druckluft-Spritzpistole (Düsengröße 1,5) Trennlack aufgetragen. Dabei ist unbedingt darauf zu achten, daß der Trennlack sehr dünn und ohne Laufnasen aufgespritzt wird, da sich die daraus ergebenden Unebenheiten in der Oberfläche später im Bauteil wiederfänden. Sollte der erste Spritzgang wider erwarten mißlingen, kann der Trennlack ganz einfach mit warmem Wasser entfernt werden und der Arbeitsgang danach wiederholt werden.

Nach dem vollständigen Durchtrocknen und dem Ablüften der Trennlackschicht kann zunächst ein dünner Auftrag mit Deckschichtharz erfolgen. Dies garantiert später eine besonders hochwertige Oberfläche des Formteils und verhindert zudem, daß sich die Laminatstruktur an der Oberfläche eventuell erhaben abzeichnet. Zwingend notwendig ist die Vorarbeit mit dem Deckschichtharz gerade bei der Ver-

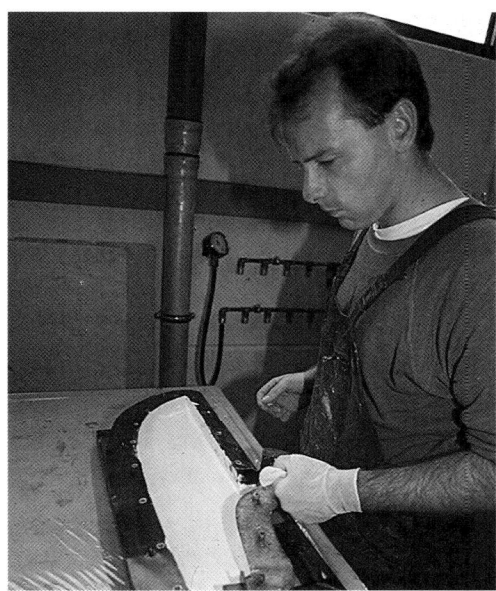

Eingedeckt: Vor dem eigentlichen Laminiervorgang kann der Auftrag eines Deckschichtharzes sinnvoll sein. Er verhindert ein späteres Durchdrücken des Laminats und sorgt für eine homogene Oberfläche.

wendung von Gewebe und Epoxydharz aber nicht. Lediglich bei der Arbeit mit Polyesterharz und Matte sollte nicht darauf verzichtet werden.

Beim eigentlichen Laminiervorgang, der im Falle eines vorherigen Deckschichtauftrages erst nach dessen Abtrocknung erfol-

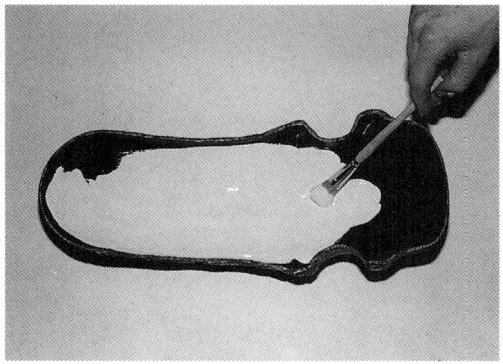

Weißer geht's nicht: Deckschichtharze gibt es in verschiedenen Farben, jedoch auch farblos. Hier wird gerade die Form des Vorderradkotflügels der Honda RS 750 R Replica für ein Glasfaser-Bauteil eingestrichen.

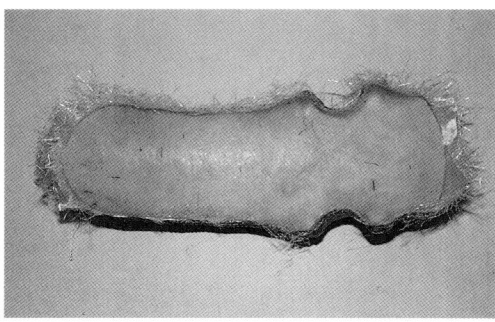

Trockenzeit: Das laminierte Schutzblech muß etwa 24 Stunden aushärten, bevor es endbearbeitet und ausgeformt werden kann.

gen kann, wird die Formoberfläche analog zum Formenbau dünn mit Harz vorgestrichen. In besonders engen Biegungen, beispielsweise im Bereich von Luftein- oder Auslässen, empfiehlt sich vorab noch der Einstrich eines eingedickten Klebeharzes, um Lufteinschlüsse und damit spätere Lun-

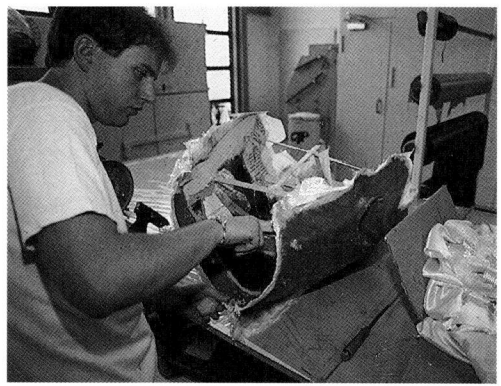

Kleb' dir eins: Enge Biegungen und Radien erhalten sicherheitshalber einen Auftrag mit Klebeharz, der Lufteinschlüsse und damit später Lunker vermeidet.

ker im Bauteil zu verhindern. Im Anschluß legt man die mit etwa 20 Millimeter Übermaß zurechtgeschnittenen Gewebelagen ein und tränkt sie mittels Fellwalze oder Pinsel mit Harz. Da die verwendete Harzmenge das spätere Gewicht entscheidend bestimmt, ist Sparsamkeit dabei oberstes Gebot. Luftblasen in der Laminatstruktur werden mit der Entlüfterrolle beseitigt. Im Regelfall genügen zwei Lagen Gewebe mit

einem Gewicht von 180 bis 240 Gramm pro Quadratmeter. Wichtig im Gegensatz zur Polyesterverarbeitung ist die Tatsache, daß Epoxyd-Laminat grundsätzlich Naß-in-Naß verarbeitet wird. Das heißt, der Auftrag der einzelnen Gewebeschichten erfolgt in einem Arbeitsgang. Zwischenzeitliches Aushärten bereits eingelegter Schichten macht alles zunichte, da die Oberfläche eine Oxydschicht bildet, die einen Kleberverbund mit einer weiteren Schicht nahezu unmöglich macht. Sollte dies trotzdem einmal passieren, aber dennoch weitergearbeitet werden, hilft lediglich vorheriges Sandstrahlen des bereits ausgehärteten Laminats, um die Oberfläche leicht anzurauhen und damit wieder für einen Kleberverbund tauglich zu machen. Sinnvoll ist dieser Notbehelf aber nur selten. Besser ist es, nochmals von vorne zu beginnen. Aufgrund der beschriebenen Eigenheit von Epoxyd-Laminat sind eventuell notwendige Verstärkungen selbstverständlich auch in diesem Vorgang zu verarbeiten.

Danach gilt es, das Werkzeug mit Aceton und heißem Wasser zu säubern und das Bauteil aushärten zu lassen. Bei der hochwertigsten Fertigungsmethode, dem Autoklaven-Verfahren, kommen allerdings noch einige Folgearbeiten hinzu. So wird hier beispielsweise das noch nasse Laminat mit einer dünnen Kunststoffolie überzogen. Der ganze Formenkörper wird anschließend in einen luftdichten Plastiksack gesteckt. Ein Anschluß an diesem Sack ermöglicht ein Absaugen der eingeschlossenen Luft über die Autoklavenpumpe. Selbst die kleinste Luftblase entweicht dem Laminat auf diese Weise. Anschließend wird die leergesaugte Form im Autoklaven auf eine Temperatur von rund 100 Grad Celsius gebracht und je nach verwendetem Harzsystem einige Stunden getempert. Da im Autoklaven ein Druck von 10 bis 20 bar herrscht, wird das Laminat drastisch in die Form gepreßt und verdichtet. Erst dies ergibt zusammen mit der Temperatureinwirkung das hochwertige und ungemein stabi-

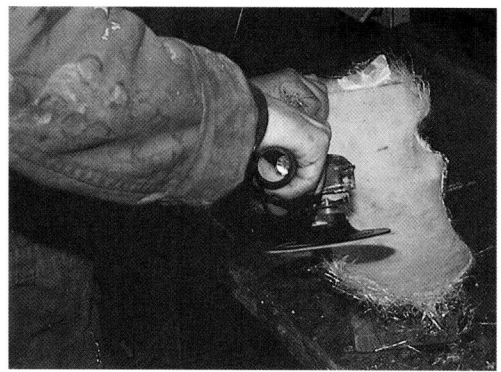

Hopp und weg: Mit dem Winkelschleifer und einer GFK-Scheibe lassen sich Laminat-Überstände mühelos entfernen. Dabei aber unbedingt Schutzbrille und Staubmaske tragen.

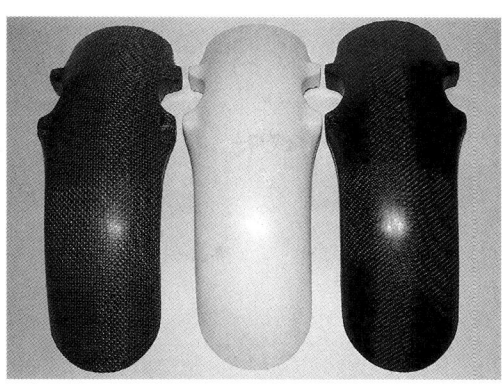

Ready to start: Die drei möglichen Varianten des Vorderradkotflügels für die RS 750 R Replica sind aus Carbon-Aramid-Mix, Glasfaser und Carbonfaser gefertigt.

le Carbon-Laminat, wie es beispielsweise auch in der Formel 1 verwendet wird.

In der heimischen Werkstatt, soviel ist klar, können also die Möglichkeiten der Carbon- und Aramidfaser nur zu einem Bruchteil ausgeschöpft werden. Trotzdem lassen sich gegenüber der Glasfaser beträchtliche Gewichts- und Festigkeitsvorteile erzielen - wenngleich eben auch nicht in dem eigentlich möglichen Maße.

Bevor das Bauteil nach etwa 24-stündigem Austrocknen mit Holzkeilen und sanften Schlägen mit einem Gummihammer entformt wird, ist das noch überstehende Laminat zu entfernen. Dies geschieht wieder mittels Winkelschleifer und Trennscheibe, in engen Biegungen mittels Fräsern und Lamellenschleifern. Den Feinschliff liefert eine GFK-Schleifscheibe auf

dem Winkelschleifer. Nach dem Entformen sind die messerscharfen Kanten mit Schleifklotz und Schmirgelpapier zu brechen.

Eventuell anzubringende Bohrungen sollten nicht einfach mit der passenden Bohrergröße gesetzt werden. Es empfiehlt sich, zunächst einige Millimeter kleiner vorzubohren und das endgültige Lochmaß unter hoher Drehzahl mit einem feinen Kegelfräser zu erzielen. Auf diese Weise verhindert man Einrisse im Laminat und erhält homogene Lochränder, die ein späteres Aufarbeiten oder Ausreißen verhindern. Selbstverständlich spricht nichts dagegen, an bekannten Bohrungspunkten bereits bei der Herstellung Aluminium- oder Stahlscheiben einzuharzen. Dies gewährleistet noch bessere Dauerhaltbarkeit von Befestigungspunkten.

Wahl-Yamaha Motion II – Studien-Rad

Wem das Motorradfahren wichtig ist, aber nicht alles bedeutet, der fängt – so ist es in guten Bikerkreisen üblich – irgendwann mit dem Schrauben an. Ausgelassen schwingt der selbsterklärte Fachmann dann Hammer, Schraubendreher und sonstiges Utensil, um dem geliebten Zweirad Gutes zu tun. Wer genug Talent besitzt, dem werden möglicherweise sogar höhere Weihen zuteil. Dann nämlich, wenn seine Arbeit der gnadenlosen Prüfung durch die PS-Juroren standhält, und er sich fortan Edelbiker nennen darf.

Einer, dessen Motorrad diesen Härtetest mit Bravour bestand, ist Stefan Wahl aus Wangen bei Göppingen. Angesichts seiner blitzsauber aufgebauten Motion II hatte die

Jury keine Wahl und erhob den gelernten Kaufmann und Yamaha-Händler in den PS-Adel.

Beim Anblick einer serienmäßigen Yamaha TDM 850 muß es den Schwaben arg geschüttelt haben. Wie sonst ist es zu erklären, daß er rund um den kräftigen Zweizylinder ein komplett neues Motorrad schuf? »Einmal etwas völlig anderes realisieren. Zur IFMA '92 eine Maschine bauen, die es in ihrer Art noch nicht gab«, wollte der Jungunternehmer.

In der Tat ist die Motion II kein Edelbike im herkömmlichen Sinne, kommt sie doch ohne getunten Motor, besonders hochwertige Federelemente und Rennbremsen aus. Die Konzeptstudie mit einem Tank-Sitz-

Schon mancher Edelbiker schulmeisterte die großen Werke beim Motorradbau. Mit der Motion II von Stefan Wahl erlebte Yamahas TDM 850 ein blaues Wunder.

bank-Monocoque aus dem Dragstersport setzt ganz andere, völlig eigene Akzente. Dort, wo sonst das Benzinfaß seinen Platz einnimmt, findet sich bei der Motion beispielsweise üppig bemessener Stauraum. Den Sprit verbannte Stefan Wahl hingegen in die beiden voluminösen Blechprofile des Deltaboxrahmens. In Gedanken jedenfalls, denn im Moment bilden noch mehrere Kilogramm Spachtelmasse über einem serienmäßigen TDM-Fahrgestell die ansehnlichen Rundungen des Chassis. Ob jemals ein benzinfressender Rahmen die Wahl-Hallen verlassen wird, weiß im Moment noch niemand.

Sicher hingegen ist, daß die Wahl-Yamaha auch darüberhinaus höchst interessante Detaillösungen wie etwa den variablen Stauraum im Sitzbankhöcker zeigt. Mittelschweres Gepäck kann der Reisende nach Entfernen der Abdeckklappe in einem großzügig dimensionierten Rucksack unterbringen. Neues offenbart das »Blaue Wunder« auch in Sachen Sitzposition. Ganz dem Trend, den BMW mit dem erst kürzlich präsentierten Vierventil-Boxer kreierte, läßt sich auch bei der Motion II die Sitzposition den individuellen Wünschen des Fahrers anpassen. Riesen wie auch Kleinwüchsige nehmen dank verstellbarer

Fußrasten und Lenkerhälften eine entspannte Haltung auf dem nur 680 Millimeter hoch liegenden Sitzkissen ein.

Ein technisches Kabinettstück ganz anderer Art tut sich nach eingehendem Studium der Auspuffanlage auf. Zwar münden die beiden Edelstahlkrümmer nach wie vor in je einen Schalldämpfer links und rechts am Motorrad, doch sind diese tragend in die Schwinge integriert und nicht, wie sonst üblich, am Rahmen verschraubt. Dauerhaften, weil flexiblen Verbund zwischen Krümmern und Dämpferkörpern sollen dabei zwei kurze Flexschläuche im Bereich der Schwingenlagerung gewährleisten.

Nicht minder interessant präsentiert sich auch die Beleuchtungseinrichtung der Motion II. Zwei DE-Scheinwerfer aus dem Automobilbau sind links und rechts in die Halbschalenverkleidung integriert und verschaffen dem Fahrer bei Nacht den nötigen Durchblick. Außerdem verhelfen die beiden Lichtquellen der superflachen 850er zu einer Frontansicht von ganz besonderer Art. Und auf Besonderheiten legte der schwäbische Hobby-Designer bei seinem Projekt schließlich größten Wert. Deshalb rollt die blaue Schönheit auch auf hochglanzpolierten, dreiteiligen 17-Zoll-Felgen von Fischer, und das stolze 6,5 Zoll breite Hinterrad nimmt einen handgeschnittenen 190er-Slick von Metzeler auf.

Angesichts all der erlesenen Zutaten befällt uns aber auch ein gewisser Schmerz. Und zwar beim Blick in ein englisches Wörterbuch. Dies nämlich übersetzt »Motion« mit »Bewegung«. Und Bewegen tut sich das Studien-Rad eben gerade nicht. »Das ändert sich«, lautet das Wahl-Versprechen. Hoffentlich.

Optischer Feinschliff

Profi-Tip: Peter Stücker

Jedes Edelbike lebt von seinem optischen Auftritt. Die Technik, die dahintersteckt, kann noch so gut sein: Wer beim Finish patzt, steht unweigerlich als der Stümper da. Deswegen ist es auch wichtig, sich schon beizeiten Gedanken über die Optik des Motorrads zu machen. Wer noch keine Vorstellung hat, sollte verschiedene Designs auf das Papier bringen. Das hilft ungemein.

Ich dagegen mache grundsätzlich keine Entwürfe. Wenn ein Motorrad ein neues Design erhält, genügt im Vorfeld ein langes Gespräch mit dem Kunden. Die daraus entstehenden Ideen werden dann direkt an der Maschine umgesetzt. Die Biker haben Mut zu ausgefallenen Lösungen.

Sportmotorräder werden in meiner Werkstatt meist nach dem Pinselstrichverfahren veredelt. Bis zu 15 Schichten Klarlack erzielen schließlich eine spiegelglatte Oberfläche und enorme Tiefenwirkung – wie so etwas geht, steht in diesem Kapitel. Vielleicht noch schöner ist die Reaktion der Kunden darauf, wenn sie ihre Teile wieder abholen. Dann streichen sie mit dem Finger über die vermeintlichen Lackierkanten und finden nichts. Die Oberfläche ist einfach absolut glatt.

Saubere Lackierarbeit hat in unserem Hause Tradition. Großvater war selbständiger Lackierer und gab seine Erfahrungen an meinen Vater weiter. Nach Abschluß meiner Lehre studierte ich Design. Seit 1975 bin ich freier Mitarbeiter in Luigi Colanis Team und wirke bei der

Einzel-Stücker: Peter Stücker garantiert bei seinen Arbeiten für hohe Exklusivität. Das garantiert dem Kunden seine persönliche Maschine.

Sprechstunde: Zunächst bespricht Peter Stücker die Entwürfe mit dem Kunden. Hin und wieder notwendige Rückfragen laufen anhand von Fotomaterial übers Telefon.

Gestaltung von Rennwagen, Flugzeugen, Autos und natürlich Motorrädern mit. Das sind Jahre der Erfahrung, die meine künstlerische Entwicklung nachhaltig beeinflußten.

Heute ist unser Atelier mit seinem sechsköpfigen Team eine begehrte Adresse – auch in Bikerkreisen. Aus ganz Deutschland und sogar aus dem Ausland liefern Kunden ihre Maschinen an. Obwohl sie genau wissen, daß meine Arbeiten nicht ganz billig sind, exklusive Designs kosten ab etwa 1800 Mark. Nach oben gibt es kaum eine Grenze. Dafür garantiere ich aber auch

für Exklusivität. Jedes Bike, das Sassenberg verläßt, ist ein Unikat – und bleibt es auch.

In der Werkstatt steht gerade eine Rennmaschine. »Sie haben freie Hand«, sagte der Fahrer. Das ist mir natürlich am liebsten. Für dieses Motorrad habe ich ein Design mit den indianischen Symbolen für Geschwindigkeit entwickelt. Das trifft, so denke ich, das Thema Rennsport am genauesten. Und darauf kommt es ja auch dem Edelbiker an: das Thema zu treffen.

Peter Stücker/Jürgen Gaßebner

Lackieren

Was für andere der Kaffee, ist für den Edelbiker die Lackierung: die Krönung. Die schönste Verkleidung, die aufwendigsten Fräsarbeiten und das leichteste Carbon-Laminat gehen unter, wenn bei der Lackierung gemurkst wurde. Designer Peter Stücker hat sich der drei PS-Edelbikes angenommen und jeweils ganz unterschiedliche Stilrichtungen an ihnen umgesetzt.

In schlichtem Blau-Metallic übt die Martin-Honda vornehme Zurückhaltung. Einfarbig wurde ihre Lackierung deshalb gewählt, um lediglich die Technik des verchromten Rohrrahmens sowie die hübschen Details wirken zu lassen. Der ausgesuchte Blau-Ton harmoniert zudem perfekt mit den in derselben Farbe eloxierten Aluminiumteilen wie Motorhalteplatten oder Fußrastenanlage.

Bei der Triumph 900 kam in Anlehnung an die aktuelle Serienversion Daytona 900 als Grundfarbe nur Gelb in Frage. Dem anvisierten Sportzweck trugen schwarze Startnummernfelder Rechnung.

Allein der Beiname 'Replica' am Nachbau der Werks-Honda RS 750 R diktierte die optische Gestaltung des Motorrads. In Frage kam nur die Original-Lackierung der Endurance-WM-Maschinen, wie sie unter anderem vom französischen Werksteam und direkt von HRC in den Jahren 1984 und 1985 eingesetzt wurden. Besonders wichtig dabei waren die identischen Rot-Töne an Verkleidung, Tank, Sitzbank und am mit hitzefestem Hycote-Lack beschichteten Motorgehäuse. Dasselbe Rot verwendete ich übrigens für die obere Hälfte der speziell angefertigten HRC-Aufkleber. Wie Peter Stücker bei dieser Lackierung vorging, beschreiben die folgenden Seiten.

Bevor überhaupt an einen Farbauftrag gedacht werden kann, müssen alle notwendigen Bohrungen gesetzt und die Befestigungen ausgeklügelt sein. Das muß im Vorfeld erledigt werden, da nicht selten Beschädigungen die Folge solcher Nacharbeiten

Spachtel-Bomber: Nachdem alle Verkleidungteile naßgeschliffen wurden, gleicht man grobe Unebenheiten sorgfältig mit Polyesterspachtel aus. Den Formschliff der Spachtelstellen macht man mit Schwingschleifer oder Schleifklotz.

Position beziehen: Vor dem nächsten Arbeitsgang legt man probeweise die Positionen der Schriftzüge fest und vermißt die benötigten Größenformate.

Andere Dimension: Der Honda-Aufkleber war zu klein, der Eckert-Schriftzug zu groß fürs Heck. Die Digitalisiertechnik mit dem Computer ermöglicht die Fertigung optimaler Größen.

sind. Schleifen Sie alle zu lackierenden Verkleidungsteile der Maschine also zunächst mit Naßschleifpapier der Körnung 320 und bauen Sie sie an. Eventuelle Paßprobleme sind jetzt noch bequem zu lösen.

Im zweiten Arbeitsgang werden alle Unebenheiten der Teile mit Polyester-Feinspachtel (Prestolith Plastic) ausgeglichen. Tragen Sie den Spachtel sparsam mit einer

Kunststoffklinge auf. Für eine gute Raumdurchlüftung muß wegen der giftigen Polyesterdämpfe natürlich gesorgt sein. Nach völligem Durchhärten sind die Stellen entweder mit dem Schwingschleifer (320er Körnung) oder mit dem Schleifklotz (320er Körnung) nachzuarbeiten. Gerade diese Arbeit ist sehr zeitintensiv, da man in der Regel ständig neue Unebenheiten ent-

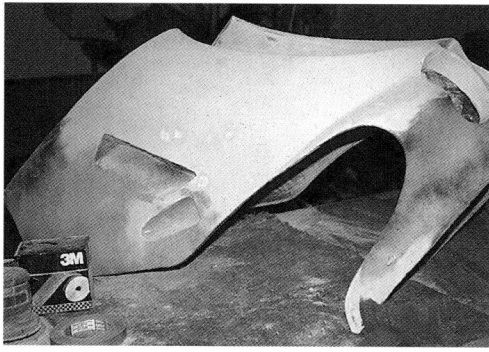

Gefüllt: Eine Schicht Füller schließt selbst winzige Poren und gleicht geringe Unebenheiten nachträglich aus. Außerdem dient er als Haftvermittler zwischen Lack und Untergrund.

Handarbeit: Während des Naßschleifens ist die Oberflächenqualität immer wieder durch Überstreichen mit der Handfläche zu kontrollieren.

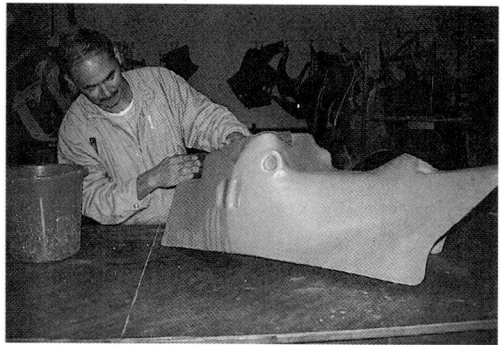

Naßgemacht: Ein kleiner Schwamm in der linken Hand sorgt für kontinuierlichen Wasserzufluß. Die Rechte glättet die gefüllerte Sitzbank der RS 750 R Replica in kreisenden Bewegungen.

Basis-Arbeit: Die erste Lackschicht der Replica ist weiß und bietet mit ihrer Neutralität optimale Voraussetzungen für die späteren Zusatzfarben Blau und Rot.

deckt, die ausgeglichen sein wollen. Üben Sie sich trotz allem in Geduld, denn die Qualität des Endergebnisses hängt entscheidend von dieser Arbeit ab. Erst wenn keine Wellen mehr zu spüren sind, besteht die Aussicht auf eine wirklich professionelle Lackierung, die gerade ein Edelbike ausmacht.

Ist der Schleif- und Spachtelvorgang erfolgreich abgeschlossen, sollten zunächst Form und Größe der Schriftzüge und Embleme festgelegt werden. In vielen Fällen kann man zwar auf käufliche Aufkleber im Zubehörhandel zurückgreifen, doch besteht nicht selten die Notwendigkeit, spezielle Klebedesigns zu entwickeln. Besorgen Sie sich also entsprechende Vorlagen aus Zeitschriften oder von Fotos, und bestimmen Sie die Positionen der Schriftzüge auf den zu lackierenden Teilen. Zusammen mit einer exakten Farb- und Größenangabe sind Aufkleberfirmen in der Lage, über eine Computer-Digitalisierung nahezu jede beliebige Variante eines Schriftzuges als Klebefolie oder als Maskierfilm (Lackierschablone) herzustellen. Alle Schriftzüge unserer drei Edelbikes entstanden auf diese Weise.

Im zweiten Arbeitsgang erfolgt das Aufspritzen des Füllers. Er verschließt kleine, unsichtbare Poren und dient als verbindender Untergrund (Haftgrund) für die spätere

Lackierung. Generell verwenden Lackierbetriebe nur Acryllacke auf Zwei-Komponenten-Basis – also mit einem zusätzlichen Härter. Die ebenfalls im Handel erhältlichen Kunstharz- oder Nitro-Combi-Lacke taugen bestenfalls für ein Balkongeländer, nicht jedoch für ein Fahrzeug. Hände weg also von diesen Lacken. Im Zuge des Umweltschutzes entwickelten die großen Chemie-Konzerne bereits Acryllacke auf Wasserbasis. Diese sind für die Fahrzeug-Lackierung zwar noch nicht erhältlich, werden sich im Laufe der nächsten Jahre aber sicherlich auf breiter Front durchsetzen. Im Gegensatz zu den für hier verwendeten Acryllacken sind diese weitgehend frei von Lösungsmitteln und damit weit weniger schädlich für Umwelt und Gesundheit.

Der Auftrag des Füllers erfolgt mit einer Druckluft-Spritzpistole im sogenannten Kreuzgang. Dabei wird in waagerechter Richtung parallel Farbe aufgespritzt. Im rechten Winkel zu diesen Bahnen erfolgt direkt im Anschluß ein weiterer Farbauftrag. Nachdem die Füllerschicht völlig durchgehärtet ist, kann sie mit 400er-Papier sorgfältig naßgeschliffen werden. Oft stellen sich bei dieser Arbeit noch kleine Unebenheiten heraus, die nachträglich mit Feinspachtel auszugleichen und zu verschleifen sind. Selbstverständlich müssen

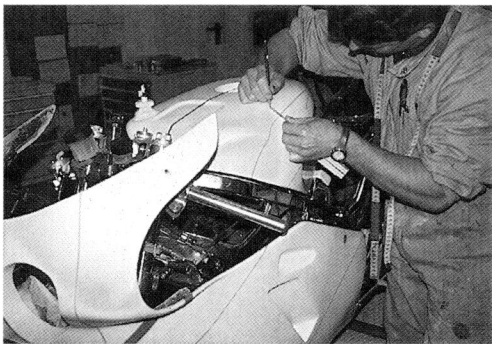

Das große Messen: Mit einem flexiblen Maßband und einem weichen Bleistift werden exakte und symmetrische Anhaltspunkte für die Lackierkanten festgelegt.

Band-Erscheinung: Der Fortlauf der mit Klebeband gezogenen Lackierkanten läßt sich nur in montiertem Zustand der Teile hundertprozentig sicher festlegen.

die korrigierten Stellen dann nochmals mit Füller überzogen werden, um einen homogenen Lack-Unterbau zu garantieren.

Bei mehrfarbigen Lackierungen wie im Falle der RS 750 R Replica muß die hellste Farbe zuerst als Basislack ganzflächig aufgetragen werden. Das verhindert Deckungsprobleme sowie Schattierungen und garantiert Farbechtheit selbst bei dünnen Lackschichten. Bei einfarbigen Lackierungen wie bei der Martin-Honda spielt das allerdings keine Rolle und der Farbauftrag kann direkt auf die Füllerschicht erfolgen. Im Falle der Martin-Honda weicht das Verfahren aufgrund des verwendeten Metallic-Lacks etwas ab. Direkt nach dem Ablüften des vorgelegten Blau-Metallic muß nach

zirka 30 Minuten eine Schicht Klarlack aufgebracht werden. Zwei-Schicht-Metallic-Lacke werden also im 'Naß-in-Naß'-Verfahren aufgespritzt.

Nach gutem Durchtrocknen in der Lackierhalle kann 24 Stunden später eine weitere Lackschicht in Angriff genommen werden. Bei der Martin und der Triumph demnach eine weitere Schicht Klarlack, bei der Honda die roten Anteile der Lackierung. Vorab sollte sowohl der Klarlack als auch der weiße Basislack mit Naßschleifpapier der Körnung 800 vorsichtig abgezogen werden, um eine gute Verbindung zu gewährleisten. Vorsichtig deshalb, um ein Durchschleifen des Lacks an Kanten oder engen Radien zu vermeiden. Passiert dies

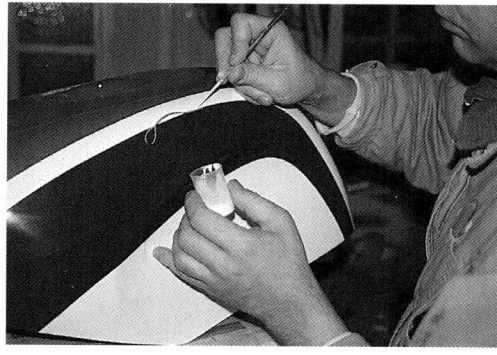

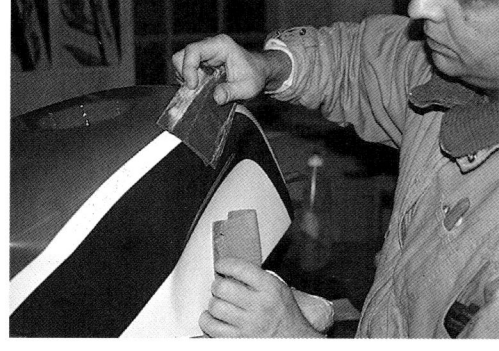

Feinarbeit: Kleine Lackfehler, die beim Abziehen des Klebebands entstehen, korrigiert man mit einem feinen Haarpinsel und einigen Tropfen Originallack.

Der letzte Schliff: Die ausgebesserte Stelle muß – wie das ganze Teil – vor der folgenden Klarlackschicht mit 1200er Papier sorgfältig naßgeschliffen werden.

Die Unvollendete: Um die Schriftzüge anzubringen, müssen die Verkleidungsteile montiert werden. Nur dies garantiert eine optisch harmonische Positionierung.

doch einmal, muß nachlackiert werden. Bei kleinen Stellen mit einem feinen Haarpinsel, bei größeren mit der Spritzpistole.

Die bereits erwähnten Schriftzüge, wie wir sie für die Martin und die Triumph aus selbstklebender Folie und Letraset-Material verwandten, müssen bei deckenden Lacken (Triumph) vor der ersten und bei Metallic-Lacken (Martin) vor der zweiten Schicht Klarlack aufgetragen werden. Danach erfolgen mehrere Schichtaufträge mit

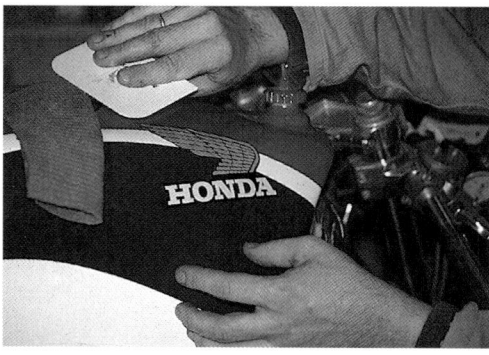

Druck-Sache: Mit einem weichen Kunststoffspachtel streicht man von innen nach außen über den Aufkleber. So entweichen eingeschlossene Luftblasen rasch.

Klarlack, die jeweils mit Naßschleifpapier der Körnung 1200 vorbehandelt werden. Je mehr Klarlackschichten verwendet werden, desto größer ist die Tiefenwirkung des Lacks und der darunter liegenden Schriftzüge. Außerdem lassen sich durch mehrfachen Lackauftrag und wiederholtes Naßschleifen Aufkleberkanten völlig egalisieren. Unmittelbar vor jedem Lackiergang wischt man die zu lackierenden Flächen mit einem Honigtuch ab, das Staub und Fasern aufnimmt und für eine homogene Lackschicht ohne Einschlüsse sorgt.

Um im Falle der Honda sowohl Rot als auch Blau im gewünschten HRC-Design lackieren zu können, waren zunächst alle Lackierkanten mit einem absolut dicht klebenden und leicht verformbaren Klebeband anzulegen. Selbstverständlich mußten die Verkleidungsteile dabei am Motorrad montiert sein, um einen exakten und symmetrischen Verlauf der Linien sicherzustellen. Mit Krepp-Band und Abdeckpapier deckten wir vor dem jeweiligen Farbauftrag die andersfarbigen Bereiche der Teile ab. Die Abklebearbeiten erfordern ein sehr gutes Augenmaß – nicht jeder hat es. Zur Si-

Tonangebend: Besonders wichtig war im Falle der Replica ein identisches Rot für Verkleidungsteile und Motor. Selbst in den HRC-Aufklebern wurden Rot und Blau der Lackierung wieder aufgefangen.

cherheit arbeitet man deshalb besser mit einem flexiblen Metermaß, um verschiedene Anhaltspunkte der Linien auszumessen. Markierungen werden mit einem weichen Bleistift gesetzt.

Sind alle Farben aufgespritzt, kommt es hin und wieder vor, daß beim Abziehen der Klebebänder kleine Einrisse und damit Fehler im Lack entstehen. Solche meist kleinen

Abschlußprüfung: Bevor der Klarlack den Hochglanz spendiert, sind alle Arbeiten vorher nochmals eingehend zu prüfen und Fehler gegebenenfalls zu korrigieren.

Stellen bessert man mit einem feinen Haarpinsel, wie er für Wasserfarben-Malerei verwendet wird, aus. Nach dem Trocknen der Lackstelle wird dann das ganze Teil sorgfältig mit 1200er Papier naßgeschliffen, abgewaschen und trockengerieben. Mit dem Honigtuch wischt man Fusseln und Schleifstaubreste ab.

Vor der nun folgenden ersten Klarlackschicht brachten wir die Aufkleber an unserer RS 750 R Replica auf. Um ein optimales Ergebnis zu erzielen, montierten wir die Verkleidungsteile dazu an das Motorrad. Wie bereits gesagt, handelte es sich bei allen Schriftzügen um Sonderanfertigungen, die mit einem Computer hergestellt wurden. Bei dem von Peter Stücker verwendeten Aufklebertyp handelte es sich um selbstklebendes Folienmaterial, dessen Klebeseite ein Wachspapier schützt. Die Oberseite wiederum ist mit einer Trägerfolie bezogen. Beim Aufbringen dieser Schriftzüge zieht man – nachdem die exakte Position festgelegt wurde – das Wachspapier ab und drückt die Aufkleber mit dem Finger von einer Seite zur anderen auf den

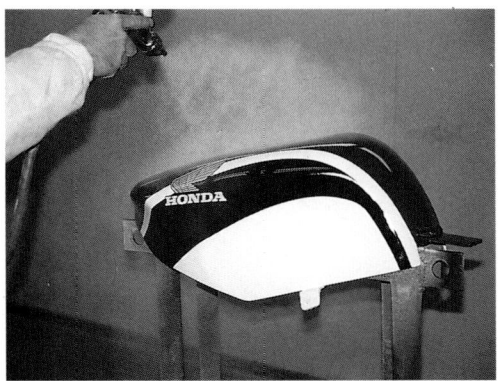

Alles klar: Vier Schichten Klarlack und jeweiliges Zwischenschleifen mit 1200er Papier liefern ein sehr gutes Ergebnis. Bis zu 15 Schichten sind möglich.

Lack. Eine Arbeit, die ein wenig Übung erfordert, denn oftmals werden kleine Luftblasen eingeschlossen oder die Folie wirft ein Fältchen. Es schadet daher nicht, wenn mit einigen Folienresten zunächst auf einer Glasplatte oder etwas ähnlichem ein wenig geübt wird. Sitzt der Aufkleber perfekt, drückt man ihn mit einer weichen Kunststoffspachtel (Teigschaber) fest an den Lack. Dabei streicht man mit der Spachtel immer von innen nach außen, um eventuell eingeschlossene Luftblasen herauszudrücken. Passiert es doch einmal, daß eine Luftblase eingeschlossen bleibt, hilft ein kleiner Pieks mit der Stecknadel. Durch das winzige Loch kann die Luft schließlich entweichen, und die Einstichstelle ist nach festem Andrücken nicht mehr zu sehen.

Mit insgesamt vier Schichten Klarlack überzog Peter Stücker unsere Replica-Teile. Durch jeweiliges Zwischenschleifen mit 1200er Papier sind die Aufkleberkanten nun kaum mehr zu spüren. Vier weitere Schichten hätten das Ergebnis zwar nochmals verbessert, doch gleichzeitig auch das Gewicht in die Höhe getrieben. Und dies ist bei einer Rennmaschine nun nicht unbedingt wünschenswert.

Die letzte Lackierarbeit betrifft stets die Verkleidungs-Innenseite. Zweckmäßig ist, sie für alle Lackiergänge abzudecken, um unnötige Farbnebel zu vermeiden. Zwar

kann man den Innenraum auch natur belassen, doch sieht ein herauslackiertes Interieur immer professioneller aus. Schwarzer oder weißer Seidenmatt-Kunstharzlack aus dem Baumarkt eignet sich am besten hierfür. Er kann mit dem Pinsel aufgetragen werden. Für die Innenräume der Replica-Verkleidung wählten wir übrigens schwarzen Matt-Lack.

Nach erfolgreichem Abschluß der Lackierarbeiten folgt die Montage der Schnellverschlüsse sowie der Verkleidungsscheibe. In der Regel sind die Verschlußteile mit kleinen Sicherungsringen befestigt. Dünne Nylonscheiben schützen den Lack zudem vor Druckstellen bei der Montage. Auf diesen beiden Dingen sollte also das Augenmerk liegen. Ideal für die Montage der Verkleidungsscheibe eignen sich Nylonschrauben nebst Muttern. Sie sind leicht, unempfindlich gegen Witterungseinflüsse und besitzen aufgrund ihrer Material-Elastizität obendrein leichte Dämpfungseigenschaften. Das Risiko von Vibrationsrissen um die Befestigungslöcher in der Scheibe wird auf diese Weise deutlich minimiert.

Da die meisten Verkleidungsscheiben mit einem deutlichen Übermaß geliefert werden, kommt man um einen Zuschnitt nicht herum. Ich habe mir allerhand Tips geben lassen, wie man die Scheiben am besten und ohne Risiko von Einrissen zuschneidet. Die Erfahrung (die mitunter teuer bezahlt wurde) führte letztlich immer wieder zu derselben Methode: Mit einigen Streifen Krepp-Band werden zunächst die exakten Umrisse der Scheibe festgelegt, dann wird sie wieder abgenommen. Mit einem scharfen Messer, das in der Flamme eines Bunsenbrenners zur Rotglut erhitzt wurde, wird entlang der festgelegten Linie geschnitten. Im Gegensatz zum Sägen oder Flexen hat diese Heißschnitt-Methode den Vorteil, daß das Scheibenmaterial praktisch keinen Spannungskräften ausgesetzt wird. Sprünge und Risse können so nie auftreten. Außerdem erzielt man mit der heißen Klinge eine glatte und homogene Schnittfläche,

Glänzendes Ergebnis: Auf den ersten flüchtigen Blick ist die RS 750 R Replica kaum vom Original zu unterscheiden. Vor allem die Schriftzüge fügen sich harmonisch ein.

was wiederum Rissen durch Kerbwirkung vorbeugt. Nach erfolgtem Zuschnitt sind die Schnittkanten lediglich mit grobem 120er Schmirgelpapier und Schleifklotz zu brechen. Das Ergebnis kann dann voll überzeugen.

Letzter Punkt zum Thema Lackieren ist das Polieren. Hin und wieder passiert es auch dem Profi, und eine kleine 'Nase' läuft irgendwo aus einem Luftschacht heraus oder an einer winkligen Kante herunter. Das ist dann zunächst ärgerlich, aber nicht schlimm. Zwei bis drei Tage nach dem Aufspritzen der Lackschicht können solche kleinen Pannen zunächst mit 400er, dann mit 800er und letztlich mit 1200er Papier herausgeschliffen werden. Um letztlich der matten Oberfläche wieder Spiegelglanz zu geben, bearbeitet man die Stelle abschließend mit Polierpaste und einem weichen Baumwollappen. Auf diese Weise lassen sich übrigens auch eingeschlossene Schmutzpartikel im Lack bestens nachbearbeiten.

Generell sollte man dem frischen Lack aber nicht unmittelbar nach der Lackierung mit Poliermitteln zu Leibe rücken. Dies ist nur in den beschriebenen Ausnahmefällen sinnvoll. Besser ist es, etwa vier Wochen zu warten und dann die ganze Maschine mit einer hochwertigen Lackpolitur zu behandeln. Sie gibt nicht nur Glanz, sondern auch Schutz, da sie den Lack mit einer hauchdünnen Wachsschicht sozusagen versiegelt. Auf diese Weise währt lange Freude an der aufwendigen Lackierung.

Kunststoffbeschichten

Ein Edelbike mittels einer hochwertigen Lackierung optisch ansprechend auf die Räder zu stellen, ist eigentlich nicht schwierig. Weitaus mehr Kopfzerbrechen bereitet dagegen die Dauerhaltbarkeit von Lackoberflächen gerade am Rahmen. Steinschläge oder kurzes Anstoßen beim Motoreinbau hinterlassen auf dem harten und spröden Lack sofort Spuren – er platzt ab. Deshalb haben sich verschiedene Spezialbetriebe der Kunststoffbeschichtung verschrieben, die einen schlagzähen und

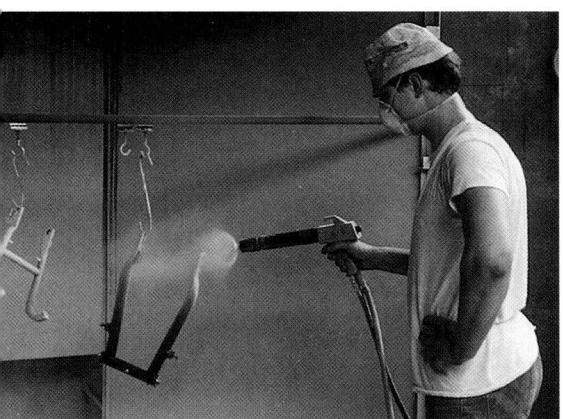

Lade-Meister: Rahmen und Kunststoffpulver sind elektrisch entgegengesetzt geladen, wodurch das Pulver haftet. Bei 200 Grad Celsius schmilzt das Pulver im Ofen und die eigentliche Beschichtung entsteht.

damit stoß- und schlagresistenten Schutzüberzug für Motorradrahmen bietet.

Vor dem Überzug mit der Kunststoffhaut muß das Rohrwerk sandgestrahlt werden, um einen haftfähigen Verbund zu gewährleisten. Vor diesem Arbeitsgang sind unbedingt alle Lager zu entfernen, die Lagersitze mit Gewebeband abzukleben und offenliegende Gewinde mit alten Schrauben zu schützen. So werden irreparable Beschädigungen vermieden.

Sehr zäh: Der Vorteil der Kunststoffbeschichtung liegt in seiner Zähigkeit. Im Gegensatz zu sprödem Lack kann dieser Überzug nicht abplatzen und hält so auch Schlägen und Stößen stand.

Danach werden die sandgestrahlten Teile aufgeladen. Das entgegengesetzt aufgeladene Kunststoffpulver haftet nun durch den physikalischen Effekt, daß sich entgegengesetzt geladene Teile anziehen. Der so beschichtete Rahmen wird im Ofen bei einer Temperatur von rund 200 Grad Celsius erhitzt, was das Kunststoffpulver zum Schmelzen bringt.

Im Gegensatz zu lackierten Chassis glänzen kunststoffbeschichtete Rahmen stets etwas matt. Außerdem ist die Oberfläche der Kunststoffhaut stets etwas narbig. Daher empfiehlt sich ein zweiter Überzug mit transparentem Kunststoff, der den gewünschten Glanz bringt. Auf diese Weise ist ein Motorradfahrwerk für viele Jahre dauerhaft vor Beschädigungen, Roststellen und damit vor Unansehnlichkeit geschützt. Etwa 500 Mark kostet eine Behandlung mit zwei Schichten. Die Farbpalette umfaßt rund 400 Töne.

Flammspritzen

Die wenigsten unter den Edelbikern sind in der glücklichen Lage, sich ihr Motorrad vollständig aus Neuteilen aufzubauen oder – sie wollen es gar nicht. Oft ist es gerade ein Motorrad älteren Jahrgangs, das als Umbauobjekt in Frage kommt. Für alle Hobby-Restauratoren ist das Flammspritzen besonders interessant, ein Verfahren, daß sich hervorragend zur Instandsetzung verrosteter Auspuffschalldämpfer oder Fahrgestelle eignet.

Dabei wird mittels Druckluft verflüssigtes Aluminium auf den Metallmantel der Auspuffanlage oder die Rahmenrohre gespritzt. Vorher muß die Oberfläche aber von Rost, Chrom oder Farbe mit einem Sandstrahlgebläse völlig befreit werden. Nur dann haftet die aufgespritzte Aluminiumschicht wirklich dauerhaft. Außerdem sollte die verbleibende Reststärke des Metalls noch mindestens 80 Prozent des Neuteils betragen, um spätere Vibrationsrisse auszuschließen. Vor dem Sandstrahlen sind eventuell vorhande-

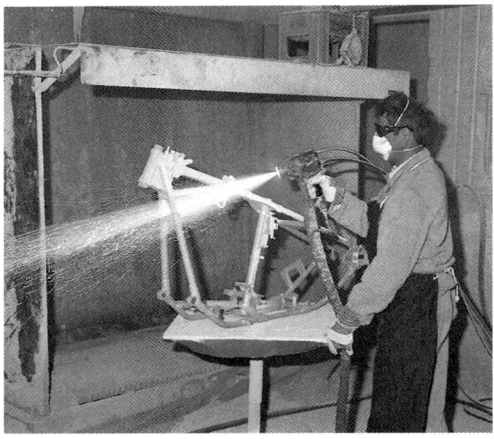

Flamm-Rohr: Mit einer Druckluftpistole wird verflüssigtes Aluminium auf die vorher sandgestrahlte Oberfläche aufgetragen. Der so erzielte Rostschutz ist dauerhaft.

ne Gewinde sorgfältig mit Gewebeband abzukleben, um Beschädigungen zu vermeiden.

Der Auftrag des Aluminiums geschieht mit einer Druckluftpistole, in der zwei Aluminiumdrähte miteinander verschmolzen werden. Druckluft schleudert die Schmelzpartikel mit etwa sechs bis zehn bar auf das Werkstück – in diesem Falle den Auspuff. Auf diese Weise haben wir für 100 bis 200 Mark – je nach Größe – dauerhaften Schutz vor Rost für lange Zeit.

Im letzten Arbeitsgang wird die flammgespritzte Oberfläche des Auspuffs mehrmals mit hitzefestem Lack versiegelt. Im Handel sind sogenannte Thermo-Lacke bis etwa 650 Grad Celsius erhältlich, die zwischen 15 und 25 Mark pro halbem Liter kosten. In der Regel sieht das dann schon recht ordentlich aus, im Bereich der heißen Auspuffkrümmer oder beim Kontakt mit Benzin oder Kaltreiniger kann es Ärger geben. Mein Tip: Statt der teuren Lacke Glutofix drauf, eine Streichfarbe, wie sie üblicherweise für Ofenrohre verwendet wird. Sie ist deutlich preiswerter, ergiebiger und – nach völliger Austrocknung und mehrmaliger Erhitzung des Auspuffs sogar benzinfest. Fahrgestelle können in konventioneller Manier lackiert werden.

Polieren

Der Wahlspruch »Außen hui, innen pfui« darf für ein Edelbike nicht gelten. Eine vorzüglich lackiertes Motorrad muß auch ohne buntes Plastik gut aussehen, auch dort, wo das Auge nur schwer hinfindet.

Die billigste Möglichkeit, ein Motorrad optisch zu veredeln, ist zweifellos das Polieren von Aluminium und Edelstahl. Ob Leichtmetallräder, Motordeckel oder Auspuffanlage – alles läßt sich mit einer Bohrmaschine, etwas Zubehör und reichlich Zeit auf Hochglanz bingen. Benötigt wird dazu ein Horizontal-Bohrständer, in dem sich die Bohrmaschine parallel zur Werkbankplatte montieren läßt. Außerdem ist ein Schleif- und Polierkit notwendig, wie ihn beispielsweise Team Métisse anbietet.

Erster Arbeitsgang ist das völlige Ablacken des zu polierenden Teils mit Abbeizpaste oder Schleifpapier. Auch thermisches Entlacken funktioniert recht gut, allerdings ist dies eine Aufgabe für Spezialbetriebe. Einfach ein Heißluftgebläse an einen Lichtmaschinendeckel zu halten, wäre wegen der Verzugsgefahr nicht ratsam. Im zweiten Schritt werden etwa vorhandene tiefe Kratzer mit Lamellenschleifern herausgearbeitet.

Total blank: Der vernickelte Rahmen der RS 750 R Replica sowie polierte Details wie Motordeckel, Auspuff, Schwinge und Gabelbrücken ließen die RS 750 R Replica zum Blickfang geraten.

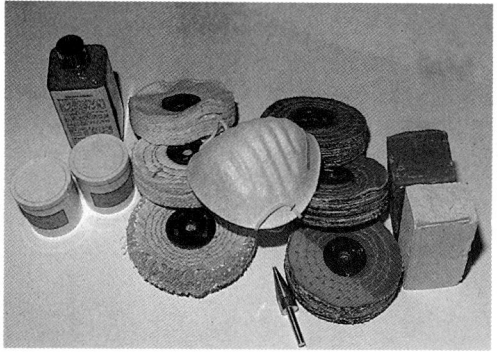

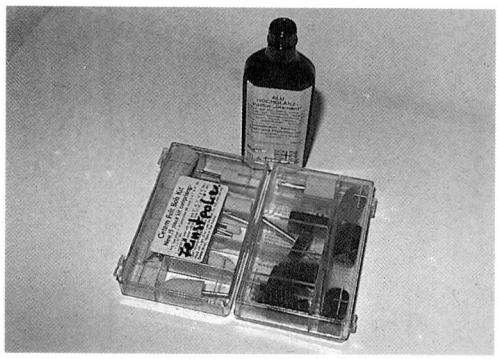

Schwabbelig: Mit Polierwachs, Schwabbelscheiben und Bohrmaschine rückt man Aluminium und Edelstahl zu Leibe, um ein hochglänzendes Ergebnis zu erhalten.

Vorher – nachher: Mit den Feinstpolierstiften und Diamantpolitur lassen sich auch verwinkelte Ecken auf Hochglanz bringen. Grobe Vorarbeiten erledigt man mit Lamellenschleifern.

Der eigentliche Poliervorgang beginnt mit dem Vorpolieren. Dazu spannt man die harte Schwabbelscheibe auf den Aufnahmedorn für die Bohrmaschine und hält den Riegel mit dem Vorpolierwachs kurz an die rotierende Scheibe. Jetzt wird das Metallteil gegen die Schleifscheibe gedrückt, und zwar abwechselnd versetzt im Winkel von 90 Grad, um Riefenbildung zu vermeiden und ein gleichmäßiges Polierbild zu erzielen. Nach dieser Methode wird das ganze Werkstück bearbeitet.

Wachsam: Vor dem Polieren hält man den Wachsriegel an die rotierende Scheibe. Anfangs lieber zuwenig als zuviel Wachs verwenden, da dies sonst zu Schlieren auf dem Werkstück führt.

Letztlich Hochglanz bringt die weiche Schwabbelscheibe in Verbindung mit dem Hochglanzwachs. Die Prozedur ist dieselbe wie beim Vorpolieren. Für den Schwabbelteller schwer zugängliche Stellen können von Hand mit 800er und 1200er Schleifpapier vorgearbeitet und anschließend mit Metall-Polierpaste (Autosol) hochglänzend herauspoliert werden. An der RS 750 R Replica wurden auf diese Weise die Ventil-, Kupplungs- und Lichtmaschinendeckel, die Ritzelabdeckung sowie Schwinge, Gabelbrücken und Auspuffanlage auf Spiegelglanz gebracht. Der gutgemeinte Ratschlag, polierte Teile mit Klarlack vor Korrosion zu schützen ist übrigens nur wenig hilfreich. Erstens haftet der Lack auf der spiegelglatten Oberfläche nicht lange, und zweitens neigt er auf starker Wärme ausgesetzten Motorteilen zum Ausbleichen. Machen Sie sich also lieber hin und wieder die Mühe, das gutes Stück mit Metall-Polierpaste auf Vordermann zu bringen. Der warme, technische Glanz polierten Aluminiums oder Edelstahls entschädigt längstens für die gelegentliche Polierstunde.

Noch eines zum Thema Polieren: Köpfe von Aluminium- oder VA-Schrauben lassen sich sehr einfach auf Hochglanz bringen. Man überklebt ihr Gewinde mit Gewebe-Isolierband, spannt sie in die Bohrmaschine und läßt sie mit hoher Drehzahl rotieren. Zunächst hält man Scheifleinen der Körnung 400 dagegen, später 800er Leinen mit etwas Schleifpaste. Nach kurzer Schleifzeit – etwa 30 bis 40 Sekunden – wird die Schraube wieder ausgebaut, vom Klebeband befreit und zur Reinigung kurz in Universal-Verdünnung geschwenkt. Nachträgliches Reiben mit einem weichen Baumwollappen bringt den gewünschten Hochglanz.

Galvanische Metallveredelung

Der Motorradrahmen ist zweifelsohne ein besonders dankbares Veredelungsobjekt. Wie das richtig gemacht wird, soll exemplarisch am Beispiel des Rahmens der Honda VF 750 F, der aller unnötigen Halterungen beraubt und mit Drahtbürste und Abbeizpaste entlackt wurde, durchexerziert werden. Das im serienmäßigen Silberlack recht unscheinbar wirkende Rohrwerk erhält mittels einer Nickelschicht deutlich mehr Attraktivität. Da die galvanische Metallveredelung einer der Eckpfeiler beim Bau eines Edelbikes ist, muß zunächst auf einige grundsätzliche chemische Vorgänge

beim Vernickeln und Verchromen eingegangen werden.

Den Pluspol einer Gleichstromquelle bildet eine Metallplatte, die Anode. Das mit der gewünschten Metallschicht zu überziehende Werkstück wird hingegen an den Minuspol, die Kathode angeschlossen. Anode und Kathode hängen in einem Becken, in dem sich Säure mit in ihr aufgelöstem Metallsalz befindet. Dieses Säurebad nennt sich 'Elektrolyt'.

Wird nun Spannung angelegt, wandern die im Salz enthaltenen Metall-Ionen zur Kathode und schlagen sich auf dem Werkstück nieder, wohingegen sich die übrigbleibenden Salz-Ionen an der Metallplatte der Anode sammeln. Der Vorgang spielt sich solange ab, bis der Elektrolyt vollständig ausgearbeitet ist, sich also alle vorhandenen Ionen zur Anode beziehungsweise Kathode orientiert haben.

In der Praxis nützt uns dieses physikalische Verständnis freilich nicht viel, denn

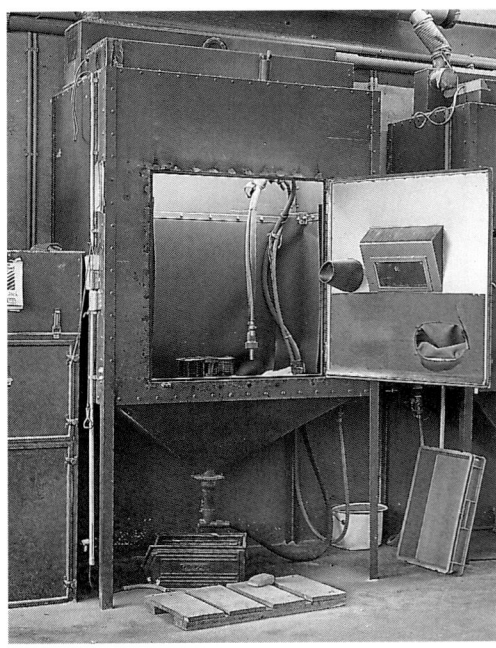

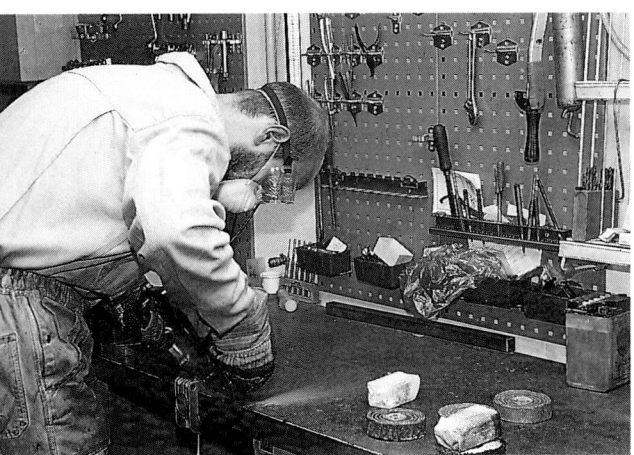

Kraftakt: Das Werkstück will mit Kraft gegen die rotierende Scheibe gedrückt werden. Ein homogenes Polierbild erhält man durch ständiges Wechseln der Polierrichtung um 90 Grad.

Sand-Erscheinung: In einer hermetisch abgedichteten Strahlkabine gehen Sandstrahlarbeiten sauber und vor allem sicher über die Bühne.

Strahlemann: Unter hohem Druck werden die Sandpartikel auf das Werkstück geschleudert. Das Ergebnis ist eine Oberfläche, die der von Schmirgelpapier nicht unähnlich ist.

kaum jemand wird ernsthaft auf den Gedanken kommen, sich eine derartige Apparatur in die Heim-Werkstatt zu stellen. So bleibt also nur der Weg zum Galvaniseur, der auf diese Arbeit spezialisiert ist.

Bevor mit dem Verchromen oder Vernickeln begonnen werden kann, müssen die zu behandelnden Teile völlig blank gemacht und außerdem hochglanzpoliert werden. Der traditionelle Aufbau einer Chromschicht beginnt mit einem elektrolytisch aufgebrachten Kupferüberzug, gefolgt von einer Nickelschicht. Nach dem Aufbringen beider Schichten sollte, um ein optimales Ergebnis zu erhalten, nochmals zwischenpoliert werden. Den Abschluß bildet die Chromschicht. Prinzipiell ist es möglich, auf die Kupferschicht zu verzichten und sofort mit Nickel zu beginnen. Aus Gründen der Haltbarkeit und der optischen Qualität rate ich davon jedoch ab. Wenn schon, denn schon drei Schichten.

Den Rahmen der RS 750 R Replica wurde so behandelt. Zunächst wurde eine Schicht Kupfer aufgetragen, die dann durch Bohrmaschine und Schwabbelscheibe auf Hochglanz poliert wurde. Danach folgte der Überzug mit Nickel, dessen Glanz im Gegensatz zu Chrom deutlich gelblicher und wärmer ist. Ein vernickeltes Fahrwerk wirkt einfach technischer und damit edler.

Da biste matt: Primärdeckel des 750er HRC-Motors anno 1987. Die nachträglich kugelverdichteten und mit Acetatlack behandelten Deckel sehen heute noch genauso gut aus.

Glanzstück: Die polierten Motordeckel für Lichtmaschine, Zylinderköpfe und Ritzel kontrastieren hervorragend mit dem knallrot lackierten Motorgehäuse.

Stunden später: Um den Primärdeckel der Replica in diesen Zustand zu versetzen waren einige Stunden Arbeit nötig. Der Edelstahlauspuff fraß ebenfalls nicht wenig Zeit.

Aber Vorsicht: Es sollen schon Rahmenbrüche nach dieser Behandlung aufgetreten sein. Nun, bei dem beschriebenen chemischen Prozeß versprödet das Metall – man spricht von der sogenannten 'Wasserstoff-Versprödung', die sich in erhöhter Rißgefahr niederschlägt. Glücklicherweise bietet die Galvano-Technik aber auch ein Verfahren an, das diesen Effekt wieder neutralisiert. Man nennt diese Nachbearbeitung 'Anlassen'. Dabei wird das elektrolytisch veredelte Metallteil zwei bis vier Stunden bei einer Temperatur von 150 bis 200 Grad Celsius getempert und erhält dadurch seine ursprünglichen Werkstoffeigenschaften. Sollten Sie also jemals ein Fahrwerk vernickeln oder verchromen, so lassen Sie sich die Durchführung dieses Vorgangs mit genauer Zeit- und Temperaturangabe bescheinigen. Der TÜV-Prüfer wird später nämlich danach fragen.

Eine weitere Möglichkeit, Metalle zu veredeln, ist das Eloxieren. Es funktioniert nur bei Aluminium – dort aber ist nahezu jeder beliebige Farbton realisierbar. Abhängig ist die Intensität der Farbe von der Legierung des Aluminiums. Reines Aluminium ergibt die intensivsten Töne, Legierungen mit erhöhtem Kupfer- oder Magnesiumanteil werden hingegen etwas dunkler. Nahezu reine Magnesiumteile werden fast schwarz. Gerade bei der Martin-Honda wurde viel mit Eloxal gearbeitet. Die komplette Fußra-

stenanlage, die Rahmenhalteplatten, verschiedene Motordistanzen sowie die Gabelbrücken erhielten so eine blaue Farbe, passend zur Lackierung. Dieses chemisch-elektrolythische Verfahren ist deutlich preisgünstiger als das Verchromen und wesentlicher haltbarer. Unter dem Stichwort »Galvanisierbetriebe« stehen Firmen im Branchen-Fernsprechbuch.

Die einfachste und preiswerteste Variante, Metalloberflächen zu veredeln, ist das Sandstrahlen. Aus Korrosionsgründen bietet sich diese Bearbeitung aber nur bei Aluminium an. Die Qualität der Oberfläche ist abhängig vom verwendeten Strahlgut. Möglich sind grobe und feine Korunde (Sand). Sie ergeben eine sehr filigran strukturierte Oberfläche. Glasperlen liefern ein etwas gröberes Strahlergebnis. Als zusätzlichen Bearbeitungsvorgang bieten Fachbetriebe das sogenannte 'Kugelverdichten' an. Der Aufprall kleiner Kugeln dellt die beim Strahlen entstandenen Metallspitzen etwas ein und macht die Oberfläche so etwas unempfindlicher gegen Verschmutzung.

Auf jeden Fall empfehlenswert ist aber ein Klarlacküberzug gestrahlter Flächen, um lange Freude am schönen Ergebnis zu haben. Gut geeignet sind matte Acryllacke, wie sie auch für die Fahrzeuglackierung verwendet werden. Sie haben lediglich den Nachteil, daß man die Lackschicht wahrnimmt. Optimal geeignet ist sogenannter Acetatlack, der in der Industrie zum Korrosionsschutz von Metallen eingesetzt wird. Ihn gibt es in Halbliter-Sprühdosen zu Preisen um 30 Mark. Das Auge nimmt ihn aufgrund seiner sehr geringen Schichtdicke nicht wahr, und das Teil sieht aus wie im Rohzustand.

Beim 750er HRC-Triebwerk wurden bereits 1987 sämtliche Motordeckel mit feinem Korund gestrahlt, kugelverdichtet und mit einem Acetatlack der Firma Chesterton überzogen. Das Ergebnis kann auch heute noch gefallen.

Sitzbänke polstern

Klein, aber wichtig: die Sitzbank. Das beste Edelbike nützt nichts, wenn man nicht darauf sitzen kann. Entwurf und Herstellung eines attraktiven Sitzbankpolsters sind kein Hexenwerk.

Basis eines jeden Polsters ist eine stabile und paßgenaue Grundplatte. Im Falle der Replica besteht sie aus zwei Lagen Carbon-Aramid-Laminat. Dazu überklebt man die Sitzbank selbst mit breitem Krepp-Band und verfährt beim Laminieren der Platte auf dem Sitzbankhöcker analog zum Verkleidungsbau. Zunächst also Trennwachs, dann Trennlack aufbringen. Nach dem Aushärten des etwa zwei Millimeter dicken

Epoxydlaminats legen wir symmetrisch zur Längsachse der Maschine mit einem dicken Faserschreiber die exakten Konturen fest und schneiden die Grundplatte mit dem Winkelschleifer zu.

Eine weitaus einfachere Möglichkeit ist die Herstellung einer solchen Platte aus thermoplastischem Kunststoff, wie er in Industriebedarfshäusern erhältlich ist. Aus einer drei Millimeter dicken Platte wird anhand einer vorher angefertigten Pappschablone das passende Stück mit der Stichsäge herausgetrennt und mit einem Heißluftgebläse vorsichtig über der Sitzbank in Form gebracht. Die Grundplatte der Triumph lightweight 900 entstand nach dieser Methode, und die Herstellung geht einfach bedeutend rascher und sauberer vonstatten als mit Harz und Gewebe.

Im zweiten Schritt wird der Polsterkern aufgebracht. Sinnvollerweise wird mit mindestens 20 Millimeter dickem Misch-Schaumstoff gearbeitet. Dieser garantiert ein Mindestmaß an Komfort und sitzt sich nicht so rasch durch. Für die Replica wählte ich 30 Millimeter dicken Schaumstoff, der mit einem scharfen Küchenmesser grob zugeschnitten wurde. Für die Verklebung des Polsters mit der Grundplatte eignet sich Kontaktkleber (Pattex) hervorragend. Wichtig ist bei der Verklebung, stets beide Seiten mit Klebstoff zu bestreichen, etwa zehn Minuten zu warten und den Schaumstoff dann

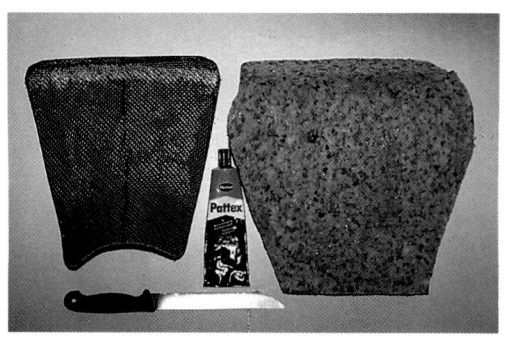

Sandwich: Auf die laminierte Carbon-Aramid-Platte wird mit Kontaktkleber großzügig ausgeschnittener Misch-Schaumstoff aufgeklebt. Die Überstände entfernt man mit einem scharfen Küchenmesser.

Lage zwei: Als Abdeckung bringt man eine Lage weichen Schaumstoff auf. Er verhindert, daß sich die Struktur des groben Schaumstoffes später auf der Lederoberfläche abzeichnet.

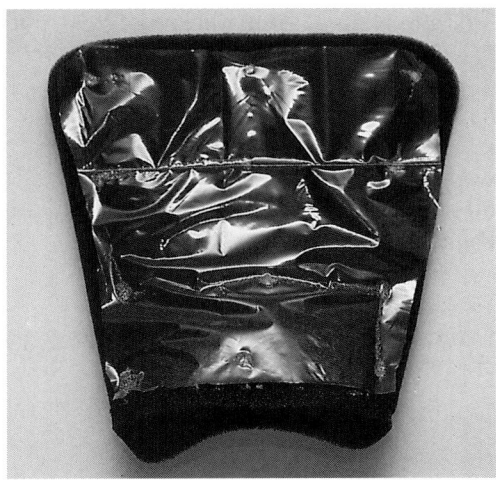

Total dicht: Um zu verhindern, daß sich das Polster bei Regenfahrten wie ein Schwamm vollsaugt, wird vor dem Bespannen eine dünne Plastikfolie aufgebracht.

Rothaut: Für das Polster der Honda RS 750 R Replica wählten wir dünnes Nubuk-Leder in einem knalligen Rot. Es läßt sich besonders einfach verarbeiten, ist jedoch empfindlich.

mit viel Kraft auf die Grundplatte zu drücken. Ebenfalls mit dem Küchenmesser entfernt man die Überstände entlang der Plattenkante. Eine ergonomisch günstige Form erzielen wir durch Verrunden der Kanten gleichfalls mit dem Küchenmesser.

Da ich für den Polsterbezug der Replica sehr dünnes Nubuk-Leder vorsah, war es wichtig, über den groben Schaumstoff noch eine Schicht dünnes Deckmaterial zu legen, die das Durchdrücken der Schaumstoffstruktur auf die Lederoberfläche verhindert. Ich wählte hierfür sehr weichen, zehn Millimeter dicken Schaumstoff, der unter der Spannkraft des Lederbezugs später fast völlig zusammengepreßt wird. Aufgebracht wird solch eine Decklage ebenfalls mit Kontaktkleber und später entlang den Plattenkanten abgeschnitten. Um ein Polster auch gegen Feuchtigkeit optimal zu schützen und sein Vollsaugen zu verhindern, überzieht man den Schaumstoff mit dünner Plastikfolie, die mit einigen Tropfen Kleber fixiert wird. Erst im Anschluß daran kann das Leder aufgezogen werden.

Während eines Türkei-Urlaubs 1991 erstand ich bei einem freundlichen Straßenhändler einen Quadratmeter knallrotes Nu-

buk-Leder. Dabei handelt es sich um eine hauchdünn gespaltene Wildlederart, die für Motorradsitzbänke eigentlich denkbar ungeeignet ist. Aufgrund der geringen Schichtdicke ist es wenig strapazierfähig und nach einigen Regenfahrten im Nu speckig. Also lediglich prädestiniert für Ausstellungszwecke. Einen Vorteil besitzt dieses Show-Leder dennoch, da es leicht dehnbar ist und sich somit sehr einfach und faltenlos über den Schaumstoff ziehen läßt.

Beim Beziehen eines Polsters fixiert man das grob zugeschnittene Lederstück auf der Unterseite mit einigen Streifen Klebeband und spannt es sukzessive nach. Wenn die optimale Paßform erreicht ist, verklebt man das Leder wie gewohnt mit Kontaktkleber auf der Unterseite der Grundplatte. Unnötige Überstände werden mit einer Rasierklinge abgeschnitten – fertig.

Nicht immer haben wir es aber mit so leicht zu verarbeitenden Ledersorten zu tun. Dickeres Leder wirft in den Ecken des Polsters in der Regel Falten und erfordert kleine Keil-Einschnitte, die wiederum mit der Leder-Nähmaschine vernäht werden müssen. Der Sattler spricht von sogenannten 'Abnähern'. Mit Mutters guter Nähmaschine und richtigen Ledernadeln funktioniert das, je nach Lederqualität, auch ohne professionelle Hilfe. Wie alles im Motorradbau ist auch dies eine reine Übungssache. Seien Sie also nicht frustriert, wenn die ersten beiden Bezüge in die Hose gehen. Immer denken: Übung macht den Meister.

Eine weitere Variante der Polsterherstellung ist die Verwendung reinen Zellkautschuks, der häufig mit Moosgummi verwechselt wird. Mit Kontaktkleber wird eine etwa 20 Millimeter starkes Gummistück mit der Grundplatte verklebt und die Überstände wie üblich mit einem scharfen Mes-

ser entfernt. Die Endbearbeitung erfolgt mit 80er Trockenschleifpapier und einem Kork-Schleifklotz. Damit werden die Kanten in einem weichen Radius rund geschliffen. Mehr ist nicht zu tun. Besonders für waschechte Rennmaschinen eignet sich diese einfache, aber zweckmäßige Art der Polsterung.

Die Befestigung des Polsters auf der Sitzbank kann mit Blechschrauben, aber auch mit Klettband erfolgen. Das Klettband hat natürlich den Vorteil, daß es leicht ist und zudem eine sekundenschnelle Demontage des Polsters ermöglicht.

Bachteler-Moto Guzzi 1000 – Power-Vau

Eine Partnerin mit Charakter zu finden, ist für Edelbiker mitunter nicht ganz einfach. Das mußte auch Jochen Bachteler, 25 und von Beruf Zweiradmechaniker, im letzten Jahr erkennen. Zwar hatte er es immerhin einige Jahre mit seiner CB 900 Bol d'Or ausgehalten, doch war die Liaison eher eine Zweckehe: Jochen war knapp bei Kasse und die Honda billig. Insgeheim schlug sein Herz für eine Italienerin, denn schließlich fuhr sein Vater früher eine MV Agusta. Klarer Fall, daß der Junior angesichts dieser motorrad-aristokratischen Wurzeln kaum mit der Japanerin zusammenblieb.

Doch die Suche nach adäquatem Ersatz gestaltete sich nicht ganz einfach, mußte die Neue seinen Vorstellungen schließlich in vielerlei Hinsicht entsprechen. Schön

sollte sie sein, ja nicht zu hoch, schon gar nicht zu schwer und keinesfalls zu breit. Willig und belastbar mußte sie sein; mit einem standfesten Charakter und diesen am besten auf zwei großvolumige Zylinder in V-Anordnung verteilt. Eine klassische Power-Vau also.

Die Basis für seine Traum-Vau entdeckte er in einer Moto Guzzi Le Mans II, die er direkt aus Italien importierte. Zuhause zerlegte der Fachmann die Maschine komplett und baute sie Stück für Stück neu auf. Großen Wert legte der Tüftler bei der Operation auf ein gesundes Herz, weshalb er den Motor in seinem Innenleben überarbeitete. Geschmiedete Kolben mit 90 Millimetern Bohrung erhöhten den Hubraum von ursprünglich 850 auf 1000 Kubikzenti-

Einen kraftvollen Guzzi-V2 kombinierte Jochen Bachteler mit edlen Zutaten. Heraus kam eine Vau mit besonderem Charakter.

meter. Eine P3-Nockenwelle nebst Lafranconi-Auspuffanlage brachte mehr Drehfreude und Leistung. Außerdem erhielt der mächtige V2 eine geänderte Ölwanne mit Zwischenring und von außen zugänglicher Ölfilterpatrone. Die bereits serienmäßig offenen 40er-Dell'Ortos schnüffeln ihre Ansaugluft seit dieser Kur durch zwei lange, hochglanzpolierte Ansaugtrichter aus Aluminium. Gesunde 80 PS bei 6800/min sind der Mühe Lohn und machen die Mandellina gut 210 km/h schnell. Trickreich und deshalb erwähnt sei der einfache, aber wirksame Umbau der Kupplung von mechanischer auf hydraulische Betätigung.

Den ehemals via Bowdenzug betätigten Ausrückhebel lenkt nun die Kolbenstange eines kleinen Nehmerzylinders an. Geringere Handkraft und verbesserte Dosierbarkeit belegen die Richtigkeit dieser Änderung.

Nicht weniger Aufwand betrieb Jochen Bachteler bei der Renovierung des Le Mans-Fahrwerks. Vom rollenden Gut der Serien-Guzzi überlebten nur die Marzocchi-Gabel, der Doppelschleifenrahmen und die Brembo-Bremsanlage den schwerwiegenden Eingriff. Zwei aus dem vollen gefräste Gabelbrücken geben den Standrohren festeren Halt, und 3,5 beziehungs-

weise 5,5 Zoll breite 17 Zoll-Drahtspei-
chenräder mit Akrontfelgen erlauben endlich die Montage üppiger Gummis. Der
Einbau erforderte eine drastische Umarbei-
tung der Schwinge, die das breite Hinterrad
dank Aussparungen in den Holmen mit vergleichsweise geringen 12 Millimetern Spur-
versatz führt. Die Doppelarmkonstruktion
stützt sich über zwei FAC-Federbeine gegen den Rahmen ab. Ebenfalls von FAC
stammen die Dämpfereinsätze für die Telegabel.

   Die Philosophie vom »Motorrad pur«
läßt sich bei einer Moto Guzzi mit ihrem
monumentalen Triebwerk bekannter-
maßen besonders gut umsetzen, und deshalb verzichtete der italophile Schwarzwälder, wo immer es ging, auf überflüssigen Zierrat. Die beiden Seitendeckel sparte
er sich einfach, und die Elektrik versammelt
sich fortan unter einem formschönen Ein-
mannhöcker und gibt so den Blick durch
das Rahmendreieck frei. Zur Verbesserung
des Schwerpunktes liegt die Batterie nun
unter der Schwingenachse. Schlank und
niedrig baut die Halbschalenverkleidung
und verhilft der vollgetankt lediglich 205
Kilogramm schweren Italienerin mit zwei
kleinen Doppelscheinwerfern zu einer
markanten Silhouette. Allerhöchsten
Schutz vor etwaigen Verwechslungen er-
reichte Jochen Bachteler mit gelber Farbe,
die selbst dem Unerleuchteten signalisiert:
Diese Vau hat Charakter.

Fahrversuche und Abstimmungsarbeiten

Früher oder später schlägt für jeden Edelbiker die Stunde der Wahrheit: Das Edelbike wird in die freie Wildbahn entlassen. Wie gut, wenn sich sein Erbauer von Fritz W. Eglis Motto hat leiten lassen: »Die Funktionalität muß immer oberste Priorität bleiben«. Für ein fahrfertiges Edelbikes bedeutet das nicht weniger, als daß alles, was in irgendeiner Form mit dem Fahrbetrieb zu tun hat, auf Herz und Nieren geprüft werden muß. Viele Fragen können erst ausgiebiger Testfahrten beantworten, erst dann darf sich der Eigenbau den strengen Maßstäben des TÜV-Prüfers stellen. Auch wenn alle Teile fachgerecht montiert wurden, ist das ja längst noch keine Garantie, daß auch alles funktioniert. Tests sind also angesagt.

Üblicherweise hat der Privatier kaum die Möglichkeit, auf einer abgesperrten Strecke zu testen. Es bleibt also nur der Fahrversuch im Straßenverkehr übrig. Wichtig ist deshalb, daß das Motorrad in allen Punkten der StvZO, der Straßenverkehrs-Zulassungsordnung, entspricht. Der nächste Weg führt dann zum Landratsamt und zu einem roten Kennzeichen für »Prüf- und Einstellfahrten«. Bevor allerdings die ersten Meter gefahren werden, ist die statische Einstellung der Federelemente zu überprüfen – Stichwort »Federwege«. Sie dient in erster Linie dazu, eine Grundeinstellung zu finden, die zum Fahrer paßt. Ein Beispiel: Unter einem einhundert Kilogramm schweren Piloten tauchen die Federelemente

Und immer geradeaus: Die Erprobung des Geradeauslaufs ist ein wichtiges Kriterium bei der Beurteilung des Fahrwerks. Der stärkste Motor nützt nichts, wenn es an Fahrstabilität mangelt.

Schräg' laß nach: Nicht minder entscheidend für den Fahrspaß ist das Kurvenverhalten der Maschine. Wichtig ist hier die Feder-/Dämpferabstimmung.

merklich tiefer ein als unter einem nur siebzig Kilogramm schweren Fahrer.

Die Ermittlung der Federwege vorne wie hinten ist recht unkompliziert:

Druck-Sache: Sehr gute Teleskopgabeln, wie hier an der Honda RS 750 R Replica, verfügen über eine einstellbare Druckstufendämpfung, die das Einfedern steuert.

Der Fahrer setzt sich auf das Motorrad, und ein Helfer mißt vorne wie hinten den Abstand eines bestimmten Anhaltspunktes (Klebestreifen) an der Verkleidung oder der Sitzbank zum Erdboden. Diese Punkte sollten sich in den Senkrechten zu den Radmitten befinden, da die Ergebnisse sonst verfälscht werden. Im zweiten Schritt wird das Motorrad bis zum Anschlag in die Federelemente gedrückt und ebenfalls die Abstände unseres Anhaltspunktes zum Boden gemessen. Die dritte Messung bestimmt die beiden Abstände bei voll ausgefederter Maschine.

Für den Positiv-Federweg ergibt sich:
PF = Wert (beladen + Fahrer) – Wert (voll eingefedert)
Für den Negativ-Federweg gilt:
NF = Wert (beladen + Fahrer) – Wert (voll ausgefedert)
Für den Gesamt-Federweg demnach:
GF = Wert (voll ausgefedert) – Wert (voll eingefedert)

Zugzwang: Eine einstellbare Zugstufendämpfung, die das Ausfedern der Maschine regelt, findet sich an den meisten Telegabeln von Sportmotorrädern.

Vorne wie hinten sollte der Positiv-Feder-weg etwa 70 bis 80 Prozent des Gesamt-Fe-derwegs betragen. Entsprechend ergeben sich 20 bis 30 Prozent für den Negativ-Fe-derweg. Entscheidend ist die jeweilige Fahrbahnqualität. Auf holprigen Pisten bei-spielsweise sollte mit etwas mehr Negativ-federweg gefahren werden, um eine maxi-male Traktion des Hinterrades zu errei-chen. Ist der NF nämlich zu gering, kann sich das Hinterrad nach einer Bodenwelle nämlich leicht in der Luft befinden. Das sieht zwar spektakulär aus, bringt aber kei-nen Vortrieb. Also sollte der Negativfeder-weg etwas üppiger gewählt werden.

Wie so oft im Leben gilt es allerdings auch in diesem Fall, den goldenen Mittel-weg zu finden, eine Einstellung, die selbst bei harten Bremsmanövern noch genug Restfederweg bietet. Zuviel negativer Hub von Gabel und Federbein verschlechtern das Fahrverhalten.

Korrigieren lassen sich diese Werte über eine Veränderung der Federvorspannung oder über den Einbau geänderter Federn. Punkt zwei der Fahrwerks-Checkliste be-trifft die Dämpfung. Wir unterscheiden je-weils in Zugstufendämpfung, die das Aus-federn der Maschine beeinflußt sowie in Druckstufendämpfung, die das Einfedern steuert. Beides läßt sich statisch nur sehr vage justieren. Genaues läßt sich erst im Fahrbetrieb ermitteln. Hier trotzdem eine Faustregel: Die Gabel sollte so abgestimmt sein, daß sie bei vollem Einfedern im Stand einmal herausfedert und dann sofort wie-der in ihre Ausgangslage zurückkehrt. Das-selbe gilt im Prinzip fürs Heck der Maschi-ne. Eine mehrmals auf und ab schwingende Front- oder Heckpartie deutet auf eine zu lasche Zugstufendämpfung hin, die entwe-der per Einstellrad oder mit Dämpferöl höherer Viskosität korrigiert wird. Sehr ge-ringes und langsames Einfedern deutet auf

eine zu starke Druckstufendämpfung hin. Auch sie läßt sich durch eine geänderte Einstellung oder durch anderes Öl steuern.

Für Dämpfer-Öle gilt:

Hohe Viskosität (10W bis 15W) = Mittlere bis hohe Dämpfungskräfte

Geringe Viskosität (5W bis 7,5 W) = Geringe bis mittlere Dämpfungskräfte

In der Praxis bringen Öl-Viskositäten 7,5W bis 10W brauchbare Ergebnisse.

Im Fahrbetrieb auftretende Störungen lassen sich oft auf bestimmte technische Ursachen zurückführen. Hier die häufigsten Erscheinungen und ihre möglichen Gründe:

Lenkerschlagen:
- Gabelfedern zu hart oder zu stark vorgespannt
- Zu hohe Druckstufendämpfung der Gabel

Ausgleichs-Zahlung: Eine justierbare Druckstufendämpfung mit separatem Ausgleichsbehälter findet sich nur an hochwertigen und deshalb teuren Federbeinen (hier von White Power).

Unter Zug: Die Zugstufeneinstellung beeinflußt den Ausfedervorgang der Maschine. Auch weniger hochwertige Stoßdämpfer verfügen meist darüber.

Unter Spannung: Mit einem Hakenschlüssel läßt sich die Vorspannung der Feder verändern. Das White Power-Federbein der Replica besitzt zudem eine Höhenverstellung.

- Zu hohe Zugstufendämpfung der Gabel
- Luftpolster der Gabel zu klein
- Zu hohe Federvorspannung des Feder-
  beins
Gabel/Federbein schlägt durch:
- Federn zu weich oder zu wenig vorge-
  spannt
- Zu geringe Druckstufendämpfung
- Luftpolster zu groß
Vorderrad-/Hinterradstempeln:

- Zu hohe Druckstufendämpfung
- Luftpolster zu klein
Nachschwingen bei Bodenwellen:
- Zu geringe Druckstufendämpfung
- Zu geringe Zugstufendämpfung
Pendelneigung bei Bodenwellen:
- Zu geringe Federvorspannung des Feder-
  beins
- Zu hohe Zugstufendämpfung des Feder-
  beins.

Egli MRD-1 Replica – Killer-Queen

Hochgeschwindigkeitsstrecke in Nardo, Italien, 1986. Ein rotes Motorrad pfeilt mit Topspeed an der Lichtschranke vorbei. Mit einer Durchschnittsgeschwindigkeit von 272,417 km/h stellen Fritz W. Egli, Fahrer Urs Wenger und die speziell präparierte Egli MRD-1 den Weltrekord über zehn Kilometer mit stehendem Start auf.

Einer, der die Berichte über Eglis Weltrekord und die MRD-1 besonders aufmerksam gelesen hat, ist ein alter Egli-Kunde aus Köln. Schon seit 1984 besitzt er die Replica, also einen Kawasaki Z 1000-Vierzylinder mit Turbolader im eidgenössischen

Zentralrohr-Fahrwerk. Er will jetzt nur noch eines haben – eine originalgetreue Kopie der über 300 PS starken Rekordmaschine – aber mit Straßenzulassung, versteht sich.

Der Kunde bezahlt, Fritz Egli und der deutsche Importeur Michael Niemann gehen an die Arbeit. Dicke, auf 7,5 zu eins verdichtende Cosworth-Kolben werden eingepaßt. Sie erhöhen das Hubvolumen auf 1197 Kubikzentimeter. Amerikanische Andrews-Nockenwellen bringen extreme Überschneidung und enorme Ventilhübe. Sie steuern ab jetzt den Gaswechsel über die polierten Ventile. Ein »Mr. Turbo«-La-

Sturmwarnung für alles, was zwei Räder und eine Straßenzulassung besitzt: Mit 300 PS ist die Egli MRD-1 Replica die souveräne Herrscherin der Autobahnen.

der aus den USA preßt das Frischgas aus dem 38 Millimeter Mikuni-Vergaser mit 1,5 bar Überdruck in die extrem erweiterten Kanäle.

Um zu verhindern, daß gleich beim ersten Prüfstandslauf im Kurbelhaus die Sonne aufgeht, paßt eine BHP-Zündbox den Zündzeitpunkt automatisch dem jeweiligen Ladedruck und der Drehzahl an. Zudem verschweißten die Motoren-Macher die Hubzapfen der Kurbelwelle und polierten die Pleuel. Ein geänderter Ölkreislauf mit zahlreichen außenliegenden Steigleitungen soll für die thermische Gesundheit des Turbo-Motors vor allem im Bereich des hochbelasteten Zylinderkopfes sorgen.

Jetzt leistet der Vierzylinder etwa 230 PS. Genug, möchte man meinen. Nicht genug jedoch für den Mann aus Köln. Er will die schiere Gewalt. Also erhält die Sitzbank ein faustgroßes Loch, um eine Lachgasflasche aufzunehmen. Hochdruckleitungen führen das Nitro-Oxygen von dort in die Einlaßkanäle. Zudem erhält das Super-Triebwerk noch eine Wassereinspritzung, die einerseits für Innenkühlung sorgt, zum anderen durch den in den Wasserstoffmolekülen gebundenen Sauerstoff weitere Pferdestärken lockermacht. Alle Tuning-Register hat die Egli-Crew nun gezogen, und ihre Rechnung geht auf. Auf dem Prüfstand schickt der Bolide nun die anvisierten 300 PS an die überarbeitete MRE-Dragster-Kupplung, was zumindest rechnerisch für eine Höchstgeschwindigkeit von 330 km/h gut ist. In der Praxis dürfte sich dieser Wert indes nur schwer realisieren lassen, da jeder käufliche Straßenpneu bei diesem Tempo die Segel streicht.

Für die Fahrstabilität sorgt das bekannte Egli-Zentralrohr-Fahrwerk. Es ist mit breiten 17 Zoll-Rädern ausgerüstet, und im Lenkkopf steckt die berühmte Egli-Doppelholmen-Gabel mit 38 Millimeter starken Standrohren. In früheren Jahren für ihr hohes Losbrechmoment und schlechtes Ansprechverhalten gescholten, zeigt sich dieses Exemplar deutlich verbessert. Egli-Spezialist Niemann verpaßte dem verdrehsteifen Stück sündhaft teure Standrohre mit einer im Reaktorbau verwendeten Titannitrit-Beschichtung sowie besonders exakt gefertigten Führungen. Gefedert und gedämpft wird hinten über die altbekannte Cantilever-Schwinge mit einem Bilstein-Federbein.

Fragen nach Preis und Besitzer bleiben auf besonderen Wunsch unbeantwortet. Nur soviel wird verraten: Das Geschoß kostet knapp unter 100 000 Mark, und der Besitzer hat einen besonderen Riecher für superschnelle Bikes. Den sogenannten Killer-Instinkt.

TÜV und Zulassung

TÜV-Mustergutachten und Allgemeine Betriebserlaubnis

Der Zubehörmarkt stellt heute für nahezu jede Maschine ein erkleckliches Zubehörangebot bereit. Die meisten Anbauteile wie Räder, Bremsen, Auspuffanlagen, Fußrasten und Verkleidungen werden von den Herstellern entweder mit TÜV-Mustergutachten oder einer allgemeinen Betriebserlaubnis geliefert. Liegt für ein Zubehörteil – etwa einen Lenker – eine allgemeine Betriebserlaubnis vor, muß nach der fachgerechten Montage nichts getan werden, außer die beigelegte Bescheinigung beim Fahren stets mit sich zu führen. Anders verhält es sich mit den TÜV-Mustergutachten für Anbauteile. In diesem Falle muß der Umbau beim TÜV vorgeführt und vom Prüfer abgenommen werden. Er kontrolliert, ob das Bauteil und vor allem die Montage der Beschreibung im Gutachten entspricht. Verläuft diese Kontrolle problemlos, trägt der Prüfer die bauliche Veränderung in den Kraftfahrzeugbrief ein. Den notwendigen neuen Fahrzeugschein stellt das zuständige Landratsamt aus. Die Kosten für einen solchen Prüftermin sowie die Eintragung beim Landratsamt liegen bei knapp unter 100 Mark.

Einzelabnahme von Eigenbauten

Die für Edelbiker wesentlich interessantere Variante, ein baulich verändertes oder gar völlig selbstgebautes Motorrad für den öffentlichen Straßenverkehr zuzulassen, ist die Einzelabnahme. Nicht jede TÜV-Niederlassung darf sie durchführen. In aller Regel ist sie Sache der Typprüfstellen des TÜV. Diese Prüfstellen kümmern sich beispielsweise um die Erprobung von Prototypen der großen Hersteller und erstellen die Homologationen, also die Allgemeine Betriebserlaubnis, für die späteren Serienfahrzeuge. Allein diese Tatsache unterstreicht, daß sich stark modifizierte und in Eigenregie entstandene Motorräder bei diesen Ingenieuren in fachkundiger Hand befinden.

Die Typprüfstellen arbeiten professionell – erwarten aber auch professionelle Arbeit. Bevor Sie also bauliche Veränderungen umsetzen, sollten Sie sich dort zuvor schlau machen, was erlaubt ist und was nicht. Bislang habe ich mit dem vielgescholtenen deutschen TÜV sehr gute Erfahrungen gemacht. Auch TÜV-Ingenieure haben ein Herz für Motorräder. Ein sehr großes sogar, wenn diese besonders liebevoll und funktionell aufgebaut sind. Ein Anruf oder ein persönlicher Gesprächstermin mit dem zuständigen Prüfer vor Baubeginn verhindert manchen Fehlschlag und spart oftmals auch teure Nachprüfungen. Tragen Sie Ihre Ideen konkret vor, und Sie erhalten exakte Antworten.

Die entstehenden Kosten im Falle einer Einzelabnahme hängen stark von den konstruktiven Veränderungen ab. Sie beginnen bei etwa 250 Mark beispielsweise für eine Reifeneintragung und können etwa bei notwendigen Festigkeitsprüfungen für Fahrwerksteile oder Abgasgutachten bei Veränderungen am Motor sogar fünfstellige Summen erreichen. Genaues liefert wiederum ein Gespräch mit dem Prüfer. Man kann es nicht oft genug betonen: Es ist das A und O beim erfolgreichen Aufbau eines Edelbikes.

Wenn die Typprüfstelle das Gutachten für ein Edelbike erstellt hat, folgt der letzte Schritt vor dem Ritt – die Ausfertigung eines neuen Fahrzeugbriefes. Gegen Vorlage des Gutachtens und eine geringe Gebühr erhalten Sie beim Landratsamt einen sogenannten Blanko-Brief ohne jegliche Eintragungen. Ihr TÜV-Prüfer muß ihn vervollständigen und der Maschine die Betriebserlaubnis erteilen. Dann können Sie Ihr gutes Stück zulassen – und die vielen Arbeitsstunden genießen.

Eckert-Honda VFR 750 RK – Chefsache

Drehen wir die Zeit zurück ins Jahr 1985. Es ist Spätherbst, die Rennsaison ist gelaufen, und im hohenloheschen Belzhag verschwindet mit der RS 750 der letzte käufliche Honda-Werksrenner mit V4-Motor hinter den Türen von Roland Eckerts Rennstall. Peter Rubatto bewegte das sündhaft teure Gefährt in der Superbike-Klasse, und im Eckert-Team wollte man nur eines - den Titel. Ein fehlender Drehzahlbegrenzer bescherte der haushoch überlegenen Maschine indeß so manchen Kopf-Salat, und aus dem Titel wurde trotz Topmaterial nichts. Auch das ist Rennsport.

Für seine Mitarbeiter ist Roland Eckert schlicht »der Chef« - kurz, bündig und respektvoll. Er sagt wo's lang geht - und sonst niemand. Und für die beiden folgenden Jahre plant er keine Renneinsätze. Eine schöpferische Pause ist angesagt. Punkt

um. Einer kann mit dem Rücktritt aber so recht nichts anfangen – Eckerts Sohn Jochen nämlich. In die neue VFR 750 F hat sich der Sechzehnjährige verguckt, die Liste der HRC-Kit-Teile dafür studiert und im Geiste bereits seine persönliche »Über-VFR« zusammengesteckt. Sie können sich denken, wie die Geschichte weiterging. Klar, daß der »Chef« irgendwann selbst Feuer fing, die feinen Sachen von HRC orderte und mit Hand anlegte.

Für die Saison 1988 sollte sie fertig werden und in der Superbike-DM ganz vorne mitfahren. Dafür schreckten die Eckerts vor nichts zurück. Nicht einmal vor dem Bau eigener Räder. Schon 1986 hatte sich der Junior am CAD-System zu schaffen gemacht und ein Verbundrad entworfen. Jetzt war die Zeit reif, um aus riesigen Rohlingen hochfesten Aluminiums endlich die Rad-

Was die Straßen-Honda VFR 750 F ab Werk noch nicht kann, lernt sie spätestens in Roland Eckerts Ausbildung zum Renner VFR 750 RK.

sterne aus dem Vollen zu fräsen und die Felgenschüsseln zu drehen. Jeweils zwei Räder mit den Dimensionen 3.25 x 17 Zoll vorne sowie 5.00 und 5.50 x 18 Zoll hinten entstanden.

Hinzu kamen Radachsen aus Titan mit Drehsicherung und gefräster Schlüsselfläche sowie Bremsscheibenträger und -mitnehmer für's Hinterrad von der RS 750 R, weil die VFR auch noch den Bol d'Or, den französischen Langstrecken-Klassiker, mitmachen sollte und schnelle Radwechsel daher unverzichtbar waren. Zwingend war deshalb auch der Einbau der Werksgabel aus Freddie Spencers Daytona-Renner VF

750 F von 1984 mit Schnell-Klemmfäusten, Magnesium-Gabelbrücken und mechanisch über die Bremszangen angesteuertem Anti-Dive. Den hinteren Federungs-Part übernimmt ein HRC-Federbein mit ultraleichter Titan-Feder.

Bei der Bremsanlage griff man wiederum auf die RS 750 R zurück. Zwei Nissin-Festsättel mit vier Kolben vorn bringen mit den 310er-Gußscheiben aus dem späteren RC 30-Kit Verzögerung satt. Ein kleines Nissin-Zänglein hinten darf zur Unterstützung sogar noch in eine handtellergroße Zanzani-Scheibe beißen, die Eckert mit einer radial angeordneten Lochung erleichterte. Auch die Hydraulikzylinder für Vorderradbremse und Kupplung stammen von der RS und sind - wie könnte es anders sein - superleicht, weil aus Magnesium gefertigt. Denn wenn der »Chef« eine zweirädrige Patientin erstmal in den Fingern hat, verordnet er ihr eine strenge Diät, um vorhandenen Anlagen von Fettsucht zu begegnen. Aluminium wo nötig, Titan wo möglich, und am liebsten: weglassen, was nicht an ein Motorrad gehört.

Schwach und gebrechlich sollte die Athletin trotzdem nicht werden, weshalb ihrem Herzen besondere Aufmerksamkeit galt. HRC, die Honda-Rennabteilung, lieferte von hochverdichtenden Kolben und Titanpleueln, anderen Zylinderköpfen mit Berillium-Sitzen und Titan-Ventilen, schärferen Nockenwellen und großen Keihin-Vergasern, bis hin zur 4-in-2-in-1-Auspuffanlage und dem Renngetriebe alle Stärkungsmittel für eine erfolgversprechende Aufbautherapie. Prächtig steht die Honda nach der Belzhager Kraftkur im Futter, und wenn wir den HRC-Unterlagen glauben können, dann versammeln sich auf Abruf mindestens 130 Pferde zur Arbeit.

Falls Sie sich nun fragen, was Scheinwerfer und Blinker an einem Superbike zu suchen haben, hier die Auflösung. Ende 1987 wurde die Eckert-VFR 750 RK fertig, und prompt stellte Honda mit der RC 30 den wesentlich aussichtsreicheren Nachfolger vor. Deshalb machten die Eckerts ihr Superbike kurzerhand wieder für die Straße zurecht. Auch das ist Rennsport.

Die bittere Seite an unserer Geschichte sei jedoch nicht verschwiegen. Im Frühjahr 1991 kam Jochen bei einem Verkehrsunfall schuldlos um, und Roland Eckert zog sich daraufhin aus der Rennszene zurück. Ein besonderes Dankeschön deshalb an ihn, daß er uns seine »Chefsache« dennoch nicht vorenthielt.

Anhang

Spezialisten
Auspuffanlagen

Devil
M. Kloos
Marktzentrum 20
57573 Hamm/Sieg

L & W
Lenhardt & Wagner
ImTaubenfang 4
64653 Lorsch

MICRON Systems GmbH
Dr. Mack-Straße 96
90707 Fürth

Remus Motorrad-Auspuff-
anlagen GmbH
Roman Fenners
Neuenhofstraße 160
52078 Aachen

RMS Big Run
Christian Skorianz
Hofmühlgasse 21, Top 19
A-1060 Wien

Sebring Auspuffanlagen
GmbH
Postfach 5150 M
78430 Konstanz

Bimota-Spezial-motorräder

bimota Kraft
Kemptener Straße 54
79700 Leutkirch

Bremsanlagen

Brune Spezialmotorräder
Brembo
Manfred Brune
Wöste 6
48291 Telgte

LSL-Motorradtechnik
GmbH
Hauptstraße 406
47809 Krefeld

PVM Leichtmetallräder -
Bremsanlagen
Mundenheimerstraße 39
68199 Mannheim

Team Métisse
Billet-Bremsen
Horst Edler
Hauptstraße 1
49163 Hunteburg

Spiegler Bremstechnik
GmbH
Kunzenweg 16
79117 Freiburg

Carbon-Technik

CFP Driesch GmbH
Clemens Driesch
Oswald-Wiersich-Str. 16
67433 Neustadt/Wein-
straße

Edelstahlschrauben

Uwe Gräber
Postfach 1647
24906 Flensburg

R. Wegertseder
Postfach 1038
94079 Fürstenzell

Egli-Spezialfahr-werke

Egli-Motorradtechnik AG
Fritz W. Egli
CH-5618 Bettwil

Egli-Import Deutschland
Motorradtechnik und Ma-
schinenbau
Michael Niemann
Obere Mühle 28
58644 Iserlohn

Federelemente

Wilbers Products
Benny Wilbers
Alfred-Mozer-Straße 84
48527 Nordhorn

Flammspritzen

Werner Kriechel
Ursulastraße 92-94
50354 Hürth

Fräs- und Drehteile

RRT-RaiRoTec GmbH &
Co.KG
Am Verschubbahnhof 61
47809 Krefeld

Harris-Spezialfahr-werke

Team Métisse
Horst Edler
Hauptstraße 1
49163 Hunteburg

Honda-Tuning

Eckert Motorradtechnik
Roland Eckert
Hauptstraße 54
74635 Kupferzell-Belzhag

Gaidosch
Motorräder + Zubehör
Bernhard Gaidosch
Walbergraben 22
35614 Aßlar

Kunstharze und -fasern

Lange & Ritter
70839 Gerlingen

Kunststoffbeschich-ten

Johannes Salch
97762 Hammelburg-West-heim

Kurbelwellen

Josef Bauer
84577 Tüßling

Kexel-Präzision
Flughafenstraße 10
56459 Ailertchen

Lackierung

Peter Stücker Design
Schloßstraße 1
48336 Sassenberg

Leistungsprüf-stände

p4
A. Amerschläger
63150 Heusenstamm

Martin-Spezialfahr-werke

Brune Spezialmotorräder
Manfred Brune
Wöste 6
48291 Telgte

Moko-Spezialfahr-werke

GSG Motorradtechnik
Gerhard Schweppe
Rickstraße 5
32699 Extertal

Montageständer

Kern-Stabi
Kittelgasse 24-26
79364 Malterdingen

mobil-tech
Hauptstraße 22
78549 Spaichingen

Moto Guzzi-Tuning

MAX
Villingerstraße 7b
75179 Pforzheim

Moto Spezial
72532 Gomadingen

Motoren-Lack

Luko-Color
Postfach 100602
72306 Balingen

Motoren-Tuning

Otto Geppert
Motorentechnik
Almenstraße 3
77966 Kappel

Polieren

Team Métisse
Horst Edler
Hauptstraße 1
49163 Hunteburg

Rahmen-Vermes-sung

Köster GmbH
Nordweg 8
87764 Legau

Roadrunner GmbH
Johannes-Kepler-Straße 1
55129 Mainz-Hechtsheim

Räder

Krüger & Junginger GmbH
PVM-Räder
Akront-Räder
Mühlstraße 12
73252 Lenningen

Deget Racing
Umgebaute Serienräder
Otto-Hahn-Straße 1
50300 Hürth

PVM Leichtmetallräder -
Bremsanlagen
Mundenheimerstraße 39
68199 Mannheim

Räder richten

Heinemann GmbH
47647 Kerken

Sandstrahlen

Werner Kriechel
Ursulastraße 92-94
50354 Hürth

Schwingen- und Fahrwerksbau

Krüger & Junginger GmbH
Mühlstraße 12
73252 Lenningen

Suzuki-Tuning

SGS Superbike
Frank Sulz
Weberstraße 23
72141 Walddorfhäslach

TTO
Techno Tuning Ober-
hausen
Im Lipperfeld 3
42000 Oberhausen

Synchrontester

Boehm Computer
Peter-Kreuder-Straße 21
81202 München

Memo GmbH
Postfach 600244
81202 München

Tachometer

z-tacho
Blumenstraße 1
84533 Stammham

Triumph-Tuning

Magnum Motors
Manuel und Stefan Wahl
Daimlerstraße 1
73117 Wangen

Verchromen

HBF
Emil-Adolff-Straße 19
72760 Reutlingen

Wagener & Wessolek, Gal-
vanik
Wembkenstraße 4
45884 Gelsenkirchen

Vergaseranlagen

Brune Spezialmotorräder
Mikuni
Manfred Brune
Wöste 6
48291 Telgte

Mikuni-Vergaser Europe
GmbH
Joyce Weber
Eilenstraße 19
61118 Bad Vilbel

Verkleidungsnach-bauten

dimo Kunststofftechnik
Franz-Wenzel-Straße 3
53474 Ahrweiler

MZB Kunststofftechnik
Hoffmann-von-Fallersle-
ben-Straße 3
34117 Kassel

Literatur
Chemie

Schröter, Lautenschläger,
Bibrack,
Taschenbuch der Chemie,
Verlag Harri Deutsch

Elektrik

Hüppen, Motorrad-Elektrik,
Motorbuch-Verlag

Fahrwerkstechnik

Foale/Willoughby,
Motorradfahrwerk heute,
Motorbuch-Verlag

White Power Deutschland
(Hrsg.),
Fahrwerkstechnik im Detail,
Wilbers Products Nordhorn

Gleitlagerungen

Kaco, Axia-Gleitdichtringe,
Kaco-Dichtringwerke
Heilbronn

Kunststoff-Verar-beitung

Uffhausen,
Die Verarbeitung von Poly-
ester- und Epoxydharz,
Schondorf

Motorentechnik

Bönsch,
Einführung in die Motor-
radtechnik,
Motorbuch-Verlag

Hütten,
Schnelle Motoren seziert
und frisiert,
Motorbuch-Verlag

Stulle,
Vierventilmotoren – Moto-
ren der Zukunft, Universität
Stuttgart

Motorrad-Umbau-
ten

Bittner,
Motorräder selbst verschö-
nern und verbessern,
Motorbuch-Verlag

Koerdt (Hrsg.), EDEL-BIKES,
Motorbuch-Verlag

Simsa (Hrsg.),
Ich baue mein Motorrad
um,
Motorbuch-Verlag

Physik

Kuchling,
Taschenbuch der Physik,
Verlag Harri Deutsch

Reparaturen

Reparaturanleitung
Typ-spezifisch,
Verlag Bucheli

Wälzlagerungen

FAG,
Die Gestaltung von Wälzla-
gerungen,

FAG Kugelfischer Georg
Schäfer & Co, Schweinfurt

Wellendichtringe

Kaco,
Radia-Wellendichtringe,
Kaco-Dichtringwerke
Heilbronn

Stichwortver-
zeichnis

Danksagung

Die Liste derer, die mich bei meiner Arbeit an diesem Buch unterstützten, ist lang. Bei allen bedanke ich mich ganz herzlich für die Unterstützung – »Edelbikes selbstgebaut« hätte in dieser Form sonst nie entstehen können.

Mein ganz besonderer Dank gilt den beiden Größen im Spezial-Motorradbau für die Mitarbeit an diesem Buch – Roland Eckert und Fritz W. Egli. In entscheidendem Maße beeinflußten sie in den letzten 25 Jahren die Entwicklung des Motorrades und drückten dem Motorrad-Straßenrennsport ihren Stempel auf. Ihre Erfahrung war für mich von unschätzbarem Wert.

Weiterhin wurde dieses Buch unterstützt von
Romano Albesiano, Cagiva
Peter Badtmann
Uli Bonsels, Triumph Deutschland
Manfred Brune, Brune Fahrwerke

Clemens Driesch, CFP
Horst Edler, Team Métisse
Bernhard Gaidosch, Gaidosch Motorräder + Zubehör
Otto Geppert
Frank Herzog
Friedrich Kaiser, Brembo
Otto Kallenbach, Pirelli
Bernd Kretzer, CFP
Gerd-Karl Krüger, Krüger & Junginger
Michael Lock, Triumph England
Christian Skorianz, RMS Big Run
Peter Stücker, PS Design
Steven Topham, Brune Fahrwerke
Manuel Wahl, Motorcorner
Stefan Wahl, Magnum Motors
Joyce Weber, Mikuni Deutschland
Benny Wilbers, Wilbers Products

Ihnen allen nochmals herzlichen Dank.

Jürgen Gaßebner